国家自然科学基金资助（71704020）

黑龙江省自然科学基金资助（QC2017081）

黑龙江省博士后基金资助（LBH-Z13048）

东北农业大学现代农业发展研究中心资助

基于质量安全的乳制品
供应链合作关系稳定性研究

王 磊◎著

人民出版社

前　言

　　乳制品质量安全问题已经成为政府、科研机构和消费者广泛关注的焦点。通过对我国乳制品质量安全事故的深入剖析，发现乳制品供应链长且环节较多，涉及的各利益主体之间的关系较为复杂，涵盖的消费者范围较大，供应链上的每一个环节彼此依赖，相互影响，都与最终产品的质量密切相关。此外，乳制品供应链上的任何一个节点出现问题都会引起整条乳制品供应链的不稳定，最终威胁消费者的食用安全。因此，稳定乳制品供应链的运行是决定中国乳制品产业竞争力强弱的关键因素，而保证乳制品供应链平稳运行的关键在于提高各利益主体之间合作关系的稳定性。由于我国乳制品供应链各利益主体都是在相同的利益条件下组成的具有一定独立性的经济体，彼此之间地位相同，不存在上下级行政关系，所以作为一个松散的、不具有像独立企业那样有凝聚力的组织，当出现环境的改变、信息的不对称、目标的不一致、利益分配的不合理等问题时，都会破坏乳制品供应链各利益主体之间合作关系的稳定性。因此，对乳制品供应链各利益主体之间合作关系的稳定性进行详细的、彻底的研究势在必行。本书在梳理相关文献的基础上，综合运用理论研究、实证研究以及理论和实证相结合的方法,从质量安全的视角出发,研究了我国乳制品供应链合作关系稳定性的内涵、稳定性的判定、形成过程与演化博弈、影响因素、利益分配、各国在质量安全管理方面的经验及提升策略。

在深入剖析乳制品供应链的内涵、特点和结构的基础上,明确乳制品供应链合作关系稳定性的内涵、构成要素及构成要素之间的关系。分析了我国现行乳制品供应链存在的质量安全问题及监管体系,指出我国乳制品企业与原料乳供应商以及乳制品企业与经销商之间的合作现状及存在的问题。

从质量安全视角,探究乳制品供应链各主体合作关系的运行机制,构建基于质量安全的乳制品供应链合作关系稳定性的评价模型,并运用反向传播(BP)神经网络方法对乳制品供应链合作关系稳定性进行评价,得出当前乳制品供应链合作关系处于动态的、相对稳定的状态。

从宏观和微观两个视角,详细探讨乳制品供应链合作关系稳定性的形成过程并对其进行演化博弈分析。前者主要从宏观和微观视角全面揭示基于质量安全的乳制品供应链合作关系稳定性的形成过程。从宏观视角,面向乳制品供应链合作关系稳定性形成的整个生命周期,利用逻辑斯蒂(Logistic)曲线揭示其在起步期、成长期、成熟期和衰退期的形成过程;从微观视角,面向供应链管理流程,分别从养殖、挤奶、贮存、运输和销售等阶段揭示原料乳供应商与乳制品企业之间合作关系稳定性的形成过程;从运输与贮存、销售和退换货等阶段揭示乳制品企业与供应商之间合作关系稳定性的形成过程。后者主要利用演化博弈理论揭示原料乳供应商与乳制品企业以及乳制品企业与经销商之间合作关系形成的演化稳定过程以及演化稳定策略。

　　基于"物理—事理—人理"理论,构建合作伙伴特性、质量安全关系承诺、信任与乳制品供应链合作关系稳定性之间的概念模型并进行实证研究。主要利用阿摩司(AMOS)17.0、社会科学统计程序(SPSS)21.0和海耶斯(Hayes,2013)编写的进程(Process)宏程序进行实证检验。根据实证检验的结果分析合作伙伴特性的直接作用、质量安全关系承诺的中介作用,以及信任的调节作用与被中介的调节作用。

　　在斯塔克尔伯格(Stackelberg)模型中加入社会责任因素,确定各利益主体的最优利润;利用合作博弈理论中的沙普利(Shapley)值法对各利益主体联合起来的最优总利润在各利益主体间进行利润分配,以确定在总联盟中各利益主体所分配的最优利润。

　　从国外对乳制品供应链质量安全管理方面的经验得到管理启示,主要包括荷兰、美国、新西兰、澳大利亚、德国、印度等国。

　　从我国乳制品供应链合作关系稳定性形成的过程、影响因素、利润分配等视角提出我国乳制品供应链合作关系稳定性的提升策略。

　　以上研究内容一方面可以完善和丰富乳制品供应链管理研究的理论和方法,另一方面又可以提高我国乳制品供应链合作关系的稳定性、实现乳制品供应链的价值增值、促进我国乳业的可持续健康发展。

王　磊

2019 年 11 月

目　　录

绪　论

第一节　研究背景及问题提出

乳制品产业是我国农业的主力军之一,它标志着一个国家的发达程度和畜牧业的现代化水平,影响着农民的收入。乳制品产业是一个有潜力、大有希望的产业。发展乳制品产业不仅是农业结构调整的一项战略任务,而且是改善消费结构、提高人民健康水平的一项重大措施。由此可见,乳制品产业的发展对优化农业结构、促进畜牧业产业升级、提高国民身体素质、增加农民收入,都具有重要意义。

然而,近年来,我国乳制品安全事故频频发生,成为制约中国乳业发展的最大障碍。一次次发生的乳制品质量安全事件,引起了消费者对乳制品产业和乳制品企业严重的信任危机,对消费者的消费信心造成很大打击,加剧了全社会对食品安全问题的担忧。存在质量安全问题的乳制品,不仅不能成为人们的营养食品,而且可能成为伤害人类健康的"危险品"。在这样的背景下,乳制品质量安全问题成为政府、科研机构和消费者广泛关注的焦点。

在对这些频频发生的乳制品质量安全事故进行详细分析后发现,乳制品供应链环节繁多、链条较长,涉及的各利益主体之间的关系较为复杂,涵盖的消费者范围较大,每一个环节环环相扣,彼此影响,并最终决定产品的质量安全。供应链中的任何一个小细节出错都会破坏整体的稳定性,整个供应链的质量安全也会受到影响,甚至可能导致食品安全事故的发生。所以,乳制品产业之间竞争力强弱的关键在于确保乳制品供应链的稳定性,让其安全健康地发展。

保证乳制品供应链稳定性的关键在于提高各利益主体之间合作关系的稳定性。但是,我国乳制品供应链各利益主体都是在共同的利益条件下形成的具有一定独立性的经济体,彼此之间地位相同,不存在上下级行政关系,所以作为一个松散的,不具有像独立企业那样有凝聚力的组织,信息的不对称、目标的不一致、利益分配的不合理、环境的改变等都能对乳制品供应链合作各方的意愿、彼此之间的信任度产生影响,最终破坏乳制品供应链各利益主体之间合作关系的稳定性。一旦乳制品供应链上的某个环节突然断裂,就会波及整个供应链上的其他环节,而重构一条新的供应链需付出很多的时间和代价。因此,对乳制品供应链合作关系的稳定性进行深入研究迫在眉睫。

通过对黑龙江省乳制品供应链各环节(原料乳采购、加工、销售和消费等)进行调研,发现原料乳供应商生产积极性不高,原料乳质量一般,原料乳供应商与乳制品企业之间签订的合同不能完全履行;经销商为了提高收益,降低运输和贮存成本,进而影响乳制品的质量,出现消费者退换货现象时,乳制品企业和经销商之间相互推卸责任等问题,以上问题的出现都会对乳制品供应链各利益主体之间的关系产生影响,并影响整个乳制品供应链的运行,最终导致各种质量安全事故的发生。因此,构建一个稳定、完整、利益主体协调一致、组织结构性强的乳制品供应链,对于我国乳业的可持续发展具有重要的意义。

从目前的研究成果来看,国内外学者主要针对乳制品供应链的风险管理及控制、乳制品供应链的运营(组织)模式及效率、乳制品供应链的协调优化(机制)、乳制品供应链的绿色管理、成本管理、原料乳供应商管理以及乳制品供应链中的激励问题、质量管理问题、一体化问题等展开研究,很少针对乳制品供应链合作关系稳定性展开研究。所以,需要在深入剖析乳制品供应链合作关系稳定性的内涵、结构和特点的基础上,对当前乳制品供应链合作关系稳定性进行判定,然后对我国乳制品供应链合作关系稳定性的形成过程、演化稳定策略、影响因素、利益分配、国外质量安全管理的经验借鉴和提升策略等方面进行更加系统和全面的研究。通过对以上内容的分析和探讨,其研究成果一方面可以完善和丰富乳制品供应链管理研究的理论和方法,另一方面又可以提高我国乳制品供应链合作关系的稳定性,促进我国乳业稳定、健康和有效的发展。

第二节　研究目的和意义

一、研究目的

本书基于经济学、管理学、社会学、系统科学、复杂性科学等相关知识领域,以基于质量安全的乳制品供应链合作关系稳定性为研究核心,目的在于确保我国乳制品质量安全,探索与其稳定性相关的理论基础;判定我国乳制品供应链合作关系的状态;全方位探究我国乳制品供应链合作关系稳定性的形成过程,以及其在形成过程中的演化稳定策略;总结影响我国乳制品供应链合作关系稳定性的各种因素,并实证各影响因素的影响程度和方向;揭示我国乳制品供应链合作关系稳定性的利益分配机制;借鉴国外乳制品供应链质量安全管理的经验,并得到管理上的启示。基于以上研究结论,提出我国乳制品供应链合作关系稳定性的提升策略,进一步丰富和发展乳制品供应链相关理论和方法,为提升我国乳制品供应链合作关系的稳定性提供理论和实践的借鉴和参考。

二、研究意义

(一)理论意义

1. 进一步推动乳制品供应链管理理论的研究

本书以质量安全为切入视角,研究了乳制品供应链合作关系稳定性的判定、乳制品供应链合作关系稳定性的形成过程与演化稳定策略、影响因素实证、利益分配机制、国外质量安全管理的经验借鉴以及合作关系稳定性的提升策略等内容,旨在形成一套比较完整的理论体系。这将进一步丰富和发展乳制品供应链管理理论。

2. 为供应链合作关系稳定性的研究提供相关方法借鉴

由于我国乳制品供应链合作关系稳定性的形成过程较为复杂,本书基于系统科学的思想,创造性地运用反向传播(BP)神经网络、演化博弈理论、逻辑斯蒂(Logistic)模型、斯塔克尔伯格

(Stackelberg)模型、理论建模及实证分析的方法、结构方程模型、李克特(Likert)量表法等解决我国乳制品供应链合作关系稳定性形成过程中的一些技术难题,以上这些方法不仅可以应用于乳制品供应链合作关系稳定性这一特殊环境下,也可以应用于其他环境下供应链合作关系稳定性的相关研究。

(二)实践意义

本书研究的实践意义具体体现在从稳定性的评价指标、形成过程及演化博弈、影响因素、利益分配机制以及国外经验借鉴的基础上提出基于质量安全的我国乳制品供应链合作关系稳定性的提升策略,这不仅能为我国乳业的奶源供应、乳制品加工和市场流通等环节的质量安全管理工作提供现实的指导,而且也能够为相关管理决策部门提供理论参考和决策依据,这对于破解我国乳业发展的瓶颈,增强我国乳业的竞争力甚至我国农业的竞争力具有极其重要的实践意义。

第三节　国内外研究现状及评述

一、供应链合作关系稳定性的研究现状

(一)供应链合作关系稳定性的内涵界定

目前,学者们对此概念的界定大都呈现以下几个特征:供应链整体绩效不断提高或维持不变;供应链节点之间的合作不间断,供应链相对稳定;供应链能适应不断变化的环境,是一种动态稳定;

供应链各利益主体间的关系呈现出"合作—冲突—协调"的波动状态;供应链各利益主体的合作关系是以共同利益为基础的,从而实现一种有效稳定。

麦克白(Macbeth,1994)认为合作关系是供应商和顾客为保证最有可能的商业优势而建立的一种长期的、亲密的伙伴关系。[①]马洛尼和本顿(Maloni 和 Benton,1997)认为合作关系是为实现某个特定的目标或效益而在供应链上两个或两个以上的利益主体之间出现的某种协调关系。[②] 那哥塔尼和赫尔本(Nagatani 和 Helbing,2004)[③],权小锋、尹洪英(2007)认为合作关系稳定性是为形成一种动态的、友好的合作关系平衡而让供应链各利益主体共同选择一种最有利于自身发展的合作行为。[④]

李艺、郑国华、陈建华(2009)认为供应链运作稳定性体现为在某一特定时间内,供应链上的各个企业在完成用户特定需求和特定任务的过程中,供应链始终处于正常波动状态,并保持良好的合作关系,在用户需求或任务没有实现之前,任何一个供应链成员企业都会继续合作下去。[⑤] 于红莉(2012)指出供应链稳定性是指为实现预定的目标,供应链各利益主体都能够选择一种相互合作的行为,从而促进整条供应链的发展,当供应链上的某个节点出现

---

① Macbeth D. K.,"The Role of Purchasing in a Partnering Relationship",*European Journal of Purchasing and Supply Management*,Vol.1,No.1,1994.

② Maloni M. J., Benton W. C., " Supply Chain Partnership: Opportunities for Operations Research",*European Journal of Operational Research*,Vol.101,No.3,1997.

③ Nagatani T., Helbing D., "Stability Analysis and Stabilization Strategies for Linear Supply Chain",*Physica A:Statistical Mechanics and its Application*,Vol.335,No.3-4,2004.

④ 权小锋、尹洪英:《基于互惠合作的供应链合作关系稳定机制研究》,《物流技术》2007年第8期。

⑤ 李艺、郑国华、陈建华:《基于多级模糊评价法的供应链稳定性评价》,《物流技术》2009年第12期。

异常波动时,这种影响会被供应链系统作出的调节所抵消,不会恶化为使整条供应链重构或解体,并且在供应链成员更替的过程中或供应链向前发展的过程中不断打破以前的平衡,建立一种崭新的平衡关系,从而保证整条供应链有效、高效和持续的发展。[①] 杜玉申、马方园、张金玉(2012)认为供应链合作关系稳定性是供应链各利益主体之间的合作关系具有一定的惯性,在受其他影响因素的干扰和冲击时仍能继续维系,保持相对平衡的状态。[②]

(二)供应链合作关系稳定性的判定

目前,国内外学者对乳制品供应链稳定性的研究主要包括供应链组织绩效、供应链竞争力、供应链风险及稳定机制等方面。主要运用模糊综合评价法、德尔菲法、专家打分法、层次分析法(AHP)、模糊层次分析法、数据包络法(DEA)进行评价。其中吴继贵、叶阿忠(2014)以中国乳制品供应链为例运用层次分析和模糊综合评价法对供应链合作的风险进行综合评价,一级评价指标确定为环境风险、供应风险、生产风险、物流风险、市场风险、售后风险,并判断出中国乳制品供应链当前的合作风险情况大体为中等,乳制品企业应当更加重视供应链风险管理系统的建设,提高其所在的供应链系统对风险的"免疫力"。[③] 张莉、侯云先(2016)对基于质量安全的乳制品供应链主体行为协调进行了深入的研究,

---

① 于红莉:《动态市场环境下企业供应链战略合作关系的建立及稳定性研究》,《吉林工程技术师范学院学报》2012年第11期。

② 杜玉申、马方园、张金玉:《公平感知和效率感知对供应链合作关系稳定性的影响——以环境不确定性为调节变量》,《企业经济》2012年第10期。

③ 吴继贵、叶阿忠:《FMCG供应链风险综合评价研究——以中国乳制品供应链为例》,《科技管理研究》2014年第22期。

并指出合理的认定标准、外部损失分担契约、政府的补贴制度、收益共享损失分担契约等因素更有利于乳制品供应链各主体之间的相互协调,从而提高供应链各主体之间合作的稳定性,保证乳制品的质量安全。[①] 张学龙、王云峰(2014)以非线性时滞精敏供应链系统为研究基础,建立了灰色非线性精敏供应链系统,采用线性矩阵不等式算法分析其稳定性问题,并采取了一种灰色非线性精敏供应链系统的稳定性判定方法。[②] 樊斌、周鹏(2018)通过建立协同模型对乳制品供应链各个系统内的子系统进行协同度评价,得出乳制品销售环节协同度最低,原料乳生产环节协同度虽整体较高但波动幅度较大。[③] 张宝龙、曾佑新等(2011)总结了供应链评价的演进过程并指出评价体系中各指标的权重的确定是研究的关键问题之一。[④] 权小锋、尹洪英(2007)基于强化学习算法对不同类型的供应链模式进行模拟仿真,认为只要供应链中存在互惠利他机制,供应链各主体之间的合作最终会达到一种稳定状态。[⑤] 简兆权(1999)认为可以从增大对双方未来利益的影响、改变上下游企业收益的结构、掌握促进合作的准则和技能、使各主体间决策的程序更为公平四个方面增强供应链各主体之间的合作稳定性。[⑥] 李瑞涵等(2002)通过建立目标函数,从合作利益分配的合

---

① 张莉、侯云先:《基于质量安全的乳制品供应链生产模式选择的演化博弈分析》,《管理现代化》2016 年第 4 期。

② 张学龙、王云峰:《基于 LMI 的灰色非线性精敏供应链稳定性判定方法》,《工业工程》2014 年第 2 期。

③ 樊斌、周鹏:《乳业产业系统发展状态测度研究——基于协同论的实证分析》,《农业现代化研究》2018 年第 2 期。

④ 张宝龙、曾佑新、吴书芳:《供应链评价研究评述》,《江苏商论》2011 年第 11 期。

⑤ 权小锋、尹洪英:《基于互惠合作的供应链合作关系稳定机制研究》,《物流技术》2007 年第 8 期。

⑥ 简兆权:《战略联盟的合作博弈分析》,《数量经济技术经济研究》1999 年第 8 期。

理性、合作环境变化、合作目的达到程度及合作意愿的强烈程度四个方面来评价供应链利益主体之间的稳定性。[①] 劳曼和莱弗伯（Laumanns 和 Lefeber，2006）把供应链网络看作一个物料在网络中不断流动的过程，其中把物料通过供应链的每一个节点所发生的变化使用一阶微分方程进行模拟，然后利用鲁棒最优的控制方法来实现供应链网络的目标最优化。[②] 李艺、郑国华、陈建华（2009）在阐述供应链稳定性含义的基础上，构建了供应链稳定性影响因素的概念模型，并以此为基础建立了供应链稳定性综合评价指标体系，通过采用多级模糊评价方法对特定供应链的稳定性进行评价。[③] 怀尔丁（Wilding，1998）提出"供应链复杂三角形"，对供应链不稳定性的产生和远离均衡状态的行为进行了深入的分析。[④]

（三）供应链合作关系稳定性的形成过程

李阳珍（2005）从战略、战术与操作三个不同的层面分析了供应链战略合作关系的建立过程，该过程模型包括概念阶段、调查阶段、谈判阶段和执行阶段，该流程模型为供应链企业战略合作提供了一定的参考。[⑤] 孙永军等（2004）指出选择合作伙伴、建立合作关系、评价与重构合作关系等是敏捷供应链企业间合作关系的建

---

① 李瑞涵、赵强、吴育华：《合作理论及其稳定性分析》，《天津大学学报》2002 年第 6 期。

② Laumanns M., Lefeber E., "Robust Optimal Control of Material Flows in Demand-driven Supply Networks", *Physica A: Statistical Mechanics and its Application*, Vol.363, No.1, 2006.

③ 李艺、郑国华、陈建华：《基于多级模糊评价法的供应链稳定性评价》，《物流技术》2009 年第 12 期。

④ Wilding R., "The Supply Chain Complexity Triangle-uncertainty Generation in the Supply Chain", *International Journal of Physical Distributiaon & Logistics Management*, Vol.28, No.8, 1998.

⑤ 李阳珍：《供应链战略合作关系的建立过程分析》，《西南民族大学学报（人文社科版）》2005 年第 2 期。

立过程。① 盛望京等（2005）指出建立敏捷供应链协作伙伴关系大体可以分为准备决策阶段、选择协作伙伴阶段、建立协作伙伴关系阶段、跟踪评价协作伙伴阶段。② 李焕荣等（2007）指出组织间关系的进化过程可以分为四个阶段，即竞争、合作、合作竞争和共生。③ 孙琦等（2012）指出预防阶段、控制阶段和应对阶段是供应链突发事件的三个阶段，并对供应链突发事件的整个演化过程进行了总结。④

加德和哈克逊（Gadde 和 Hakansson，1994）认为零售商获得良好的经营绩效是被零售商和供应商之间稳定的伙伴关系促进的，利用供应商的资源不仅能够抑制机会主义行为，还能够提高自身核心竞争力。⑤ 巴拉里等（Barari 等，2012）以绿色供应链合作关系系统为背景，利用演化博弈理论研究系统演化的均衡状态，并指出罚金、违约成本和收益是影响供应链合作关系系统演化的主要因素。⑥ 巴布和莫汉（Babu 和 Mohan，2018）利用演化博弈理论研究了供应链成员的琐碎行为如何引发连锁效应，使系统偏离平衡。⑦

---

① 孙永军、綦方中、潘晓弘等：《敏捷供应链企业间合作关系建立过程研究》，《中国机械工程》2004 年第 5 期。

② 盛望京、吴祈宗：《敏捷供应链协作伙伴关系建立过程研究》，《北京理工大学学报（社会科学版）》2005 年第 5 期。

③ 李焕荣、马存先：《组织间关系的进化过程及其策略研究》，《科技进步与对策》2007 年第 1 期。

④ 孙琦、季建华：《基于快速恢复的供应链突发事件演化过程分析》，《软科学》2012 年第 11 期。

⑤ Gadde L.，Hakansson H.，"The Changing Role of Purchasing：Reconsidering Three Strategic Issues"，*European Journal of Purchasing and Supply Management*，Vol.1，1994.

⑥ Barari S.，Agarwal G.，Zhang W. J.，Mahanty B.，Tiwari M. K.，"A Desion Framework for the Analysis of Green Supply Chain Contracts：An Evolutionary Game Approach"，*Expert Systems with Applications*，Vol.39，No.3，2012.

⑦ Babu S.，Mohan U.，"An Integrated Approach to Evaluating Sustainability in Supply Chains Using Evolutionary Game Theory"，*Computers & Operations Resarch*，Vol.89，2018.

徐岩等(2011)借鉴伊藤(Ito)随机微分方程理论来分析战略联盟演化过程中成员行为稳定性的问题,给出了联盟保持稳定的一个充分条件和解体的一个充分条件,以此来解释战略联盟的有效性问题。[①] 许民利等(2012)利用演化博弈模型研究了供应商与制造商在食品质量投入上的演化博弈关系,并重点探讨了政府调控措施下的惩罚机制和补贴机制。[②] 吕永卫、孙西生(2013)针对供应链外部制造商进入供应链以后,双方可能会出现"违约"现象,将惩罚措施、违约额外收益以及合作超额收益、收益分摊系数引入演化博弈矩阵中,并通过演化博弈方法寻找均衡点和鞍点。在此基础上,分别从供应链内外部制造商的角度,分析了不同情况下双方策略的进化稳定过程。[③]

(四)供应链合作关系稳定性形成的影响因素

马洛尼和本顿(Maloni 和 Benton,1997)指出个体实力因素、整体协作水平因素、利益分配原则等是评价供应链合作稳定性的因素。[④] 马希瓦利等(Maheshwari 等,2007)认为影响供应链合作伙伴关系成功的主要因素包括:领导支持、承诺、协调、信任、沟通、冲突解决、技术与合作伙伴的兼容性等。[⑤] 苏喜和索恩(Sodhi 和

[①] 徐岩、胡斌、钱任:《基于随机演化博弈的战略联盟稳定性分析和仿真》,《系统工程理论与实践》2011 年第 5 期。

[②] 许民利、王俏、欧阳林寒:《食品供应链中质量投入的演化博弈分析》,《中国管理科学》2012 年第 5 期。

[③] 吕永卫、孙西生:《基于演化博弈理论的供应链系统长期稳定性分析》,《系统科学学报》2013 年第 2 期。

[④] Maloni M. J., Benton W. C., "Supply Chain Partnership: Opportunities for Operations Research", *European Journal of Operational Research*, Vol.101, No.3, 1997.

[⑤] Maheshwari B., Kumar V., Kumar U., "Optimizing Success in Supply Chain Partnerships", *Journal of Enterprise Information Management*, Vol.19, No.3, 2007.

Son,2009)构建了供应商和零售商战略层面与业务操作层面的伙伴关系模型,该模型指出信息交流、信任、伙伴关系共同管理、关系专用资产投资、合作伙伴的不对称性等五个因素是影响供应商与零售商伙伴关系的关键因素。[①] 刘和王(Liu 和 Wang,2011)指出影响供应链危机的内部因素是供给和需求的问题、信息传递的错误、技术的多变性以及供应链系统的结构缺陷;影响供应链危机的外部因素是大规模自然灾害和疾病的流行、经济政策的变化、法律、法规以及国内外政治活动的影响。[②] 穆达里等(Muduli 等,2013)研究了印度采矿业实施绿色供应链管理中行为因素的作用,这些行为因素包括高层管理的支持、绩效和反馈系统的评价、交流、绿色培训、员工授权、绿色团队工作、工作文化、相互信任和尊重、减少变革的阻力、绿色创新、绿色动机、战略规划。[③] 撒马斯完等(Sambasivan 等,2013)通过结构方程验证了联盟动机、相互依存性、财产专用性以及关系资本对制造业供应链联盟稳定性的影响。[④]

曾荣浩等(2006)指出利益问题是供应链突然断裂的最大杀手。[⑤] 刘朝刚等(2007)指出信任、关系亲密度、满意度、网络效应、

① Sodhi M. S.,Son B.,"Supply-chain Partnership Performance",*Transportation Research Part E:Logistics and Transportation Review*,Vol.45,No.6,2009.

② Liu Y. S.,Wang S.S.,"Research on Collaborative Management in Supply Chain Crisis",*Procedia Environmental Sciences*,Vol.10,Part A,2011.

③ Muduli K.,Govindan K.,Barve A.,Kannan D.,Geng Y.,"Role of Behavioral Factors in Green Supply Chain Management Implementation in Indian Mining Industries",*Resources,Conservation and Recycling*,No.77,2013.

④ Sambasivan M.,Siew-Phaik L.,Mohamed Z. A.,Leong Y. C.,"Factors Influencing Strategic Alliance Outcomes in a Manufacturing Supply Chain:Role of Alliance Motives,Interdependence,Asset Specificity and Relational Capital",*International Journal of Production Economics*,Vol.141,No.1,2013.

⑤ 曾荣浩、杜跃平:《基于现值法的供应链合作伙伴关系稳定性研究》,《情报杂志》2006年第2期。

套牢是影响供应链合作关系稳定性的因素。① 罗昌等（2008）利用系统动力学得出供应链的稳定性是由系统的反馈控制结构决定的，外部环境与决策者主观偏好必须通过反馈控制结构才能影响系统稳定性。② 陈新平（2008）指出影响供应链稳定性的主要影响因素有合作满意度、关系亲密度、信任、信息协调和网络效应。③ 陈耀等（2009）重点研究了供应者信任、关系投入意识、关系资本、文化兼容性对供应链联盟关系稳定性的影响。④ 李艺等（2009）将影响供应链稳定性的因素概括为链上不稳定因素和节点自身不稳定因素，其中节点自身不稳定的影响因素包括采购过程的相关因素、生产过程的相关因素和销售过程的相关因素；企业间的不稳定影响因素包括供应链契约因素、追逐赢利目标因素、供应链信息处理因素、供应链的资金运行因素、供应链外部不可抗拒因素等。⑤ 于红莉（2012）指出影响供应链稳定性的因素包括供应链拓扑结构因素、战略合作伙伴关系因素、企业自身能力因素等。⑥ 杜玉申等（2012）对 226 份来自国内制造企业的调查问卷的研究表明，环境不确定性调解着分配公平、程序公平、效率感知对供应链合作关系稳定性的影响。⑦ 原毅军等（2013）利用系统动力学进行仿真模

---

① 刘朝刚、马士华：《供应链合作的稳定性分析》，《科技管理研究》2007 年第 2 期。

② 罗昌、贾素玲、王惠文：《基于系统动力学的供应链稳定性研究》，《系统仿真学报》2008 年第 14 期。

③ 陈新平：《供应链的稳定性研究》，《商场现代化》2008 年第 33 期。

④ 陈耀、生步兵：《供应链联盟关系稳定性实证研究》，《管理世界》2009 年第 11 期。

⑤ 李艺、郑国华、陈建华：《基于多级模糊评价法的供应链稳定性评价》，《物流技术》2009 年第 12 期。

⑥ 于红莉：《动态市场环境下企业供应链战略合作关系的建立及稳定性研究》，《吉林工程技术师范学院学报》2012 年第 11 期。

⑦ 杜玉申、马方园、张金玉：《公平感知和效率感知对供应链合作关系稳定性的影响——以环境不确定性为调节变量》，《企业经济》2012 年第 10 期。

拟,结果表明合作经验、声誉、规模禀赋和资源等外部变量对联盟稳定性的影响较弱,而利益分配合理度、投机行为、信任等内部变量对联盟稳定性的影响较大。[①]

(五)供应链合作关系稳定性的利益分配机制

任何一个经济活动的发生,总要伴随着利润分配活动的产生。多个经济主体之间的合作,必然要伴随着总利润的分配,而单个经济主体,其内部也一定会伴随着企业内部各利益主体之间的利润分配。潘会平等(2005)指出利润分配是产业供应链的核心焦点[②],钱贵霞等(2013)在研究奶业产业链时,也曾指出合理的利润分配体制是其长久发展的关键[③],能够有效增加各主体生产的积极性[④]。而且张云等(2011)和邓磊等(2016)指出如果利润分配不够合理,就会导致企业关系不能持续下去,就必然会导致"产业萎缩—产业过剩"反复交替的恶性循环,不利于产业合作关系的发展。[⑤][⑥] 故建立乳制品供应链的利润分配体制显得尤为重要。

对于利润分配体制的建立,首先就要分析各主体在供应链上的最优利润。孔鹏志等(2011)和喻珊等(2012)都曾利用

① 原毅军、田宇、孙佳:《产学研技术联盟稳定性的系统动力学建模与仿真》,《科学学与科学技术管理》2013年第4期。

② 潘会平、陈荣秋:《供应链合作的利润分配机制研究》,《系统工程理论与实践》2005年第6期。

③ 钱贵霞、张一品、吴迪:《液态奶产业链利润分配研究——以内蒙古呼和浩特为例》,《农业经济问题》2013年第7期。

④ 徐瑞泽、路剑、周月芳:《河北省生猪产业链利润分配研究》,《黑龙江畜牧兽医》2016年第20期。

⑤ 张云、吕萍、宋吟秋:《总承包工程建设供应链利润分配模型研究》,《中国管理科学》2011年第4期。

⑥ 邓磊、张希玲、赵婧洁、王瑞梅:《鲜食葡萄产业链利润分配研究——基于河北昌黎的案例分析》,《农业现代化研究》2016年第6期。

Stackelberg 模型对不同级别产业链的利润分配进行分析。①② 甘卫华等（2014）把 Stackelberg 模型用于研究产业链一方占据主导地位时的利润分配。③ 纳卡穆拉（Nakamura，2015）也曾将 Stackelberg 模型用于研究单个领导者与多个跟随者的分析当中。④ 故可以在乳制品产业链中原料乳供应商、乳制品制造商和乳制品经销商三者的基础上建立 Stackelberg 模型，以实现三者的"三赢"。而且何丽红等（2017）曾指出以制造商为领导者的 Stackelberg 模型博弈要明显优于其他两者为领导者的利润分配。⑤ 除了 Stackelberg 模型能够解决利润分配外，Shapley 值也能够对利润分配起到完善和补充作用。⑥ 当 n 个人从事经济活动，建立不同的合作组合时，Shapley 值能够通过分析计算 n 个厂商的边际贡献对其不同组合时的最优总利润实现最优分配。⑦

　　总之，通过 Stackelberg 模型和 Shapley 值能够对产业供应链的利润实现最优分配，从而保证供应链的稳定。⑧

---

①　孔鹏志、杨忠直：《基于 Stackelberg 博弈的循环经济闭环产业链研究》，《中国人口·资源与环境》2011 年第 9 期。

②　喻珊、李兆花：《制造商占主导的二级供应链利润分配博弈分析》，《中国市场》2012 年第 28 期。

③　甘卫华、成成：《基于 Stackelberg 博弈的光伏产业链的利润分配研究》，《生态经济（学术版）》2014 年第 1 期。

④　Nakamura T.，"One-leader and Multiple-follower Stackelberg Games with Private Information"，*Economics Letters*，Vol.127，2015.

⑤　何丽红、廖茜、刘蒙蒙、苑春：《两层供应链系统最优广告努力水平与直接价格折扣的博弈分析》，《中国管理科学》2017 年第 2 期。

⑥　刁丽琳、朱桂龙、许治：《基于多权重 Shapley 值的联盟利益分配机制》，《工业工程与管理》2011 年第 4 期。

⑦　公彦德、李帮义、刘涛：《基于 Shapley 值和相同利润增长率的供应链协调策略》，《系统管理学报》2009 年第 1 期。

⑧　王侃：《供应链上企业间的利润分配模型研究》，《武汉理工大学学报》2004 年第 7 期。

二、乳制品供应链的研究现状

（一）乳制品供应链的内涵界定

曹雪梅（2011），樊雪梅、李筱静（2011）强调乳制品供应链是一个功能网链模型，包括生产、加工、包装、运输等环节，涵盖奶农、乳制品企业、分销商、零售商和最终消费者等利益主体，并最终实现乳制品的价值增值，是一条价值增值链。[1][2] 樊斌等（2012）指出乳制品供应链分为原料乳供应、乳制品加工、市场流通和消费者消费等环节，也就是从奶牛养殖到餐桌是一条供应链。[3]

（二）乳制品供应链的模式分析

国外学者主要从合作社模式和产业一体化方面阐述乳制品供应链的模式。锡德伯格和马特松（Cederberg 和 Mattsson, 2000）研究发现奶牛场多种经营和奶牛场规模之间没有显著的相关关系，而乳业生产的纵向一体化和奶牛场规模之间有显著的正相关关系。[4] 亨德里克森和赫弗曼（Hendrickson 和 Hefferman, 2002）以美国乳业为例，提出了通过对乳制品供应链的重组来实现乳品行业与零售行业横向与纵向整合的方法。[5] 桑卡兰和莫里（Sankaran 和 Mouly, 2006）以新西兰乳业为例，研究了新西兰发展出口外向

---

[1] 曹雪梅:《乳制品供应链物流管理探析》,《中国商贸》2011 年第 8 期。

[2] 樊雪梅、李筱静:《浅析乳制品供应链的改进》,《中国市场》2011 年第 15 期。

[3] 樊斌、田春兰、杨辉:《乳制品供应链中质量安全影响因素分析》,《商业经济》2012 年第 18 期。

[4] Cederberg C., Mattsson B., "Life Cycle Assessment of Milk Production-a Comparison of Conventional and Organic Farming", *Journal of Cleaner Production*, Vol.8, No.1, 2000.

[5] Hendrickson M. K., Hefferman W. D., "Opening Spaces through Relocalization: Locating Potential Resistance in the Weaknesses of the Global Good System", *Sociologia Ruralis*, Vol.42, No.4, 2002.

型乳业的主要形式是乳业合作社,并提出新西兰发展乳业供应链纵向整合的基础是成本导向,标准是乳制品供应链的效率。①

国内学者对乳制品供应链模式的划分角度较为多样化。何玉成、李崇光(2003)指出现阶段中国乳品产业链关系主要模式有城郊型、牧区型、农区型、农场前向一体化型等。② 王新利、赵艳波(2006)指出黑龙江省乳制品供应链的模式包括连锁配送型网链模式、超市型网链模式以及核心企业型网链模式。③ 卜卫兵、李纪生(2007)认为现代化牧场的组织形式、奶牛养殖小区和农户家庭散养是当前我国原料乳主要的生产组织模式。④ 侯淑霞(2007)指出乳业发展的主要模式有一体化、龙头企业带动型、龙头企业带动的准合作社一体化和中介组织联动型等四种。⑤ 道日娜、乔光华(2009)通过深入剖析内蒙古乳业生产模式的发展过程,将乳业生产模式分为新型组织模式和养殖户分散养殖模式等两种。⑥ 王爽(2012)指出供应源型和需求源型运营模式是我国乳品供应链现行的两种运营模式,这两种运营模式在乳制品供应链各环节运作方面存在显著的不同。⑦

---

① Sankaran J. K., Mouly V. S., "Value-chain Innovation in Aquaculture: Insights from a New Zealand Case Study", *R&D Management*, Vol.36, No.4, 2006.
② 何玉成、李崇光:《中国原奶生产与乳品加工之间纵向组织关系研究》,《农村经济》2003年第6期。
③ 王新利、赵艳波:《黑龙江省乳制品供应链发展模式分析》,《物流科技》2006年第12期。
④ 卜卫兵、李纪生:《我国原料奶生产的组织模式及效率分析——以江苏省为例的实证研究》,《农业经济问题》2007年第6期。
⑤ 侯淑霞:《先发模式下乳品供应链合作关系柔性研究》,《中国流通经济》2007年第6期。
⑥ 道日娜、乔光华:《内蒙古奶业生产组织模式创新与乳品质量安全控制》,《农业现代化研究》2009年第3期。
⑦ 王爽:《我国乳品业供应链绩效评价与模型优化》,《中国经贸导刊》2012年第8期。

(三)乳制品供应链质量安全的影响因素

诺丽(Noni,2004)认为乳制品相关原料和生产条件是影响其质量安全的重要因素,需要加强安全管理。[①] 卡伯(Kamber,2008)以 Kurut(一种乳制品)为例,分析其微生物和化学特性,确定其生产和质量影响因素。[②]

乔光华、郝娟娟(2004)提出我国乳业安全问题的关键是奶源安全,影响奶源安全问题的主要原因是散户饲养难以控制原料奶的标准和质量、药物残留严重、奶牛饲料的不安全性、奶户饲养管理的科技水平较低。[③] 杨贞耐(2008)指出乳制品供应链各环节污染、饲料添加剂和兽药残留、有害微生物以及人为因素等都会影响乳制品的质量安全。[④] 胡旺存(2010)指出影响乳制品质量安全的有主观因素、客观因素、宏观因素以及微观因素。[⑤] 刘海林、贺建华(2010)指出影响奶源质量安全问题的主要因素包括抗生素残留、有毒有害物质残留、微生物污染、病源污染、营养指标低、掺杂使假等。[⑥] 张维银(2012)揭示了影响原料乳质量安全的因素主要有奶牛养殖场模式及环境因素、饲养管理环节因素、挤奶及收购环节因素、运输及销售环节因素、奶农与乳制品企业之间合作关系因

[①] Noni I. D., "Reference Material Needs for Quality Assessment of Milk and Dairy Products", *Accreditation & Quality Assurance*, Vol.9, No.4-5, 2004.

[②] Kamber U., "The Manufacture and Some Quality Characteristics of Kurut, A Dried Dairy Product", *International Journal of Dairy Technology*, Vol.71, No.2, 2008.

[③] 乔光华、郝娟娟:《我国乳业的食品安全:背景、问题和对策》,《农业技术经济》2004 年第 4 期。

[④] 杨贞耐:《我国乳与乳制品的质量安全控制》,《中国畜牧杂志》2008 年第 8 期。

[⑤] 胡旺存:《我国乳制品的质量安全探析》,《阜阳师范学院学报(社会科学版)》2010 年第 2 期。

[⑥] 刘海林、贺建华:《加强奶源质量控制 确保乳制品质量安全》,《中国乳业》2010 年第 10 期。

素、奶源基地规划及乳企布局因素。① 刘俊华等（2013）指出乳品供应链主要包括原奶生产、奶站收购、生产加工、分销和销售五个环节，每一个环节都会影响乳制品的质量安全，其中原奶生产环节主要是奶牛的健康状态、掺假问题、养殖场地的不规范建设；奶站收购环节主要是生鲜乳的质量、奶站建设的规范性；生产加工环节主要是加强进出检测制度、生产合格产品、完善企业基础建设；分销环节主要是保障运输质量，销售环节主要是加强销售管理和库存管理。②

（四）乳制品供应链的质量控制

国内关于乳制品质量安全控制的研究主要侧重于从原料乳生产、原料乳收购、原料乳运输贮存、乳制品加工、乳制品销售五个方面进行。

1. 原料乳生产

原料乳由以下三种方式生产：一是散户饲养；二是以伊利、蒙牛为代表的类似国营或大型乳制品企业统一进行管理的大规模奶牛养殖场；三是既由散户饲养，又在同一养殖场进行养殖、饲喂、消毒、挤奶等等。张瑜明等（2002）认为政府要对散户提供一套资金、价格等方面的支持政策，企业与农户之间要建立相互信任的合作关系，同时要为农户提供相关的技术帮助。③ 刘潇忆等（2013）通过对牛乳及挤乳环境中葡萄球菌、嗜冷菌和芽孢杆菌的检测发现：原料乳的微生物污染大多来自榨乳过程，其本身微生物

---

① 张维银：《影响原料奶质量安全的关键因素及控制》，《中国奶牛》2012 年第 6 期。
② 刘俊华、芦颖、李燕霞、长青、白宝光：《基于模糊测度的乳品供应链质量安全绩效评价与控制》，《内蒙古大学学报（自然科学版）》2013 年第 2 期。
③ 张瑜明、李颖斌、陈晓琼等：《如何提高个体奶农的原料乳卫生质量》，《中国乳品工业》2002 年第 6 期。

数量有限。①

2. 原料乳收购

石海星等（2006）认为牛奶品质的好坏与原料乳大部分的收购地——奶站的规范及监管力度密切相关，也和奶农的质量安全控制行为紧密相关。② 我国大部分学者主要研究奶站的规范管理和奶农的质量安全控制行为，但由于我国相关原料乳收购的检测标准与国外存在很大差距，标准体系的研究迫在眉睫，它的建立将促进我国乳制品质量标准水平的提高。

3. 原料乳运输贮存

新鲜的原料乳需要冷链保存和运输，但在此过程中，由于很多乳制品企业冷链管理不到位，使原料乳在诸多环节受到质量安全问题的威胁，所以，国家奶业相关规范条例中增加了《区域内奶制品物流配送关键技术研究与开发》。李东昂等（2015）认为在运输过程中控制原料乳的温度非常重要，影响原料乳收购的温度因素主要有原料乳的初温、运输车罐的保温或制冷效果、运输时长和车辆颠簸、原料乳体积大小等。③

4. 乳制品加工

胡志鹏等（2004）指出乳制品加工过程是影响乳制品质量安全的重要因素之一，中国乳制品工业协会与中国奶业协会的工作者系统研究了我国乳制品业的发展历程及现状，其中涉及乳制品

---

① 刘潇忆、张彧、陈历俊、姜铁民：《原料乳生产过程中微生物污染的来源追溯研究》，《中国乳品工业》2013 年第 6 期。

② 石海星、孙世民、孙安增等：《黑龙江省机械化挤奶站设备的比较选择研究》，《农机化研究》2006 年第 1 期。

③ 李东昂、张翕、龚梦、田野、陆倩妮：《原料乳挤乳贮存与运输过程中的质量控制》，《农业与技术》2015 年第 9 期。

产量的增减、所引进推广的乳制品加工设备与技术、所优化的产品
结构、协调中的奶业协会、乳制品企业间沟通与学习、国内乳制品
加工业与国外的比较等方面。① 研究认为,我国乳制品加工业的
综合生产能力和国外相比较差、投入产出率较低、产品结构单一、
乳制品质量水平低等是制约我国乳制品加工业发展的主要障碍。
从乳制品的包装来看,包装材料的安全是保障乳制品质量的重要
因素,我国关于包装材料的标准也已陆续出台。

5. 乳制品销售

徐燚等(2006)从乳制品销售视角指出由于乳制品的贮存时
间短、各级分销链的需求存在放大效应,出现的问题大都集中在回
收奶的监管和处理上。② 同时,乳制品企业在传统销售渠道之外
又开辟了新的销售渠道,这对乳制品的销售安全问题研究起到了
促进作用。

国外学者对乳制品质量安全的控制研究,主要集中在技术角
度,例如斯米特等(Smit 等,2005)③、霍奇基斯等(Hotchkiss 等,
2006)④;此外,纳达比等(Ndambi 等,2008)提出牧场管理是保证
乳制品安全的首要环节⑤。诺德布尔岑和梅茨(Noordhuizen 和
Metz,2005)以荷兰奶业为例,分析了危害分析与关键控制点

---

① 胡志鹏、牛茹:《包装技术支撑液态奶大市场》,《印刷世界》2004 年第 6 期。
② 徐燚、沈文华:《北京乳品销售渠道的现状与发展对策研究》,《中国乳业》2006 年第
8 期。
③ Smit H. J.,Tas B. M.,Taweel H. Z.,et al.,"Effects of Perennial Ryegrass(Lolium Perenne
L.)Cultivars on Herbage Production,Nutritional Quality and Herbage Intake of Grazing Dairy Cows",
Grass and Forage Science,Vol.70,No.3,2005.
④ Hotchkiss J. H.,Werner B. G.,Lee E. Y. C.,"Addition of Carbon Dioxide to Dairy Products
to Improve Quality:A Comprehensive Review",*Comprehensive Reviews in Food Science and Food
Safety*,Vol.5,No.4,2006.
⑤ Ndambi O. A.,Garcia O.,Balikowa D.,et al.,"Milk Production Systems in Central Uganda:
A Farm Economic Analysis",*Tropical Animal Health and Production*,Vol.40,No.4,2008.

（HACCP）的应用,他认为奶牛养殖场识别和管理生产过程中的质量危害和风险可以应用于危害分析与关键控制点（HACCP）。[①]

国内学者主要从管理角度控制乳制品质量安全。鲁嘉明（2008）提出应对原料乳和乳制品质量进行不定期的检测,加强对原料乳和市场环节的监管以提高整条乳制品供应链的质量控制水平。[②] 张煜、汪寿阳（2010）指出食品安全管理模型包括透明性、追溯性、时效性、检测性和信任性五个要素。[③] 祝捷（2013）基于乳制品供应链的构成与运行特征,提出改革乳制品监管方法可以采取构建对称型供应链、统一乳制品安全监管机构、建立基于双重检验的信任符号提供机制以及引入消费者参与机制等措施。[④] 白宝光等（2013）指出乳制品质量安全的监控逻辑应该是基于"供应链"而提出和实施的,其中内部控制主要是构建乳制品供应链的HACCP模式,外部监管主要包括政府监管、社会公众监督。[⑤]

国外学者将供应链管理理论引入乳制品质量安全控制的研究中,给全面研究乳制品质量安全问题提供了一个系统的方法。美国学者沙阿（Shah,1983）[⑥]认为原料乳质量安全的保障基础是奶业合作组织,它除了把苜蓿、玉米等养殖生产资料提供给养殖户

---

① Noordhuizen J. P. T. M., Metz J. H. M., "Quality Control on Dairy Farms with Emphasis on Public Health, Food Safety, Animal Health and Welfare", *Livestock Production Science*, Vol.94, No.2, 2005.

② 鲁嘉明:《从三聚氰胺来试论我国乳业的供应链》,《中国经济与管理科学》2008 年第 8 期。

③ 张煜、汪寿阳:《食品供应链质量安全管理模式研究——三鹿奶粉事件案例分析》,《管理评论》2010 年第 10 期。

④ 祝捷:《基于供应链的乳制品安全监管方法研究》,《宏观质量研究》2013 年第 2 期。

⑤ 白宝光、解敏、孙振:《基于科技创新的乳制品质量安全问题监控逻辑》,《科学管理研究》2013 年第 4 期。

⑥ Shah T., "Producer Behaviour, Market Structure and Technology in Indian Dairy Industry: Some Managerial Implications", *Agricultural Systems*, Vol.11, No.1, 1983.

外,还应该为奶农提供奶牛饲养、疾病控制、保健、繁育等方面的帮助,以提高其养殖水平,进而保障原料乳的质量安全。

梅兹(Maze,2001)最先运用博弈论研究了欧洲农产品质量安全与农产品治理结构关系问题,并首次指出全面提升农产品质量的途径之一便是合理博弈理论的应用。之后,国内外学者们在食品质量安全控制上运用了诸多模型,例如寡头博弈模型、不完全信息动态博弈模型、重复博弈模型及监管博弈模型(Wu 等,2013[①];Vetter,2002[②];卢凤君等,2003[③];张云华等,2004[④];钟真、孔祥智,2009[⑤])。此假设是建立在博弈方是完全理性的基础之上的,博弈参与的各方具备"无限回归推理"的技能。而在现实中参与方不仅有缺陷,而且在其他参与方理性、能力的质疑方面,会作出过激的反应,故不存在完全理性的博弈方。其最优策略也非一次性选择的结果,而是在多次动态博弈中相互学习、汲取经验的结果(Wang,2007[⑥];Wang 等,2004[⑦]),也就是人类经济社会行为存在有限理性的动态博弈,是一个适应环境变迁和经济社会发展变化

① Wu J. C.,Wu C. X.,Liu Y. P.,"The Economics and Feasibility of Traceability in Agri-Food Supply Chain:Analysis with Game Theory between Double Oligarchs", *Applied Mechanics and Materials*,Vol.397-400,Autumn 2013.

② Vetter H.,"Moral Hazard,Vertical Integration,and Public Monitoring in Credence Goods", *European Review of Agriculture Economics*,Vol.29,No.2,2002.

③ 卢凤君、孙世民、叶剑:《高档猪肉供应链中加工企业与养猪场的行为研究》,《中国农业大学学报》2003 年第 2 期。

④ 张云华、孔祥智、杨晓艳、罗丹:《食品供给链中质量安全问题的博弈分析》,《中国软科学》2004 年第 11 期。

⑤ 钟真、孔祥智:《当前我国奶站发展现状的分析——基于对北方四省 35 家奶站的调研》,《中国奶牛》2009 年第 3 期。

⑥ Wang L.,"Co-opetition Mechanism in Supply Chain Network:An Evolutionary Game Theory Approach", *Forecasting*,Vol.26,No.5,2007.

⑦ Wang W. M.,He Y. M.,Yao Z. X.,"Complexity of the Coseismic Rupture for 1999 Chi-Chi Earthquake(Taiwan)from Inversion of GPS Observations", *Tectonophysics*,Vol.382,No.3-4,2004.

的过程（Du 和 Fleming，1993）①。进化博弈理论抛开了博弈方完全理性的假设，与博弈理论和动态演化过程进行有机结合，较好地描绘了"模仿者动态模型"中所存在的有限理性个体群体行为的变化趋势（Robinson 等，1978）②。基于上述的有机结合，农产品及食品质量控制对模仿者动态模型进行了广泛应用。如在探讨农产品供应链的策略空间及演化趋势时采用单群体模仿者动态模型（陈小霖等，2007）③；在分析供销之间、政府监管部门之间相互作用的策略选择行为时采用多群体模仿者动态模型（李中东，2009）④以及政府监管在食品质量方面的影响（晚春东等，2017）⑤开展了研究。曾和孙（Zeng 和 Sun，2008）⑥利用多群体模仿动态博弈模型在风险分担与收益风险基础上对猪肉供应链的合作影响因素进行了分析。何亮等（2009）⑦以一次博弈为分析的起点，对乳业产业链中企业和奶农所制定的一次博弈、重复博弈的战略选择进行了研究，并对建立两者之间的合作稳定关系提供了对策建议。

① Du M., Fleming G. R., " Femtosecond Time-resolved Fluorescence Spectroscopy of Bacteriorhodopsin：Direct Observation of Excited State Dynamics in the Primary Step of the Proton Pump Cycle"，*Biophysical Chemistry*，Vol.48，No.2，1993.

② Robinson B. H.，Taylor J.，Cutz E.，et al.，"Reye's Syndrome：Preservation of Mitochondrial Enzymes in Brain and Muscle Compared with Liver"，*Pediatric Research*，Vol.12，No.11，1978.

③ 陈小霖、冯俊文：《基于演化博弈论的农产品质量安全研究》，《技术经济》2007 年第 11 期。

④ 李中东：《基于农产品质量安全的技术扩散博弈分析》，《技术经济》2009 年第 8 期。

⑤ 晚春东、秦志兵、丁志刚：《消费替代、政府监管与食品质量安全风险分析》，《中国软科学》2017 年第 1 期。

⑥ Zeng H., Sun S., "Syntheses, Properties, and Potential Applications of Multicomponent Magnetic Nanoparticles"，*Advanced Functional Materials*，Vol.18，No.3，2008.

⑦ 何亮、李小军：《奶业产业链中企业与奶农合作的博弈分析》，《农业技术经济》2009 年第 2 期。

三、乳制品供应链合作关系稳定性的研究现状

赵晗萍等（2005）利用博弈模型研究乳制品供应链各利益主体之间的利益冲突问题。[①] 蒋新梅（2008）阐述了新疆乳制品企业供应链战略联盟的建立主要从原料供给、产品销售和物流三个方面展开。[②] 尹巍巍等（2009）利用静态博弈模型研究了乳制品供应链各利益主体之间的质量安全控制问题。[③] 赵阳（2009）指出给乳制品供应链带来合作风险的因素包括信任风险、协议风险、目标冲突风险等。乳制品供应链之间的合作风险主要指奶农和乳制品企业之间由于不合作所带来的风险。[④] 苏禹娴（2010）指出建立前向一体化和后向一体化的供应链联盟是保持乳制品供应链战略联盟稳定的主要形式，这种形式有利于协调乳制品供应链上、下游企业之间的关系。[⑤] 叶枫等（2013）利用 Stackelberg 博弈模型，建立了不同合作方式下的乳制品企业和零售商两级供应链模型，研究表明乳制品企业因消费者维权而产生的损失、消费者投诉率、消费者质量敏感系数与质量控制水平的提升存在显著的正相关关系，但是乳制品企业质量控制的成本系数与质量控制水平的提升存在显著的负相关关系。[⑥]

四、国内外研究文献述评

通过文献回顾，从供应链合作关系稳定性研究现状和乳制品

---

① 赵晗萍、冯允成、姚李刚：《供应链博弈问题综述》，《北京航空航天大学学报（社会科学版）》2005 年第 4 期。

② 蒋新梅：《新疆乳制品企业实施供应链战略联盟研究》，《中国市场》2008 年第 28 期。

③ 尹巍巍、张可明、宋伯慧、李冬：《乳品供应链质量安全控制的博弈分析》，《软科学》2009 年第 11 期。

④ 赵阳：《乳制品供应链合作风险研究》，《农业经济》2009 年第 3 期。

⑤ 苏禹娴：《我国乳制品供应链现状及对策分析》，《企业导报》2010 年第 3 期。

⑥ 叶枫、郭淼媛：《质量控制下的乳制品供应链协调》，《经营与管理》2013 年第 10 期。

供应链研究现状的综述中可以看出,国内外学者对供应链合作关系稳定性问题和乳制品供应链的管理问题已经进行了大量研究,积累了较为丰富的研究成果,这为本书的顺利研究奠定了坚实的理论基础,提供了有益的借鉴之处。然而,在对前人的研究成果进行梳理和总结的同时,不难发现,国内外学者对乳制品供应链合作关系稳定性的研究成果较少,有待进一步地补充和完善,具体包括以下几个方面。

(一)对乳制品供应链合作关系稳定性的内涵、构成要素、结构及特点缺乏系统的分析

从现有研究成果来看,学者们对乳制品供应链合作关系稳定性的内涵、构成要素、特征及稳定条件缺乏系统的分析,而深入分析以上内容又是本书重要的理论基础部分,因此,需要对此进行深入剖析。

(二)对乳制品供应链合作关系稳定性的状态缺少判定研究

虽有学者对乳制品供应链进行了评价,但多侧重于乳制品供应链的风险控制方面,而从乳制品供应链上各主体合作关系稳定性角度系统地构建评价指标体系的研究尚不多。因此,本书在借鉴前人研究成果的基础上,选用 BP 神经网络方法,基于乳制品质量安全视角系统全面地对乳制品供应链合作关系稳定性进行评价研究。

（三）对基于质量安全的乳制品供应链合作关系稳定性的形成过程以及演化稳定策略鲜有研究

目前学者们仅是基于供应链管理流程的微观视角进行研究，而从宏观视角进行研究的较为缺乏，尤其是以乳制品供应链合作关系稳定性的形成过程为内容的还没有涉及。应该看到，乳制品供应链合作关系稳定性的形成过程既存在于供应链管理的微观形成过程中，又存在于乳制品供应链合作关系稳定性生命周期的宏观形成过程中，因此，应从宏观和微观两个角度考察乳制品供应链合作关系稳定性的形成过程，旨在准确、全面地把握乳制品供应链合作关系稳定性的形成规律。

为保障乳制品的质量安全，在乳制品供应链合作关系稳定性的形成过程中，需要原料乳供应商生产"合格原料乳"，而原料乳供应商能否生产"合格原料乳"与乳制品企业的"质量控制"行为有很大关系；经销商在销售乳制品时，需要进行"质量安全投入"，而经销商能够进行"质量安全投入"与乳制品企业是否建立"沟通机制"有很大关系。目前，从以上视角研究乳制品供应链合作关系稳定性的演化博弈过程则较为缺乏。

（四）对基于质量安全的乳制品供应链合作关系稳定性的影响因素研究还需进一步深入

从现有研究来看，以乳制品供应链为对象探究其合作关系稳定性影响因素的研究还没有涉及，研究视角较为分散，许多研究还停留在理论分析的层面，缺乏实证分析。利用实证研究的方法探索我国乳制品供应链合作关系稳定性的影响因素，可使研究结果和相应策略更好地服务于我国乳制品产业。

（五）缺少对基于质量安全的乳制品供应链合作关系稳定性的利益分配机制研究

现有研究利用 Stackelberg 模型研究供应链各利益主体利润分配时,并没有在 Stackelberg 模型中考虑质量安全因素在供应链利润分配方面所起到的作用;而且,缺少对基于社会责任的乳制品供应链利益分配机制的研究。现有研究关于乳制品供应链利润分配的 Stackelberg 模型仅仅立足在二层乃至三层乳制品供应链的研究之上,并没有考虑其他社会责任因素对其供应链利润分配的促进作用。任何企业都是以利润最大化为经营目标的,而勇于承担社会责任的企业,会得到消费者的认可、政府的认可,自然会有利于企业销售量的增长,对其利润增长起到巨大的促进作用,进而能够促进整个乳制品供应链的利润分配。

（六）对基于质量安全的乳制品供应链合作关系稳定性提升策略的研究尚需完善

现有研究关于乳制品供应链合作关系稳定性的提升策略的研究较少,视角较为单一,缺乏全面性和系统性。而加强对乳制品供应链合作关系稳定性的管理,有利于增强我国乳制品供应链系统的抗风险能力,促进我国乳业的正常运作和整体优化。

第四节　主要研究内容、方法与技术路线

一、研究内容

(一)基于质量安全的乳制品供应链合作关系稳定性的理论基础

明确界定乳制品供应链合作关系稳定性的内涵、结构和特点,分析现行我国乳制品供应链存在的质量安全问题及现行监管体系,指出我国乳制品企业与原料乳供应商以及乳制品企业与经销商之间的合作现状及存在的问题。

(二)基于质量安全的乳制品供应链合作关系稳定性的形成过程与演化博弈研究

主要包括基于质量安全的乳制品供应链合作关系稳定性的形成过程与演化博弈分析。前者主要从宏观和微观视角全面揭示基于质量安全的乳制品供应链合作关系稳定性的形成过程。后者主要利用演化博弈理论揭示乳制品供应链合作关系形成的演化稳定过程以及演化稳定策略。

(三)基于质量安全的乳制品供应链合作关系稳定性的判定研究

从质量安全的视角,提出乳制品供应链各利益主体合作关系的稳定运行机制,并在此基础上构建基于质量安全的乳制品供应

链合作关系稳定性的评价指标,然后运用 BP 神经网络对该评价模型进行评价,最后判定当前乳制品供应链合作关系稳定性的状态。

(四)基于质量安全的乳制品供应链合作关系稳定性的影响因素实证研究

在理论分析的基础上,提出本书的概念模型及相关研究假设;以在双城参加雀巢乳业培训(DFI)的学员为调研对象,集中发放问卷,将回收的数据录入 SPSS 中;利用多元回归模型验证各影响因素的直接作用、中介作用、调节作用以及被中介的调节作用。

(五)基于质量安全的乳制品供应链合作关系稳定性的利益分配机制研究

这方面的研究主要包括在乳制品供应链各利益主体承担社会责任的前提下,各利益主体最优利润的确定和乳制品供应链各利益主体建立联盟时总利润在各利益主体之间的分配。前者主要通过在 Stackelberg 模型中加入社会责任因素,即在社会责任因素的影响下,乳制品供应链中的各利益主体的乳制品销售量会受到其本身承担社会责任的影响,勇于承担社会责任的主体更易为消费者所接受,乳制品企业将会在乳制品市场中售出更多的乳制品,故将促进利润的增加,即对未建立联盟的原料乳供应商、乳制品企业和经销商的最优利润进行分析,并通过对模型中价格、产量和成本的变换,分析了原料乳供应商与乳制品企业、乳制品企业与乳制品经销商两两结合乃至三者共同建立联盟时的最优利润。后者则主要通过 Shapley 值法对各利益主体联合起来的最优总利润在各利益主体间进行利润分配,以确定在总联盟中各利益主体所分配的最优利润。

(六)国外对乳制品供应链质量安全管理的启示

主要包括荷兰、美国、新西兰、澳大利亚、德国、印度等国在乳制品供应链质量安全管理方面的经验。

(七)基于质量安全的乳制品供应链合作关系稳定性的提升策略研究

根据以上理论和实证研究结果,分别从乳制品供应链合作关系稳定性的形成过程及演化博弈、影响因素、利益分配机制等几个方面提出相应的提升策略。

二、研究方法

(一)文献探讨与理论分析

文献梳理的过程中将对乳制品供应链合作关系稳定性的相关内容和相关理论进行重点研究和学习。目前我国学术界对乳制品供应链合作关系的稳定性的相关研究还处于起步阶段,尚不成熟和完善。本书在基于质量安全的乳制品供应链合作关系稳定性的内涵、形成过程、影响因素的概念模型构建等方面更多地采用理论分析的方法。

(二)BP 神经网络

BP 神经网络又称为人工神经网络,目前广泛应用于模式分类、聚类、回归和拟合及优化计算等方面。其精髓为运用误差反向传播算法将一系列仅具有简单处理能力的节点通过权值相连,一旦权值训练恰当,网络就将知识存储在调整后的各权值中,输出正确的结果,因此其具有高度的自学习性和自适应性、鲁棒性与容错性,能够很好地解决全局性问题,使得评价更具有客观性和准确性。本书主要利用 BP 神经网络对基于质量安全的乳制品供应链合作关系稳定性进行判定。

(三)演化博弈理论

运用演化博弈理论揭示乳制品供应链合作关系稳定性形成的演化稳定过程及演化稳定策略,揭示有利于乳制品供应链合作关系稳定性形成的成本、收益分配机制以及监督与惩罚机制。首先,根据演化博弈规则,建立关于乳制品供应链合作关系稳定性的演化博弈模型;其次,通过参数的不同变化,探讨各利益主体之间博弈的均衡稳定性;最后,通过仿真软件 Matlab 6.0 对其策略的动态演化过程进行模拟。

(四)实证分析方法

运用问卷调查、统计分析、多层回归、结构方程模型等对基于质量安全的乳制品供应链合作关系稳定性形成的影响因素进行实证研究。具体采用封闭式问卷收集数据;采用 Cronbach's α 系数对题项进行信度检验;采用统计量检验(KMO)样本测度和巴特利(Bartlett)球体检验进行效度检验;采用结构方程模型及统计软件阿摩司(AMOS)、社会科学统计程序(SPSS)验证和分析影响因素的作用大小和作用形式。

（五）合作博弈理论

Shapley 值是合作博弈过程中求得的唯一解。当 n 个人从事某种经济利益活动时，对于他们之间若干人组合的每种合作组合都会得到一个效益值，Shapley 值通过对边际效益值的计算，可求得 n 个人在该合作组合中的最优利润。通过利用 Stackelberg 模型对乳制品供应链的利润分配进行分析，得到各主体的最优利润。Shapley 值法通过运用该最优利润，计算出各利益主体的边际利润，以各利益主体边际利润所占的比例进而决定各利益主体在整个联盟中的最优利润分配系数，求得各利益主体的最优利润。

三、技术路线

本书按照提出问题、分析问题和解决问题的思路进行研究，技术路线如图 1 所示。

第一，提出问题阶段。通过分析国内外供应链合作关系稳定性的研究现状、乳制品供应链的研究现状以及乳制品供应链合作关系稳定性的研究现状，挖掘现有理论研究与我国实践的不足，从而提出我国乳制品供应链合作关系稳定性形成的问题。

第二，分析问题阶段。根据国内外现有研究成果，总结和归纳基于质量安全的乳制品供应链合作关系稳定性研究的理论基础。首先，利用 BP 神经网络对当前基于质量安全的乳制品供应链合作关系稳定性进行判定；其次，基于 Logistic 模型和供应链管理流程揭示基于质量安全的乳制品供应链合作关系稳定性的形成过程，并利用演化博弈理论分析其演化稳定过程与演化稳定策略；再次，运用梳理现有文献、进行实地调研等方式，从确保质量安全的视角总结我国乳制品供应链合作关系稳定性形成的影响因素,构建理论模型并进行实证检验;最后,利用 Stackelberg 模型和 Shapley 值法从质量安全视角揭示乳制品供应链合作关系稳定性形成的利益分配机制。

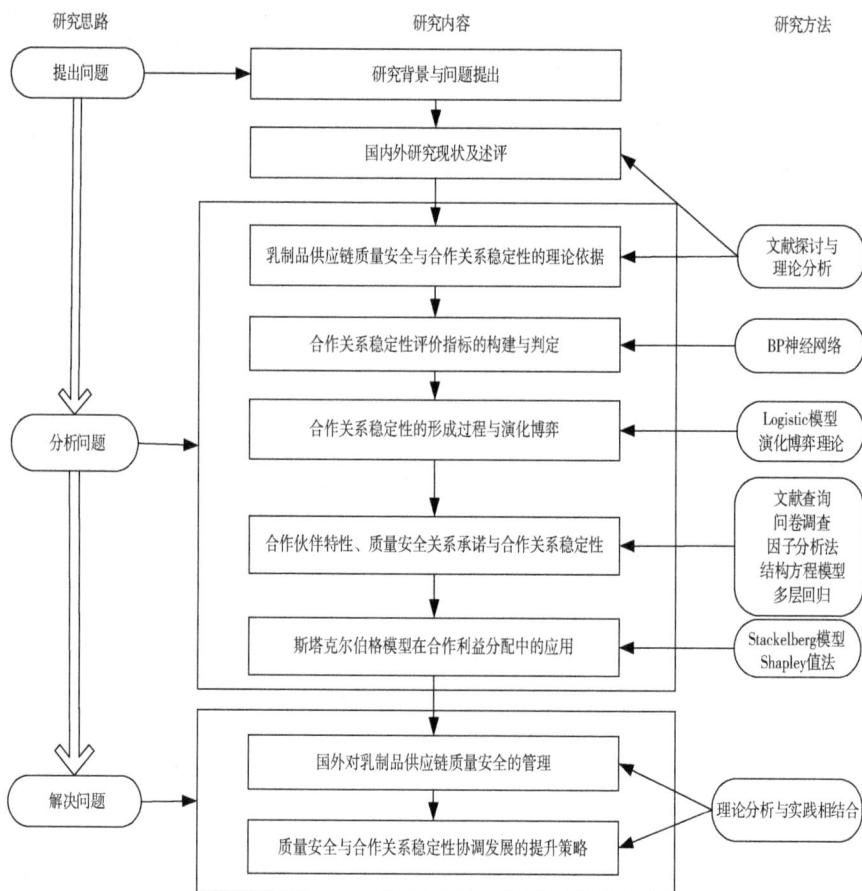

图 1　本书的技术路线图

第三,解决问题阶段。根据上述理论分析和实证检验的结果,结合国外对乳制品供应链质量安全管理的经验借鉴,从评价指标、形成过程、影响因素和利益分配机制等视角,将理论和实践相结合,提出基于质量安全的乳制品供应链合作关系稳定性的提升策略。

第一章　乳制品供应链质量安全与合作关系稳定性的理论依据

第一节　乳制品供应链的概念界定

一、乳制品供应链的内涵

通过对供应链概念的梳理,发现供应链是由供应链上的各节点企业组成,在这些节点企业中,有一个核心企业,这个核心企业可以依托产品制造企业也可以依托大型零售企业,各个节点企业在需求信息的刺激下,通过供应链各节点企业的分工与合作,以商业流、信息流、物流和资金流为媒介实现整个供应链的不断增值。①

根据上述理解,本书认为乳制品供应链主要围绕乳制品企业,通过对信息流、物流、资金流的控制,以原料乳采购为源头,经过乳制品企业的加工生产,最后通过营销网络把乳制品传送到消费者,

———————————

① 邓明荣主编:《供应链管理战略与实务》,机械工业出版社 2012 年版,第 5 页。

是一个包括原料乳供应商、乳制品企业、销售商（分销商、零售商等）和最终消费者的整体增值网络系统。

二、乳制品供应链的结构

乳制品供应链由不同的环节和组织载体构成，任何一个环节或组织载体出现质量安全问题，都会影响乳制品供应链其他节点利益主体的需求。

本书认为乳制品供应链应包括原料乳供应、乳制品加工、市场流通和消费者消费等四个环节，其中原料乳供应环节主要的组织载体是牧场、乳制品加工环节主要的组织载体是乳制品企业、市场流通环节主要的组织载体是各级经销商、消费者消费环节主要的组织载体是消费者。一条完整的乳制品供应链涉及农业、机械制造业、乳制品加工业以及物流业、信息业等，造成其节点较为分散、覆盖面较广、管理困难等问题。

图1-1表示的是乳制品供应链的组织结构。原料乳供应阶段是其上游，核心是奶牛养殖环节，其向上连接奶牛繁育基地、饲料加工企业、兽药店等服务体系，其向下连接乳制品企业。目前，奶牛养殖的形式主要以养殖小区模式和牧场养殖模式为主。乳制品加工生产阶段是其中游，主要是将企业收购的原料乳加工生产成不同种类的乳制品，然后进行贮存和包装。乳制品的流通和消费阶段是其下游，乳制品企业将生产出来的乳制品运送到奶站、专卖店、超市及零售商等销售网点进行销售，最终送到消费者那里。

目前，我国乳制品企业在整条供应链中起主导作用，控制着关键的信息流、物流、资金流的流通，是乳制品供应链的核心企业。

乳制品企业处于连接上游牧场和下游经销商与消费者的中心环节,牧场和市场的连接主要依靠乳制品企业,经销商、消费者的利益和需求的满足同样也依靠乳制品企业,因此研究乳制品企业和各利益主体之间合作关系的稳定,是建立长期、稳定、具有竞争优势的乳制品供应链的根本。

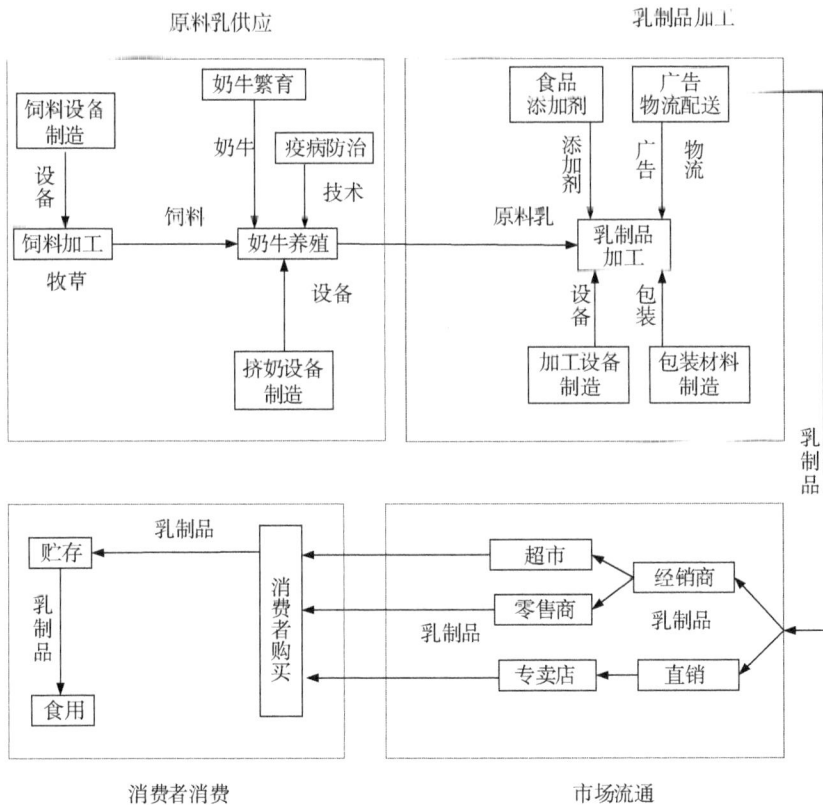

图 1-1 乳制品供应链组织结构图

三、乳制品供应链的特点

乳制品供应链和传统的农产品供应链、传统制造企业供应链相比,具有以下显著不同的特征。

（一）乳制品的生产具有波动性

由于原料乳具有生物属性,奶牛的生长及牛奶的产出量和品质受到客观自然条件、人为喂养方式以及奶牛个体生命力的影响,因此,原料乳和乳制品的生产具有一定的波动性。

（二）乳制品供应链涉及的行业多

乳制品供应链是从奶牛养殖到饭桌的一条供应链,该供应链既长,环节又多,涉及第一产业（农业）、第二产业（机械制造业和食品加工业）、第三产业（物流业、信息业）。

（三）乳制品供应链对冷链运输的要求很高

原料乳及乳制品具有鲜活易腐性,因此各环节对保质期、卫生条件、存储条件等要求极高,从原料乳的收购、乳制品的生产制造到消费者对乳制品的消费等过程都要求有低温冷藏设备等冷链做基础,存货管理的时间敏感性非常强,运输时间要尽可能的短。

第二节　我国乳制品供应链存在的质量安全问题及现行监管体系

一、我国乳制品供应链存在的质量安全问题分析

乳制品供应链存在的质量安全问题来自原料乳和乳制品所出现的质量安全问题。

（一）原料乳存在的主要质量安全问题

我国原料乳主要存在以下质量安全问题：

1. 兽药使用不当导致有害物质残留或超标

目前，原料乳供应商在兽药使用上普遍存在以下问题：未按规定合理使用兽药、使用国家禁用的兽药、为预防疾病而在饲料中添加兽药。

2. 奶牛疾病

奶牛会影响原料乳的产量和质量，其常见疾病有乳房炎等。

3. 人为掺假

原料乳供应商出于自身经济利益的考虑，会在原料乳中添加劣质水蛋白、防腐剂、火碱、尿素、柠檬酸盐等物质。

4. 残留的抗生素

对泌乳期奶牛用药不当或不注意安全时间是造成牛乳中抗生素残留的主要原因。此外，奶牛如果长期食用含有抗生素的饲料，也会造成抗生素残留。[1]

5. 微生物的污染

在原料乳的生产过程中不同的挤奶人员、挤奶方法、挤奶设备和挤奶环境，都会造成原料乳的污染，导致各种微生物滋生。

（二）乳制品存在的主要质量安全问题

我国乳制品主要存在以下质量安全问题：

---

[1]　沈永聪、李守军、杨林：《牛奶中抗生素残留检测技术进展》，《畜牧兽医科技信息》2006年第 5 期。

1.生产过程缺乏监督和检查

在乳制品生产过程中,车间管理人员应定时检查设备运行情况、仪器操作是否规范、检验方法是否合理、生产环境是否清洁等。

2.设备的清洗与消毒

车间工作人员应定时对设备和管道进行清洗和消毒,防止乳制品中存在导致其变质的褐变物、微生物等。

3.食品添加剂的污染

在乳制品的生产过程中,为防腐保鲜、调整味道,乳制品企业会添加防腐剂,如果防腐剂使用不当,或添加剂量过多,容易对人体造成伤害。

4.包装材料和包装方法不合格

包装是影响乳制品质量安全的重要因素。包装材料与产品直接接触,在材料选择上应既方便又安全。包装的过程如果处理不当,容易造成二次污染,一般采用无菌包装。

5.冷链系统不完善

合格乳制品的生产对温度要求较高,原料乳的生产、收购、运输和销售等各环节都离不开冷却设备,没有较好的冷却设备,细菌就会大量繁殖,影响原料乳和乳制品的质量安全,所以一条完善的冷链物流系统对合格原料乳和乳制品的生产至关重要。

6.销售过程中对乳制品安全知识宣传不到位

为使消费者食用到口感好、质量安全的乳制品,销售人员应在营销过程中对消费者积极讲解乳制品的相关知识及保存方法,从而防止新鲜乳制品出现腐败变质的现象。

二、我国乳制品供应链质量安全影响因素分析

本书主要对原料乳供应、乳制品加工、市场流通和消费者消费等四个环节进行乳制品质量安全的影响因素分析。

（一）原料乳的供应环节

原料乳的供应环节是确保乳制品安全的基础和前提，一条完整的原料乳生产链包括饲料采购、奶牛育种、挤奶、收奶、原料乳的冷藏贮存、原料乳的运输等环节，具体如下：

1. 奶牛饲料

高品质的牧草是高品质和高可持续性原料乳生产的重要保证。苜蓿因其高蛋白、高营养物质含量和高消化率而成为最高品质的牧草。通过使用高品质的苜蓿，并精准地调节饲料配方，可以使高品质原料乳产量可持续性地提高。现阶段，我国奶牛养殖还没有普及高品质的牧草，奶牛饲料搭配也不合理，饲料中含有重金属、农药、致病性微生物等有害物质，严重影响了原料乳的生产质量。

2. 饲养条件

舒适的环境有助于提高产奶量，例如橡胶牛床垫和橡胶通道地板大大改善了奶牛的生活环境。橡胶牛床垫的硬度不但使奶牛找到了卧在天然草地上的感觉，而且比一般牛床垫料卫生。奶牛愿意花更多的时间卧在上面，乳房的血液循环得到了促进，产奶量也随之提高，蹄病和乳房炎的发病概率也显著降低。因此，现代化的牧场管理首先要改善奶牛生活环境，大力引进现代化的自由卧床、采食设备、犊牛栏、饮水槽、橡胶板、隔栏门、通风烟囱、卷帘、赛克龙风机、高压造雾机、板式风机、负压风机、冷风机等设备。

3. 挤奶与贮存

挤奶过程中,空气中的细菌、盛奶容器上的杂异物、奶牛身体表面寄生的微生物等都会影响原料乳的质量安全。此外,挤奶工人自身的健康情况和操作流程是否规范也会影响原料乳的质量安全。原料乳被挤出后应迅速过滤和冷藏,使原料乳温度降到0℃—4℃,否则原料乳的营养成分就会遭到破坏,甚至出现微生物繁殖导致腐化变质。

4. 冷藏运输

原料乳的运输要求在冷藏条件下进行,温度控制在4℃以内,如果用普通的电动车、三轮车、牲畜车进行运输,会导致牛奶中的营养成分发生变化,安全性受到威胁。大型牧场或乳制品企业都用冷藏奶槽车进行运输,养殖小区或小型牧场也应积极购买冷藏奶槽车,进一步排除出现劣质原料乳的隐患。

5. 人为操作风险

国内对乳制品消费的需求不断增长,导致乳制品供应链上的奶农为了追求高收益,而在原料乳中添加非法物质,提高原料乳的检测指标,例如,往原料乳中添加防腐剂、中和剂等。此外,由于政府对原料乳的供应环节监管不到位,对原料乳的人为掺假行为打击力度不大,也会导致原料乳的质量安全无法得到保障。

(二)乳制品的加工环节

乳制品企业是乳制品供应链的关键主体,它对于最终乳制品的质量安全起决定作用,也影响着上、下游企业的质量安全控制行为。乳制品加工环节影响质量安全的因素具体包括:

1. 检测技术

检测技术主要用于原料乳收购时的质量检测和生产加工为成品时的质量检测。2016年4月21日召开的中国农垦乳业发展峰会上发布了《中国农垦生鲜乳生产和质量标准》,在新发布的标准中,菌落总数从每毫升200万个以下调整到每毫升10万个以下;新公布了反映奶牛乳房健康水平的体细胞数应达到每毫升40万个以下;乳蛋白率出2.8%提高到3.0%,以上指标或与欧盟和美国的指标一致,或高于欧盟和美国的指标。为严格执行上述检测标准,我国乳制品企业应积极引进国外先进的检测设备、检测方法,摒弃简单、陈旧、灵敏度低的检测方法,例如,菌落总数检验法、微生物培养法等。提高原料乳收购时的质量检测水平,是保证原料乳质量安全的主要方法和手段。在成品乳制品流入市场之前,需要对成品乳制品进行严格检测,从而有效规避成品乳制品在生产过程中可能出现的安全风险,例如,一瓶酸奶要经过五十多项指标检测,合格后才能出厂。

2. 加工工艺

在乳制品生产、加工的过程中,设备布局、工艺设计、技术参数、杀菌方式等出现问题都可能影响乳制品的质量安全。乳制品生产过程中也会添加各种营养强化剂和食品添加剂等辅料,这些辅料如果超出行业标准或国家标准,也会引起乳制品质量安全问题。生产出来的乳制品最终要放到包装中进行保存和销售,这就要求乳制品的包装材料应密封性良好、无毒、避光和耐挤压等。

3. 生产环境

乳制品在生产过程中出现微生物、细菌污染的现象,大都是由于在过滤、发酵、干燥、包装等过程中操作不当引起的,因此,乳制品企业在进行产品的生产加工时,要认真彻底地对乳制品贮存容器、管道、加工设备、包装材料等进行严格的灭菌、消毒和清洗,防止出现乳制品的理化指标不达标和微生物的污染等问题,让生产加工的每一个环节都符合安全、标准的操作流程。

4.设备的保养与维护

乳制品加工设备的保养与维护是决定乳制品加工质量优劣的重要条件。乳制品企业应定期对多效蒸发机、检测设备、乳粉生产设备、均质机、杀菌设备、奶酪生产设备等进行清洗、维护和保养,确保其在生产的过程中不出现故障,如果设备出现故障,不仅会延误生产,还会因为维修行为而造成对乳制品的二次污染。

(三)乳制品的市场流通环节

新鲜乳制品从生产车间运输到市场中,温度、湿度、存放的条件和销售方式都会影响新鲜乳制品的质量安全。

1.温度与保鲜度

新鲜乳制品从生产车间运输到市场中,需要一直保证其处于低温环境,因此要充分利用冷链运输技术。一般可在冷链运输车内安装温度探头,全程监控冷链运输车的温度。不同种类的乳制品对运输车的温度要求不同,例如,酸奶需要放置在-1℃—3℃,巴氏鲜奶需要放置在0℃—4℃,常温液态奶和奶粉需要放置在20℃以下,每一类乳制品只有放置在各自的温度范围内,才能防止细菌滋生以及腐败变质。

2.运奶车的设备管理

运奶车是保障新鲜原料乳在运输环节质量安全的重要工具。需要对运奶车安装必备的防雨、防晒、防虫蝇和防风沙设备;还要对运奶车进行定期的清洗,包括碱水洗、酸液洗、消毒液洗和清水冲洗等多个环节;定期检查温度监控设备,并派专人测量运奶车的温度。

3. 不违规销售

乳制品销售点的销售行为直接影响消费者食用乳制品的质量安全。乳制品销售点应禁止销售破损、过期和变质的乳制品;对出现质量安全问题的乳制品或不合格的乳制品,应配合乳制品企业和政府相关监管部门做好退货、换货、召回、销毁等工作,防止不合格乳制品或有质量安全问题的乳制品流入消费者手中,进一步保障消费者的食用安全和身体健康。

4. 存放规范

未销售的乳制品,应及时放到冷库当中保存;销售乳制品时,应根据各类乳制品对温度的要求放置在相应温度中进行销售,从而确保各类乳制品的新鲜度;对乳制品进行存放管理时,应和其他产品区分开来,不混在一起进行存放,避免出现交叉感染;安排相关人员对冷库温度进行监控,防止温度过高或过低;冷库环境应保证干净、卫生、整洁,符合国家规定的食品存放标准。

(四)乳制品的消费环节

消费者的消费意识和消费习惯是影响消费者食用安全的重要因素。在选购乳制品时,应关注乳制品的品牌、营养成分、保质期、适用人群、贮存条件等基本信息;在饮用乳制品时,要做到开封即饮、不喝过夜奶等,对出现质量问题的乳制品,应立即停止食用。

三、我国现行乳制品质量安全监管体系分析

(一)我国现行乳制品质量安全监管体系

我国现行乳制品质量安全监管体系包括质量安全监管机构体系、政策与法律法规体系、质量安全标准体系、质量安全认证体系和质量安全检验检测体系。

1. 质量安全监管机构体系

为确保乳制品质量安全,现阶段我国正在确立和建设以国家市场监督管理总局为协调机构、多部门相互合作的监督机制。其中,国家市场监督管理总局下设的国家食品药品监督管理局负责总体的协调工作;国家卫生健康委员会食品安全标准与检测评估司负责乳制品安全风险评估和乳制品安全标准的制定;农业农村部负责组织实施乳制品质量监督、认证和对原料乳进行质量监测、鉴定和执法监督,组织、监督奶牛饲养的防疫、检疫工作;海关总署主要负责乳制品加工和进口乳制品的管理工作;国家市场监督管理总局负责监督乳制品在流通领域的质量,同时对乳制品的相关宣传广告进行监督;商务部负责乳制品的流通管理;公安部负责对乳制品犯罪案件进行侦查。

各中央机构在省、市、县一级都分别设有相应的延伸机构,各延伸机构有垂直管理的,也有分级管理的。

2. 政策与法律法规体系

目前和乳制品安全有关的法律法规可以分为行政法规、专项法律、部门规章、司法解释、标准性文件和规范性文件等。其中,行政法规主要有《乳品质量安全监督管理条例》《婴幼儿配方乳粉生产企业监督检查规定》《乳制品生产企业落实质量安全主体责任

监督检查规定》等；专项法律主要有《中华人民共和国食品安全法》《中华人民共和国农产品质量安全法》《中华人民共和国食品卫生法》等；部门规章主要有《进出口乳品检验检疫监督管理办法》《生鲜乳生产收购管理办法》等；司法解释主要有《生鲜乳生产收购记录和进货查验制度》《国务院关于修改〈饲料和饲料添加剂管理条例〉的决定》等；标准性文件主要有《食品检验工作规范》《生鲜乳收购站标准化管理技术规范》等；规范性文件主要有《乳制品工业产业政策》《食品企业 HACCP 实施指南》等。

随着国家对乳制品安全的法律法规的出台，地方政府也陆续出台各种法律法规，例如，2004 年黑龙江省发布了《黑龙江省奶业条例》、2008 年河北省出台了《河北省奶业条例》等。

3. 质量安全标准体系

2010 年 3 月 26 日，经第一届食品安全国家标准审评委员会审查通过，卫生部颁布了 66 项乳品安全国家标准。其中包括乳品产品标准 15 项、生产规范 2 项、检验方法标准 49 项。修订后的新标准提高了乳品安全国家标准的科学性，形成了统一的乳制品安全国家标准体系。基本解决了此前乳品标准中矛盾、重复、交叉和指标设置不科学等问题。

4. 质量安全认证体系

我国从 20 世纪 80 年代开始对食品行业陆续实施质量认证工作。我国现行的乳制品质量安全规制中，按照认证类别划分，主要有 QS 认证、HACCP 认证、GMP 认证、绿色食品认证和有机认证等；按照实施方式分为强制性认证和自愿性认证，其中在乳制品质量认证中，GMP 认证、QS 认证属于强制性认证，HACCP 认证、绿色食品认证、有机认证、无公害食品认证属于乳制品行业中常用的自愿性认证。

5.质量安全检验检测体系

农产品质量安全检验检测是开展农产品质量安全监管的重要支撑,是保障人民群众"舌尖上的安全"的重要手段。加强农产品质检体系建设与管理,对于提高农业部门公共服务能力,依法履行农产品质量安全监管职责,保障农业产业安全和农产品消费安全具有重要意义。改革开放以来,我国农产品质检体系稳步发展,尤其是2006年以来,国家先后批复实施了"十一五"和"十二五"两个五年建设规划,农产品质检体系不断完善。截至2014年,两期规划已投资建设各级农产品质检项目2548个,农产品质检机构硬件设施条件大幅改善,检测能力显著提高。目前,国家认证的和农业农村部授权认可的农产品质量安全检测中心已达238家,全国各省、市、县已经建立1100多家检测中心。

在质量安全检测方面,原料乳现场快速测定技术是保障原料乳质量安全的重要技术,实现该技术的检测设备大都比较昂贵,且主要来自进口。在我国只有大型的乳制品企业才拥有这种昂贵、先进的检测设备,而一些中小型的乳制品企业则无力承担,只能沿用以往的检测设备,这在一定程度上严重影响了对原料乳的检测水平,容易产生质量安全问题。

(二)我国现行乳制品质量安全监管存在的问题

虽然我国比较重视乳制品安全监管方面的工作,但是仍然存在监管机制不健全、监管不力的情况。

1.各级监管机构职责分工不明确

目前,我国对乳制品的监管工作主要采取以多部门分段式监管为主、品种监管为辅的管理方式,这种多部门共同管理的方式,往往会造成各部门之间协调管理比较难。具体表现为:一是各级监管部门之间相互推诿,形成监管的真空地带;二是监管部门之间职责划分不明确,容易出现双重监管、重复监管和越权监管的现象;三是各级监管部门之间缺少沟通与交流,监管效率低下;四是地方政府出于经济利益的考虑,会偏袒、包庇甚至隐瞒当地出现的乳制品质量安全事件,影响监管效果。

2.法律法规体系还不完善且执法力度不够

我国现行的关于乳制品质量安全的法律法规,大都是在"三聚氰胺"事件发生后才出台的,存在严重的滞后性。《中华人民共和国食品卫生法》等法律法规中对食品安全的规定标准大都是从食品卫生角度制定,应该看到,食品安全不仅包括食品卫生还包括获取食品时保证资源的可持续利用等。在打击制假、贩假的不法分子时,政府对其处罚力度不大,和其获得的高额利润相比,对其所处的罚金没有足够的震慑力。此外,地方政府为保护企业的经济效益,也会造成执法不严、有法乱依、管理混乱的局面。

3.标准体系存在空白、冲突和交叉

在我国,乳制品安全生产的标准体系存在空白、冲突和交叉的现象,同一类乳制品,有不同的检验标准,并且最低含量的设置、检验方法也不尽相同,这不仅给乳制品的生产者带来困惑也给乳制品的监管者带来障碍。例如,之前在添加剂的使用上,国家没有明确的规定。

4.认证体系滞后且认证意识淡薄

体系认证和产品认证是加强乳制品质量安全控制的重要保障。目前,只有少数大型乳制品企业通过了 HACCP、GAP、ISO

22000、ISO 9000等,比如,光明、蒙牛、伊利、完达山等;也只有少数乳制品进行了有机认证,例如,金典、特仑苏等,大部分中小型乳制品企业还没有进行体系认证和产品认证。这主要是由于体系认证和产品认证在我国起步较晚,很多地区的畜牧业管理部门和中小型乳制品企业对其认知还不够,认证意识较为淡薄。此外,政府认证主管部门对中小型乳制品企业和消费者认证知识的宣传工作还不到位,中小型乳制品企业和消费者还没有认识到认证工作的重要性和必要性。

5. 检测设备和方法较为落后且缺少公正性

目前,现有的快速检测设备多为国外进口,且价格昂贵,导致这些快速检测设备在政府和企业中还没有普及,很难在全国范围内满足乳制品质量安全的检测工作。现有的检测方法也较为落后,大部分的乳制品企业和地方检测机构大都采用传统的检测方法,缺少快速筛选和确认的检测方法,很难满足现代乳制品质量安全的检测标准。

第三节 乳制品企业与原料乳供应商
合作的现状及存在的问题

一、乳制品企业与原料乳供应商的合作现状

2015年,由于进口全脂大包装奶粉仍保持较低的价位优势,部分乳制品企业为了降低生产成本,相继使用进口大包装全脂奶粉做原料生产乳制品,减少了本区域原料乳的收购量,有些企业采取了降价、限收、拒收、提高生鲜乳质量标准等方式控制生鲜乳的

收购量,原料乳价格同比下跌了 12%。一些生产水平较低的奶牛场、奶牛小区处于亏损和保本经营状态,散户无利益可图逐渐退出养殖业,但其所属奶牛并未被全部杀掉,大部分流转到小型奶牛场(养殖小区或牧场),全国规模化养殖所占比率不断加强。我国从 2008 年开始实施奶牛标准化规模养殖项目,2015 年,中央财政继续安排 10 亿元资金,对存栏 300 头以上(2011 年以前补助标准为 200 头以上)的养殖场(小区)给予补贴,用于建设水电路、粪污处理、防疫、挤奶设施及饲草料基地等。存栏 300—499 头的养殖场(小区),补助 80 万元;存栏 500—999 头的养殖场(小区),补助 130 万元;存栏 1000 头以上的养殖场(小区),补助 170 万元。2015 年共补助奶牛养殖场(小区)900 多个,和上年基本持平,2008—2015 年累计补贴近 5800 个奶牛场(小区)。项目带动了全国奶牛标准化规模养殖水平的提高,2015 年奶牛 100 头以上规模养殖比重为 48.3%,比上年提高 3.3 个百分点,比 2008 年提高 28.8 个百分点。

以黑龙江省为例,截止到 2015 年年末,根据国家调查总队数据显示,黑龙江省奶牛存栏 193.41 万头,全年生鲜乳产量 570.48 万吨。与 2014 年(奶牛存栏达 197.16 万头,生鲜乳产量 556.58 万吨)相比,分别是奶牛头数下降 1.9%,奶产量增长 2.5%,黑龙江省奶牛养殖业由数量增长型向质量效益型迈进。目前黑龙江省多种规模化形式并存,如飞鹤、伊利、蒙牛、光明、完达山和贝因美等规模乳制品企业均选择全产业链发展模式,建立多个数千头、上万头和数万头的规模化奶牛场,而大型奶牛养殖集团黑河中兴牧业也由奶牛养殖企业向乳制品企业过渡,全产业链模式初显雏形。牧草种植、奶牛养殖、乳制品生产和销售全产业链发展,既实现了管理策略的一体化,又保证了乳制品质量安全。如黑龙江省政府补贴建立的 100 个存栏达 1200 头成母牛的现代示范奶牛场,70% 实现引牛入栏,将逐渐进入产奶期,无论是奶量还是奶质都将成为乳制品企业的首选;如个体投资人建立的生产性能较好的中等规模的奶牛场,经过多年的经验积累,奶牛养殖水平较高,在地方具有示范意义,与乳制品企业长期保持稳定的合作关系,是乳制品企业不可舍弃的一部分;而由奶农合作建立的奶业合作社和奶牛小区,因投入较小、管理混乱、养殖技术水平差等,单产和乳质量指标都不理想,被乳制品企业拒收频率较高,目前处于微利、保本或亏损状态,是规模化养殖中最弱的一种模式,加之散户的退出,乳业在实现农民增收的作用方面逐渐被弱化。

改革开放以来,"公司+农户"这种模式被当作农业产业化的主要形式加以大力推广,帮助农户解决了很多问题,但是这种产销模式仅适用于温饱阶段,在渡过温饱阶段之后,该模式的劣势就明显地表现出来了,即利益分配不公,造成乳制品企业和奶农的矛盾频繁发生,单个奶农没有任何和乳制品企业谈判价格的可能。随后涌现的牧场、合作社正是在这种情况下产生的,但许多只是形式上合作,奶农之间还没有形成真正的合力。这样不仅导致双方合作效益低下,而且对实现双方共赢毫无益处。

二、乳制品企业与原料乳供应商合作存在的问题

目前,乳制品企业与奶农合作存在的主要问题如下。

(一)规模化乳企达产率不高

以黑龙江省为例,黑龙江省 2015 年规模以上乳品加工企业有

52家,占全国总数的1/10,年加工鲜奶能力达到1004万吨,产能位居全国第一。虽然不少大型乳制品企业收购了奶站和部分散农进行统一化管理,但是目前达产率不足40%,较小的乳制品企业抗风险能力较差被迫退出,例如安达市,5家乳品企业中有2家倒闭,仅剩余3家;如富裕县,原有3家乳企,目前1家倒闭,还有1家已濒临破产。这都是因为乳制品企业单产能力较低造成的。

(二)乳制品原料过剩

2014年乳企进口奶粉量过大,市场消费又增长缓慢,即使到2015年还有大量的积压急需消耗。而没有全脂奶粉库存的乳企,面对国外奶粉的低价也趋之若鹜(进口奶粉每吨销售在20000元上下,国产奶粉的生产成本在35000元以上),使用国外进口奶粉的乳企生产成本低,更具有价格优势,产品利润也更高,更多企业选择部分使用进口奶粉。而各规模乳企奶源基地在黑龙江省培植多年,供奶基本趋于稳定,如放弃现有奶源基地再培植需要时间和金钱的投入,只能通过奶质筛选,去劣存优,即使这样,仍然面临着原料过剩的问题。从销售终端来看,乳制品市场特别是婴幼儿配方奶粉和液体奶的进口量不断增长,挤压了国内乳制品的销售空间,2015年多数规模乳企虽处于赢利状态,但是总体增长率较低。

(三)不同阶段的安全隐患依旧存在

从饲料的生产到奶牛的育种和喂养,再到挤奶、收奶运到乳品加工厂,这才完成了原料乳的生产过程,后面还有乳制品的加工、仓储、运输、销售各个环节,而原料乳的质量在一定程度上决定着乳制品的质量。原料乳的生产过程,其安全隐患与风险要远大于其他食品加工行业原料的生产,影响原料乳质量安全的因素很多。在奶牛饲养过程中,饲料中农药的残留、饲料是否受到污染、奶牛的健康状况(如是否有乳房炎或其他传染病)、兽药的使用状况(如是否存在抗菌素残留)、养殖小区环境是否存在污染等因素,都决定着挤出的牛奶的质量与安全。而挤奶和收奶过程中的操作是否得当,一样决定了进入乳制品企业原料乳的质量好坏与安全。原因在于牛奶属于营养丰富的食品,含有丰富的维生素、脂肪、蛋白质等各种营养成分,还含有非脂乳固体等,这些营养物质的组成使牛奶成为天然的培养基,挤奶过程中如果卫生处理不得当、挤出来的牛奶放置位置和时间等因素没处理好、储存方式不恰当和运输器皿清洗不彻底,导致的结果就是牛奶被微生物感染,进而导致原料乳腐败变质。另外,在奶农收集牛奶、将牛奶运输至乳制品企业的过程中,如果一小部分奶农受到利益诱惑,有意在牛奶中掺加少量不应在其中的物质,甚或是对人类健康有害的物质,例如亚硝酸、甲醛、水杨酸等各类防腐剂,会使原料乳的质量降低甚至造成影响力更大的食品安全事件。经过检验的原料乳在经过乳制品加工后,种种风险仍然摆在乳制品企业面前,比如加工车间里运输牛奶的通道、加工器皿和设备的清洁和消毒到位与否,产品的配方符不符合科学的规定,是否恰当合理,在加工产品过程中制造设备的好坏与技术水平的高低以及操控情况的好坏,产品是否含有不符合规定的添加剂,产品的最后检查是否过关等,都决定着乳制品企业产品的质量好坏与安全系数。乳制品在扩散过程中,仍然面临着质量安全的风险,由于乳制品一般都容易变质,不耐储存,除了一些超高温杀菌的奶粉和乳制品,大部分的液态奶都必须冷链运输,销售时必须低温冷藏,如巴氏杀菌奶,所以在储存和销售过程中温度的控制(主要是0℃—4℃保存)会直接影响乳制品质量,一旦出现异常结果就是乳制品变质。

(四)乳业产业化程度不高

乳业是一个传统产业,也是一个新兴产业,但其生产企业在设备、技术、品种和包装等方面比较落后和单一,营销观念也相当陈旧。处于营销发展更高阶段的品牌战略和目标营销尚未在这个行业中形成气候。而国外的乳品企业是高度的生产、加工、销售一体化,从奶牛的饲养到乳品的加工以及市场的营销等全部是采取一体化,大部分企业都是股份制。黑龙江省目前奶源基地和乳制品企业还没有真正建立起共担风险、利益均分的产业化链条。企业的组织化程度和产业化程度低是我国乳品企业发展面临的一个很致命的问题。

第四节　乳制品企业与经销商合作的现状及存在的问题

一、乳制品企业与经销商的合作现状

(一)合作模式

乳制品企业与经销商的合作模式概括起来可定义为企业与合作商合作模式。之所以建立这种合作模式,是因为乳制品企业和经销商在利益分配时难免会出现矛盾,将乳制品企业与经销商联系在一起,大大提高了合作效率。

乳品营销的渠道经历了"生产商—配送商—经销商—终端商—消费者"等环节,由于乳制品企业产品几乎无差别,从而使产品的竞争成为营销的竞争,营销的竞争又表现为"配送商—经销商"。所以,在经销环节谈判时,如果不能将双方的利益结合起来,那么生产商将会十分被动。从"伊利"乳制品企业的实际情况看,将原来的批发商转变为配送商,实质上又是在突破企业的产权边界,下行销售渠道延伸企业的产业链。[①]

当乳制品企业和经销商合作意愿与发展目标一致时,他们的经营理念也就达成了一致。他们会在仓库、机动车及配送人员的配备上共同使用。在销售产品定价、市场建设投入、促销费用和补贴等方面相互配合。

（二）激励模式

乳制品企业对经销商的管理模式主要通过激励机制来体现,具体的激励机制可以用销量达成奖励机制表现,当销售额为 500 万元以下时,达成销售目标 103% 以上返利 2.4‰,达成销售目标 100% 以上返利 2.2‰,达成销售目标 95% 以上返利 2.0‰,达成销售目标 90% 以上返利 1.0‰。当销售额增加时,返利比例更高,大大提高销售热情,同时提高乳制品企业和经销商的利润。

（三）分销模式

不同的乳制品企业,促销模式也有很大区别。以蒙牛企业为例,从 2004 年开始,蒙牛不断深化深度分销模式在渠道建设中的

---

① 柳岩:《内蒙古地区乳业国际竞争力的分析》,《北方经济》2006 年第 12 期。

推动作用,建立了严格的渠道政策以保障渠道建设的顺利运行。蒙牛总部主要分为两条线路,一条直接连接连锁事业部,事业部将产品分配给区域加盟商,加盟商直接派发加盟店。另一条则连线各类产品事业部,事业部再分别对应分公司和经销商,分公司派发产品至分销商,分销商与经销商同属一级,都将产品派发至大型商场超市、二级批发商和组织采购,二级批发商产品最终流入中小型零售终端。

以伊利企业为例,伊利公司营销中心将产品分为厂家直销和经销商销售,厂家直销将产品派发至大卖场超级终端、连锁超市、便利店、小区零售店、散摊和酒店餐饮,经销商则将产品派发至连锁超市、便利店、小区零售店、散摊、批发市场和学校。在伊利公司的分销模式设计中,可以看出,企业在进行销售过程中,主要有厂家直营和经销商两种方式。而在销售过程中,厂家依靠直营的同时,也在依靠经销商,反过来,经销商在做二级批销的同时,也直营终端,通过这样两种方式交互使用来完善整个营销的环节。

二、乳制品企业与经销商合作存在的问题

对于乳制品经销商而言,压力是显而易见的。敏感的质量问题、频繁的退换货、持续处于高位的库存,似乎成为乳品经销商经营过程中的常态表现。目前,乳制品企业与经销商合作存在的主要问题如下。

(一)难以平衡的利益分配

在确定经销商之前,乳制品企业没有明确的选择准则;在确定经销商之后,乳制品企业没有监督、控制标准,对经销商缺乏沟通

管理、合同管理、关系管理、风险管理和绩效管理。在原料乳供应对原料奶的检验检测环节形同虚设,更不用说与供应商建立长期合作伙伴关系、优势互补、共同发展。

(二)艰难的临期控制

无论是常温奶还是低温奶,保质期一直是经销商头疼的问题。尤其在物流运送方面,一旦路途遥远,将大量的时间浪费在运输环节,再加上销售的不稳定性,极容易导致大量临期品的出现。做低温产品,经销商赚的就是临期的钱。由于低温奶的保质期短,一般不到半个月,运输至少需要两天,发到卖场就是第三天了,上架销售的时间最多不过一星期,假如出现销售不畅的情况,经销商还要保证无条件退货,而这些退货往往沦为临期品而销毁,所造成的损失也全部由经销商承担。相反,如果临期控制得好,那么经销商就能获得可观的收益。

(三)频繁的退换货

虽然退货问题不是乳制品企业和经销商造成的,但为了销售工作顺利开展,这些问题必须妥善解决,让消费者看到企业和经销商的诚意,这样,企业和经销商才能建立起相互信任的合作关系。之所以频繁地出现退换货问题,一是因为市场基础薄弱,消费者对有些牛奶的品牌认可度不高;二是因为频繁更换经销商,导致终端客户退换货的处理不到位,给客户留下了很不好的印象,进货的积极性也大打折扣;更为关键的一点是价格体系不稳定,客户低价囤货但又无法动销,产品临期了就要求退换,这势必会给经销商造成很大的压力,可一旦拒绝退货就会失去客户的信任。这对经销商来说是极大的考验。

(四)滞后的企业文化建设

乳制品企业普遍没有形成具有强大凝聚力、感召力,能够将企业内部各种力量统一于共同的指导思想、生活观念和行为准则的企业文化,企业职工没有共同的目标感、方向感、使命感和社会责任感。在乳制品企业竞争日益激烈的形势下,加强企业文化建设,树立良好的企业形象愈加显得必要。[①]

第五节　乳制品供应链合作关系稳定性的界定

一、乳制品供应链合作关系稳定性的内涵

供应链合作关系主要指供应商与制造商之间或制造商与经销商之间,在一定时间内共享信息、共担风险、共同获利的伙伴关系。[②] 供应链合作关系强调合作伙伴之间的信息共享、强调相互之间的信任与合作、强调直接的长期合作、强调共有计划和共同解决问题的能力,以实现合作伙伴之间的双赢或多赢。

稳定性是一个来自物理学和生态学的概念。在物理学中,稳定性被理解为"达到了一种平衡状态,是系统运行的有序化",其中一个系统内各相关要素的相互作用能否形成动态平衡态势决定了系统的有序化。[③] 在生态学中,稳定性被理解为"生态系统在一

---

① 杨宝宏:《谈乳制品企业的供应商管理问题》,《商业时代》2009 年第 36 期。
② 马士华、林勇:《供应链管理》(第 2 版),机械工业出版社 2005 年版,第 55 页。
③ 李平:《论绿色技术创新主体系统》,《科学学研究》2005 年第 3 期。

定范围内受（内、外）干扰后能恢复的状态"，它反映了一个生态系统具有自我调节和维持平衡状态的能力，生态系统所维持的这种稳定状态是动态的，包含不断打破旧的平衡，建立新的平衡状态的过程。①

因此，结合上述对乳制品供应链、供应链合作关系、稳定性等相关知识的研究，本书认为，乳制品供应链合作关系稳定性是指原料乳供应商与乳制品企业或乳制品企业与经销商之间，在一定时间内共享信息、共担风险、共同获利的伙伴关系由于受到内、外部各种因素的影响，导致供应链上某个环节出现功能异常或较大变动时，乳制品供应链各合作方都能够选择一种最有利于整个乳制品供应链发展的相互合作行为，使乳制品供应链系统不断打破旧的平衡合作关系，建立新的平衡合作关系，以实现整个供应链安全、持续、高效、有序地运行。

本书对乳制品供应链合作关系稳定性的理解包含以下几个方面。

（一）乳制品供应链合作关系的稳定性是一种动态的、相对的稳定

原料乳供应商与乳制品企业或乳制品企业与经销商之间的关系随着市场环境而发展变化，当市场环境出现合作机会的时候，乳制品供应链各利益主体紧密合作，合作程度不断加深，当出现环境变动、目标冲突、利益分配不均、信息不对称等问题时，乳制品供应链各利益主体就会出现合作程度变小或合作破裂的情况，因此，乳

---

① 黄鲁成：《区域技术创新生态系统的稳定机制》，《研究与发展管理》2003 年第 4 期。

制品供应链合作关系的稳定性是一种动态的稳定,处于"稳定—不稳定—稳定"的动态变化过程中。此外,要保持乳制品供应链合作关系的动态稳定,需要使各利益主体在所处环境发生变化时,具有自我调节和维持平衡状态的能力,及时调整并适应,以保持乳制品供应链合作关系的相对稳定,因此,乳制品供应链合作关系的稳定性是一种相对的稳定。

(二)乳制品供应链合作关系的稳定性是一种相对平衡状态

乳制品供应链合作关系的稳定性,不能简单理解为原料乳供应商与乳制品企业、乳制品企业与经销商之间一直保持友好的合作与交易关系,而忽略了其合作关系的动态变化。例如,当遭遇乳制品质量安全事件时,整个乳制品供应链的环境发生巨大变化,对各利益主体之间的合作关系产生冲击,导致乳制品供应链整体的绩效不断下降,如果继续保持各利益主体合作关系的稳定性就没有任何意义了。一般来说,在动态稳定的过程中,合作各方都会在满足自身利益需求和发展战略目标的同时,选择一种最有利于整个乳制品供应链系统协调发展的合作行为,从而不断打破旧的平衡,建立新的平衡,循环往复,因此,乳制品供应链合作关系的稳定性是一种相对平衡状态。

(三)乳制品供应链合作关系的稳定性最终导致乳制品供应链整体绩效不断提高或维持不变

这是原料乳供应商与乳制品企业、乳制品企业与经销商之间合作的基础与最终结果。乳制品供应链在相对稳定的状态下,能保持乳制品供应链上各节点企业最大限度地发挥各自优势,使乳制品供应链在稳定状态下发挥最大效用以及高效率地运作,从而促进乳制品供应链整体绩效的不断提高或维持不变。

二、乳制品供应链合作关系稳定性的构成要素

本书认为乳制品供应链合作关系的稳定性主要由以下几个方面的要素构成,具体见图 1-2。

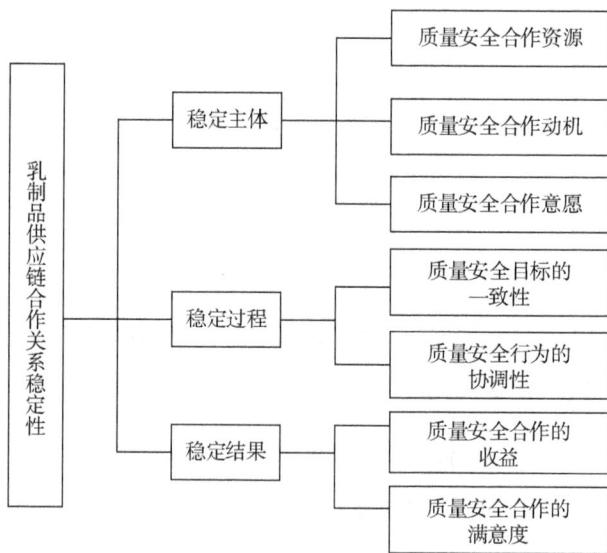

图 1-2　乳制品供应链合作关系稳定性的构成要素

（一）质量安全合作资源

原料乳供应商和乳制品企业、乳制品企业和经销商之间所拥有的质量安全合作资源是各利益主体之间合作的基础。原料乳供应商和乳制品企业之间的质量安全合作资源包括合格原料乳、挤奶、储奶、运奶设备、检测设备和仪器、原料乳生产的质量安全信息

等;乳制品企业和经销商之间的质量安全合作资源包括合格乳制品、建设冷链物流体系、乳制品销售专柜、建立质量评价体系、检测技术与设备、乳制品销售的质量安全信息等。其中,合格原料乳是原料乳供应商与乳制品企业的主要质量安全合作资源;合格乳制品是乳制品企业与经销商的主要质量安全合作资源。

(二)质量安全合作动机

乳制品供应链合作关系是由原料乳供应商与乳制品企业或乳制品企业与经销商构成,各利益主体都有其各自的质量安全合作动机,质量安全合作动机的差异将直接导致乳制品供应链各利益主体在合作过程中采取不同的质量安全行为,因此,质量安全合作动机是构成乳制品供应链合作关系稳定性的重要基础,质量安全合作动机能够促进潜在的质量安全行为转换为现实的质量安全行为。质量安全合作动机按照来源可以分为内部和外部质量安全动机。内部质量安全动机的主要特征为质量安全活动本身的注意和兴趣,而外部质量安全动机的主要特征为关注外在的质量安全奖励、外在的质量安全认同和外在的质量安全指导。① 乳制品供应链各利益主体合作的内部质量安全动机主要来源于各自对经济利益的追求,外部质量安全动机主要来源于消费者对品牌的信任、政府对乳业的扶持、乳制品协会对从业人员的指导、规范和协调。

(三)质量安全合作意愿

质量安全合作意愿是乳制品供应链各利益主体从事安全乳制

---

① Collins M. N., Amabile T. M., *Motivation and Creativity*, in Sternberg, Robert J. (Ed.), *Handbook of Creativity*, New York:Cambridge University Press,1999.

品的生产过程中,愿意配合上、下游企业相关安全标准和要求的程度或水平。乳制品供应链合作关系的稳定性表现为各利益主体希望与他人合作的稳定意识倾向,在生产质量安全的原料乳或乳制品的过程中,愿意与他人分享信息、技术等,这种稳定的合作意识倾向将有利于改善各利益主体的合作绩效。此外,乳制品供应链各利益主体的质量安全合作意愿在一定程度上反映了双方对于既定质量安全目标所持有的观念或者态度趋于一致性的动态演化过程,质量安全合作意愿越趋于一致,合作越容易达成。因此,质量安全合作意愿是乳制品供应链合作关系稳定性的重要组成部分。

(四)质量安全目标的一致性

质量安全目标的一致性是指乳制品供应链各利益主体通过资源共享、优势互补,联合起来共同实现乳制品生产安全、贮存安全、运输安全、销售安全、营养安全等共同目标。如果乳制品供应链各利益主体合作的质量安全目标不一致,就谈不上共享利益、共担风险,不合作的一方就会将乳制品质量安全的发展方向偏向于有利于自身利益的方向,这样容易导致原料乳或乳制品的质量出现问题,影响消费者的食用安全,从而使乳制品供应链各利益主体遭受损失,使各利益主体之间的合作面临破裂的危险。因此,质量安全目标的一致性是乳制品供应链合作关系稳定性的重要组成部分。

(五)质量安全行为的协调性

质量安全行为的协调性是指原料乳供应商、乳制品企业和乳制品经销商的质量安全行为和乳制品供应链的整体战略目标相一致,各利益主体之间通过协商和合作协调彼此之间的质量安全行为,合理分配乳制品供应链的合作总收益,并激励乳制品供应链各节点企业按照共同的质量安全目标行动,从而推动优质乳制品供应链从无序向有序、从低级有序向高级有序演进的过程。

优质乳制品供应链质量安全行为协调的具体含义如下:

1. 节点层面上的协调

主要是指原料乳供应商、乳制品企业和乳制品经销商内部各种质量安全行为的协调。原料乳供应商所在牧场内部质量安全行为协调的目的在于保障生鲜乳的质量;乳制品企业内部质量安全行为协调的目的在于用合格原料乳生产出高品质的乳制品,即保障乳制品在加工、贮存、运输过程中的质量安全;乳制品经销商的质量安全行为协调的目的在于剔除有质量问题的乳制品,为乳制品的营销提供安全、良好的环境,保障乳制品在运输、贮存和销售等环节的质量。

2. 供应链层面上的协调

主要是指奶牛养殖、乳制品加工和乳制品销售等环节的质量安全行为的协调。这一层面的有效协调能够降低成本,提高整条乳制品供应链的运作效率和管理水平,进而提高乳制品供应链的整体绩效。在乳制品供应链的运营过程中,乳制品企业往往处于强势地位,原料乳供应商和乳制品经销商往往处于劣势地位。应该看到,如果没有高品质的原料乳,即使乳制品企业的设备和技术再先进,人员储备再充足,也生产不出来高品质的乳制品;如果只有高品质的乳制品,而经销商不提供先进的冷藏设备、冷藏环境、专业的导购人员,也无法让消费者消费到高品质的乳制品。

3. 质量安全行为协调过程中各环节相互影响、相互作用

原料乳供应商、乳制品企业和乳制品经销商的个体行为都会影响其合作成员的行为,当他们决定其自身行为时,一定会考虑其他两方合作成员的行为。良好、健康、优质的乳制品供应链质量安全行为协调机制,有利于引导原料乳供应商、乳制品企业和乳制品经销商改善质量安全合作行为,并相互影响、相互促进,形成良性循环。

4. 质量安全行为协调是一个动态演进过程

乳制品供应链各利益主体行为协调的过程是一个从低级有序向高级有序、从无序到有序的演进过程,并非一蹴而就。随着乳制品供应链价值系统的不断升级,原料乳供应商、乳制品企业和原料乳经销商之间合作行为的协调水平会逐渐改善。

因此,质量安全行为的协调性是乳制品供应链合作关系稳定性的重要组成部分。

(六)质量安全合作的收益

供应链质量安全合作的收益是指乳制品供应链合作伙伴之间建立质量安全战略合作关系,相互合作与协调,依靠对质量安全资源的合理配置,快速响应并不断节约质量安全成本,实现对输入物品的增值性生产活动,从而创造出新增收益。[①] 乳制品供应链各利益主体之间的质量安全合作收益不仅指原料乳供应商与乳制品企业、乳制品企业与经销商之间因为产品交换而获得的直接经济利益,还包括彼此在质量安全合作过程中产生的无形资产,例如乳制品品牌、乳制品商标、技术诀窍、产品配方、顾客忠诚度、营销渠道、企业美誉度等,这些无形资产能为企业创造间接经济利益。

---

① 王莺、李军:《竞争制造商供应链合作收益分配研究》,《统计与决策》2010 年第 18 期。

乳制品供应链合作关系能够保持长期稳定的基础是质量安全合作收益的合理分配,具体表现为以下几个方面。

1. 质量安全合作收益的合理分配是维持和巩固分工协作关系的根本保证

乳制品供应链各利益主体之间具有明确的质量安全分工与协作,乳制品供应链各利益主体各司其职,共同实现乳制品供应链整体利益的最大化,但是每一个利益主体又在追逐个体利益的最大化,不愿看到自己的利益受到损害,因此,合理的质量安全合作收益分配有助于乳制品供应链各利益主体之间合作关系的巩固和加强,如果质量安全合作收益分配不合理,就会影响整条乳制品供应链的运行效率,甚至导致各利益主体之间合作关系的瓦解。

2. 质量安全合作收益的合理分配是激励各利益主体相互合作的动力

如果乳制品供应链各利益主体在质量安全合作的过程中,得到努力的应有报酬,他们就会继续维持彼此之间的合作关系,反之,就会出现抵触情绪或者蓄意破坏。

3. 质量安全合作收益的合理分配能够提高整条乳制品供应链的运行效率和绩效

质量安全合作收益的分配越合理,越能使各利益主体在相互合作的过程中感到满意,他们越能在相互合作的过程中协调质量安全行为,从而使乳制品供应链各利益主体之间的质量安全合作越来越紧密,越来越愿意贡献自身的能力,从而进入一个合作关系良性循环发展中。

因此,质量安全合作收益是乳制品供应链合作关系稳定性的重要组成部分。

（七）质量安全合作的满意度

质量安全合作的满意度是供应链各利益主体对合作过程预期收益的实现程度，它反映了预期结果和实际结果的吻合程度。[①]在合作过程中，质量安全合作满意度不仅是乳制品供应链各利益主体维持彼此关系的标志，同时也是保持乳制品供应链稳定的链接力，无论是原料乳供应商与乳制品企业，还是乳制品企业与乳制品经销商之间，保持彼此的质量安全合作的满意度是所有相关企业的利益追求。如果在合作过程中，某一方因为质量安全合作不满意，采取隐蔽的违规行为，都会影响乳制品供应链的质量安全，有的甚至会造成乳制品供应链的断裂，导致各利益主体受到不同程度的损害。只有重视质量安全合作的满意度，才能保证乳制品供应链整体质量安全目标的实现。因此，质量安全合作的满意度是乳制品供应链合作关系稳定性的重要组成部分。

三、乳制品供应链合作关系稳定性构成要素之间的关系

通过分析，可将这些构成要素划分为稳定主体、稳定过程和稳定结果三个部分，这三部分构成要素之间并不是独立存在的，而是通过外部环境相互影响和作用的。三部分之间的关系见图 1-3。

首先，稳定主体和稳定过程是乳制品供应链合作关系稳定性形成的两个重要方面，稳定主体是乳制品供应链合作关系稳定性形成的基础，而作用于稳定主体的稳定过程是乳制品供应链合作

---

① Cardozo R. N.，"An Experimental Study of Customer Effort，Expectation and Satisfaction"，*Journal of Marketing Research*，Vol.2，No.3，1975.

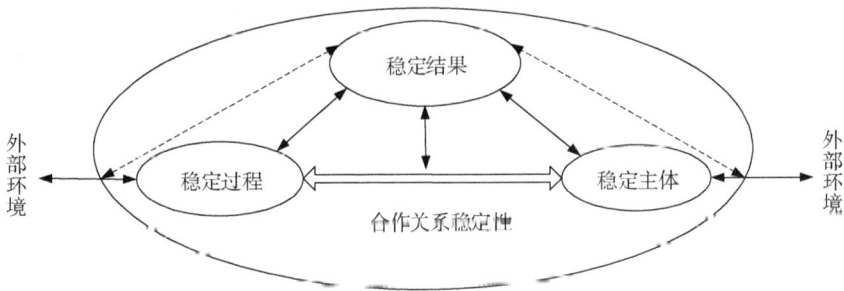

图 1-3　乳制品供应链合作关系稳定性要素之间的关系图

关系稳定性形成的重要表现;其次,乳制品供应链合作关系稳定性通过外界环境对稳定成果的感知和评价来促进稳定过程和稳定主体的相互作用,并促使原料乳供应商和乳制品企业或乳制品企业和经销商之间与外部环境的协调发展;最后,乳制品供应链合作关系稳定性是不断发展的,不断实现与外部环境的协调发展。稳定主体、稳定过程和稳定结果之间相辅相成,共同反映出乳制品供应链合作关系的稳定性。

第六节　基于质量安全的乳制品供应链合作关系稳定性的相关理论

一、演化博弈理论

演化博弈理论起源于对生态现象的解释,生态学家勒沃汀(Lewontin,1960)开始运用演化博弈理论研究生态问题。后来,生态学家史密斯和普赖斯(Smith 和 Price,1970)研究生态演化现象的时候将经典博弈理论和生物进化理论相结合,提出演化稳定策略的基本概念,标志着博弈理论的诞生。随后,史密斯(Smith,

1974)在研究生态演化现象时提出了复制动态方程的概念。[①]

演化稳定策略的基本思想是如果整个群体中的每个个体都采取某种策略,那么在自然选择的作用下,该群体可以阻止任何一个突变策略的入侵。基本的数学定义如下,如果 S^* 是演化稳定策略,且 S^* 满足下面两个条件:①对于任意 S ,有 $U(S^*, S^*) \geqslant U(S^*, S)$;②若 $S^* \neq S$,且 $U(S^*, S^*) = U(S^*, S)$,则必有 $U(S^*, S^*) > U(S^*, S)$ 。

复制动态方程是用来描述某一特定策略在某个群体中被采取的频数或频度动态微分方程,基本定义如下:

$$\frac{1}{Y_K} \frac{DY_K}{DT} = [U(K, S) - U(S, S)] , K = 1, 2, \cdots ,$$

即某个种群如果想在群体中繁衍,它的效用水平必须高于整个种群的平均效用水平,这就要求 $\frac{1}{Y_K} \frac{DY_K}{DT}$ 必须为正。其中 Y_K 为采取 K 策略的群体占总体比重, $U(K, S)$ 为采取整个种群的平均效用水平。

此外,演化博弈理论是基于"有限理性"提出的,它表示博弈参与方的理性程度是根据博弈策略的改变而进行的动态调整,个体理性会随着博弈的进行而不断发生演化。有限理性在演化博弈中经常被描述为博弈参与方通过在博弈中的反复学习来确定演化策略的行为机制。[②]

和生物系统相类似,乳制品供应链合作关系的稳定性是在内部各要素和外界环境的相互作用下,随着时间的推移而不断演化

---

① Smith J. M., "The Theory of Games and the Evolution of Animal Conflicts", *Journal of Theoretical Biology*, Vol.47, No.1, 1974.

② 王先甲、全吉、刘伟兵:《有限理性下的演化博弈与合作机制研究》,《系统工程理论与实践》2011 年第 S1 期。

形成的,这个过程是在一个有限理性和具有不确定性的空间中进行的,各利益主体之间的策略是相互影响的,乳制品供应链各利益主体在每一个阶段重复地进行博弈便形成了演化博弈模型。因此,研究目前我国基于质量安全的乳制品供应链合作关系稳定性的演化过程更适合使用有限理性前提下的演化博弈模型。

二、生命周期理论

马森·海尔瑞(Mason Haire,1959)首先提出了可以用生物学中的"生命周期"观点来看待企业,认为企业的发展也符合生物学中的成长曲线,并进一步指出企业管理上的失误和管理者的能力不足会造成企业"消亡、停滞",甚至退出市场。

产品生命周期是指从产生到衰亡具有阶段性和共同规律性的厂商行为的改变过程,经历了从产品生命周期到产业生命周期的演变。弗农(Vernon,1966)提出"生产—出口—进口"的全球贸易模式,将产品的进出口流通过程分为导入期、成熟期和标准化期几个阶段,然后逐渐演化成产品生命周期理论。波特(Potter,1980)指出这三个阶段与国际产业竞争中的创新型、投资驱动和要素驱动一致。戈特和克莱伯(Gort 和 Klepper,1982)基于数据库进行了划分,研究产品的进入和退出对厂商的综合影响,作出了 G-K 模型,并逐渐演化成产业生命周期理论,与前者不同,这是一条深入市场结构内部的现代产品组织研究思路。

企业生命周期理论提供了分析企业在存续期内的动态发展过程的一种参照模式,揭示了一部分企业成长与老化的规律,揭示了使某些企业出现生命周期现象的影响因素,这有利于企业管理者对企业实施对症下药,以改变企业生命周期的结构,推迟老化阶段的到来。①

国内众多学者在研究企业或者行业发展规律和特点时,多次基于生命周期视角,探索其不同阶段的特点。仇荣国等(2017)运用生命周期理论研究企业融资机制问题,将其分为初创期、成长期、成熟期、衰退期进行分析。② 梁龙、陈源泉、高旺盛(2010)在国内外研究的基础上,改进了生命周期评价模型,以湖南某典型的循环鸭业产业进行实证研究。③

牧场的标准化过程可以看作是一个生命周期,启动阶段牧场筹集资金、计划建厂,这一过程就是产品的导入期;发展阶段解决技术问题,为牧场标准化建设打好基石,相当于产品的成长期;等到牧场做好准备工作,开始运营生产时,采取规范化管理措施和符合乳制品质量安全的标准体系,牧场标准化步入正轨,这一过程就是产品的成熟期。所以,对于牧场标准化的运行过程可以运用此理论进行研究。

三、Logistic 模型

Logistic 模型也被称为生长函数模型,因为它的曲线表现形式为"S"形,所以简称它为"S"曲线。这种模型表现出的共同特征是,种群处于有限的环境中增长的时候,先是会慢慢增长,然后快速增长,由于受到自身生长能力和环境资源的限制,最后减速增长并趋于饱和,这一增长过程呈"S"形。利用 Logistic 模型分析某系

---

① 肖海林:《企业生命周期理论辨析》,《学术论坛》2003 年第 1 期。
② 仇荣国、孔玉生:《基于企业生命周期的科技型小微企业信贷融资机制》,《系统工程》2017 年第 1 期。
③ 梁龙、陈源泉、高旺盛:《基于生命周期的循环农业系统评价》,《环境科学》2010 年第 11 期。

统演化的前提假设条件包括:(1)用关于时间的函数表示系统在某一时刻的数量或规模,并通过该函数的变化来反映系统演化数量或规模的变化大小;(2)在系统存在的空间中,支持系统发展的各种资源条件在给定的时间中不会发生变化,由于受系统资源条件的限制,系统演化发展的数量或规模存在最大值。

本书认为,原料乳供应商与乳制品企业或乳制品企业与经销商之间的合作关系既受到各利益主体自身条件的限制,又受到各自合作关系形成的各种因素的竞争与协同作用的影响,而且原料乳供应商与乳制品企业或乳制品企业与经销商之间合作关系的形成还要受到乳制品供应链和外部环境发展的制约,因此,原料乳供应商与乳制品企业或乳制品企业与经销商之间合作关系的形成是在一个有限的时空范围内进行演化。原料乳的供应数量、乳制品的生产数量、乳制品的销售数量以及乳制品研发投入产出比率等状态变量的提高都是有一定限度的,因此本书采用 Logistic 模型研究乳制品供应链合作关系稳定性的形成过程。

四、WSR 理论

WSR 理论即"物理—事理—人理"理论,由我国学者顾基发教授在 20 世纪 80 年代中期提出。WSR 不仅是一种理论,也是一种能够解决复杂、疑难问题的重要工具,它的核心思想是分析与研究复杂、疑难问题时,可以把这一个问题看作一个系统来进行解决,这个系统是由"物理""事理""人理"三个维度构成,应将这三个维度作为一个系统进行综合考虑,做到知物理、明事理和通人理。其中,"物理"指结构有机体或客观环境,强调客观与真实;"事理"是行为主体与外界环境之间的交互模式,强调行为主体对外界环境认知活动的组织方式;"人理"是指行为主体之间的关系,强调各行为主体之间协作的产生与培育。

因此,研究基于质量安全的乳制品供应链合作关系稳定性形成的影响因素时,也可以将乳制品供应链合作关系稳定性看成一个系统,从"物理""事理""人理"三个维度挖掘影响因素,并研究各维度影响因素是如何影响乳制品供应链合作关系稳定性的形成,以及各维度影响因素是如何相互影响、相互作用的。

五、系统科学理论

系统科学始于 20 世纪 20 年代,奥地利生物学家贝塔朗菲倡导的机体论就是一般系统论的开端,随着英国科学家提出运筹学,系统工程开始萌芽。之后随着《一般系统论——基础、发展和应用》的颁布,系统工程研究取得了明显的进步。70 年代系统科学开始广泛应用于各个学科之间。系统论认为,整体性、关联性、等级结构性、动态平衡性、时序性等是所有系统的共同的基本特征,它不仅能反映客观世界的发展规律,也能以科学的方法去动态地解释事物的运行过程。

系统科学的发展可分为两个阶段:第一阶段以第二次世界大战前后控制论、信息论和一般系统论等的出现为标志,主要着眼于他组织系统的分析;第二阶段以耗散结构论、协同论、超循环论等为标志,主要着眼于自组织系统的研究。信息学家魏沃尔指出,19世纪及其之前的科学是简单性科学;20 世纪前半叶则发展起无组织复杂性的科学,即建立在统计方法上的那些学科;而 20 世纪后半叶则发展起有组织复杂性的科学,主要是自组织理论。

系统科学的兴起是 21 世纪科学发展的重大事件之一。20 世纪以来,科学、技术、哲学和管理方面变革性的发展,是系统科学赖以形成的背景和根源。系统科学是以系统及其机理为对象,研究系统的结构、功能和演化发展的科学。系统科学的交叉性、横向性和综合性,使它带有一般方法论的性质。系统科学理论包括信息论、控制论、系统论,是一种新兴的科学方法。从系统科学来认识牧场标准化运行是一个多因素、多层次、多功能的复杂系统,把牧场作为一个整体加以分析研究,统筹全局,立足整体,为牧场标准化的优化提供了重要思维方式和重要手段。三论(信息论、控制论、系统论)是一个相互关联的整体,从它归纳总结出的三大原理——反馈原理、有序原理和整体原理都是牧场实现标准化运行的重要理论基础。①

基于此,本书在明确牧场标准化运行的内涵基础上,构建政府、经济、科技、人才等要素在内的牧场标准化系统的因果反馈关系来描述影响路径,并构建动力学模型分析标准化运行的动态过程,为黑龙江省牧场标准化运行的稳定可持续发展提供决策建议。

六、Stackelberg 模型

Stackelberg 模型是由德国经济学家斯塔克尔伯格(Stackelberg,1934)针对经济学中的双寡头厂商行为提出的一种厂商利润的分配模型。Stackelberg 模型属于一种动态的主从博弈模型,即在该模型的假设中需要界定一个该行业的领导者,居于主导地位,另一个则作为跟随者,居于从属地位。这种主从关系的存在决定了处于较高决策层的领导者所作出的策略将决定其跟随者

① 刘平、王玉涛、刘明国等:《基于系统科学理论的〈森林培育学〉教学模式优化》,《中国科技信息》2012 年第 19 期。

采取何种行为。因此,依据 Stackelberg 模型对价格、产量和成本的界定,可以据此求得一阶条件下的最优解作为各寡头的最优利润。当然,依据 Stackelberg 模型,领导者的最优利润将高于跟随者的最优利润。

虽然 Stackelberg 模型最初是用来研究寡头厂商的行为,但因其能够获得各寡头的最优利润,故现今已经广泛应用到了供应链领域[1],用于研究供应链中各主体的利润再分配。纳卡穆拉(Nakamura, 2015)也曾研究了单个领导者和多个跟随者的 Stackelberg 博弈问题。[2] 因此,本书认为以乳制品制造商为主,原料乳供应商、乳制品经销商为从属的乳制品供应链符合 Stackelberg 模型的前提假设——存在领导者和跟随者,故通过运用 Stackelberg 模型可以得到乳制品供应链中各主体的最优利润,并且通过对 Stackelberg 模型有关价格、产量和成本的变形,可以相应地求得乳制品供应链某两方联合乃至整个乳制品供应链各方联合起来的最优利润,以此确定原料乳供应商、乳制品制造商和经销商的"三赢"局面。因此本书采用 Stackelberg 模型研究乳制品供应链中各主体的利润分配模型。

---

① 刘平、王玉涛、刘明国等:《基于系统科学理论的〈森林培育学〉教学模式优化》,《中国科技信息》2012 年第 19 期。

② Nakamura T.,"One-leader and Multiple-follower Stackelberg Games with Private Information", *Economics Letters*, Vol.127, 2015.

第二章　合作关系稳定性评价
指标的构建与判定

第一节　基于质量安全视角下乳制品
供应链合作运行机制

　　通过对大量供应链概念的梳理并结合乳制品产业自身的特点，本书认为乳制品供应链的形成主要依托于乳制品企业。乳制品企业将原料乳生产、加工、包装及流通到消费者，形成以商业流、信息流、物流和资金流为媒介的资源整合增值系统。乳制品供应链以原料乳生产为始点，其以奶牛养殖环节为核心，通过科学的饲养和管理生产出高质量的原料乳是合作的基本条件；向后延伸到乳制品企业的加工、包装环节，其以对乳制品质量的严格把控为核心，以产出高品质、健康的乳制品为合作前提；乳制品的运输和流通环节，是以乳制品保鲜为核心，提高乳制品销售量，进而增加乳制品供应链的整体绩效水平。因此，乳制品供应链上各环节主体通过契约等方式建立合作伙伴关系，在一定时间内共享信息、共担风险、共同获利，达到一种合作共赢的动态稳定运行机制。大型的乳制品加工企业掌握着主要的商业流、信息流、物流和资金流,于是在供应链运行过程中起到一定程度上的组织、管理和引导作用。

结合上述对乳制品供应链和乳制品供应链的合作伙伴关系等相关知识的研究,本书认为乳制品供应链合作运行稳定就是乳制品供应链各利益主体在利益驱动、产业链内外部环境变动、目标冲突、利益分配不合理、信息不对称甚至发生食品质量安全事件等问题时,各利益主体之间的合作关系遭受到或小或大的冲击时,各主体会为保持合作关系而对自我生产和经营能力进行调整,使得在自身利益得到保证的前提下,各主体选择最有利于整个乳制品供应链系统持续高效发展的合作行为,尽管原有的平衡被打破,但是产生了新的合作方式,建立一种新的动态稳定状态,维持一种"稳定—不稳定—稳定"的动态运行机制。供应链各主体建立合作关系的前提条件是各主体有合作的意愿和需求,近年来国内外乳制品行业快速发展乳制品供应链各主体在激烈的市场竞争中遇到了不同的瓶颈,如:原料乳供应商因缺乏科学的奶牛养殖饲养方法导致原料乳产量低、品质无法达到目前国家标准;乳制品企业缺乏优质的原料乳供给;经销商找不到稳定的、持续的、有质量保证的乳制品等困难,因此出于优势互补、资源共享、共同促进的目标各主体产生了合作的意愿和合作动机,当双方经过彼此之间充分地了解和认识之后,各主体经过不断地沟通和协调,当双方在合作目标及利益分配方面达成一致时就会以某种契约的形式建立合作关系,并通过事先制定的标准来要求和约束各主体的行为;然而在合作过程中由于信息不对称、利益分配的不合理、信任危机、市场环境的波动及个人为谋求自身利益最大化而作出的违背契约和质量安全的行为时,利益主体会通过事先制定的惩罚或激励措施要求对方对不正当行为进行改正并通过经济手段来弥补对方的损失,从而保持供应链各主体的合作关系,提高乳制品供应链各主体合作关系的稳定性,将原本的外在契约管理机制转移为内部不同主体的组织约束管理,以整体绩效最大化为基础,通过供应链各主体内部之间的博弈关系,降低机会主义的可能,使其达到一种动态合作稳定机制。基于质量安全的乳制品供应链合作运行机制见图2-1。

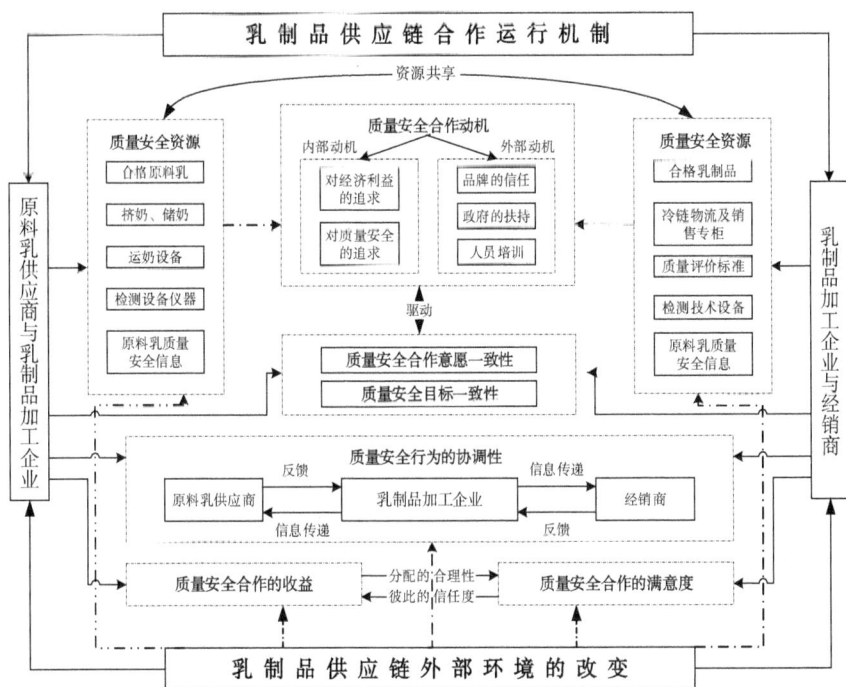

图2-1　基于质量安全的乳制品供应链合作运行机制图

第二节　评价指标体系构建与评价方法的选择

一、评价指标体系的构建

以保证乳制品质量安全为前提,本书将乳制品供应链各利益主体的合作关系分为两种,即原料乳供应商和乳制品企业之间建立的合作关系与乳制品企业和经销商之间建立的合作关系。参考有关文献,将影响乳制品供应链合作关系稳定性的指标划分为合作主体稳定、合作过程稳定、合作结果稳定、合作环境稳定四个方面,设计了 19 个指标(见表 2-1)。

表 2-1　乳制品供应链合作关系稳定性评价指标体系

目标层	一级指标	二级指标	三级指标
基于质量安全的乳制品供应链合作关系稳定性	合作主体稳定	质量安全合作资源	奶牛良种率
			企业检测设备水平
		质量安全合作动机	牧场与企业风险分担满意度
			企业与经销商风险分担满意度
		质量安全合作意愿	企业与经销商信息对称程度
			原料乳生产者与乳制品企业信息对称程度
	合作过程稳定	质量安全目标的一致性	原料乳生产者操作合格率
			企业储藏条件
			运输设备水平
			展柜条件
		质量安全行为的协调性	原料乳的合格率
			企业加工技术水平
			经销商对过期乳制品的处理情况
	合作结果稳定	质量安全合作的收益	牧场与企业利益分配满意度
			企业与经销商利益分配满意度
		质量安全合作的效果	乳制品质量合格率
	合作环境稳定	乳制品供应链的外部环境	消费者对乳制品的认可度
		各合作主体自身的经营规模	牧场的养殖规模
			加工企业规模
			乳制品展柜数量

（一）合作主体稳定

用乳制品供应链上各利益主体的质量安全合作资源、质量安全合作动机、质量安全合作意愿三方面的指标反映各主体自身的情况，其中质量安全合作资源包括奶牛良种率、企业检测设备水平；质量安全合作动机指标以牧场与企业风险分担满意度、企业与经销商风险分担满意度为代表；质量安全合作意愿以企业与经销商信息对称程度、原料乳生产者与乳制品企业信息对称程度为代表。

（二）合作过程稳定

从质量安全目标的一致性和质量安全行为的协调性两方面选取 7 个指标。质量安全目标的一致性是指乳制品供应链的各主体在共享资源、共享信息、共担风险的基础上，共同以保证乳制品质量安全为一致目标在生产、贮存、运输、销售过程中，各主体以一致的目标来约束自己的行为以保持合作过程的稳定。因此选取原料乳生产者操作合格率、企业储藏条件、运输设备水平和展柜条件为具体指标。质量安全行为的协调性是指利益主体之间通过满足合作中对彼此提出的各项要求来协调各主体的行为，其中以原料乳的合格率、企业加工技术水平和经销商对过期乳制品的处理情况为具体指标。

（三）合作结果稳定

以质量安全合作的收益和质量安全合作的效果来反映合作的最终结果，即用牧场与企业利益分配满意度和企业与经销商利益分配满意度来反映质量安全合作的收益;用乳制品质量合格率来反映质量安全合作的效果。

(四)合作环境稳定

以乳制品供应链的外部环境和各利益主体自身的经营规模两方面来衡量合作环境的稳定程度,即消费者对乳制品的认可度、牧场的养殖规模、加工企业规模、乳制品展柜数量共四个指标。

二、稳定等级的划分

基于质量安全视角将供应链上各利益主体之间合作稳定性划分为四个等级,见表2-2。

表2-2　基于质量安全的乳制品供应链合作关系稳定性等级

稳定等级	数学表达	稳定程度
S_1	1	非常不稳定
S_2	2	不稳定
S_3	3	稳定
S_4	4	非常稳定

第三节　基于质量安全的乳制品供应链合作关系稳定性的评价

一、BP 神经网络的基本思想

BP 神经网络又称为人工神经网络,目前广泛应用于模式分类、聚类、回归和拟合及优化计算等方面。其精髓为运用误差反向传播算法将一系列仅具有简单处理能力的节点通过权值相连,一旦权值训练恰当,网络就将知识存储在调整后的各权值中,输出正确的结果,因此其具有高度的自学习性和自适应性、鲁棒性与容错性,能够很好地解决全局性问题,使得评价更具有客观性和准确性。

二、BP 神经网络模型的结构

实验表明,对于本书所建立的 BP 神经网络模型采用拟牛顿法 trainbfg、trainlm、tansig 训练函数时,tansig 函数的误差最小。所以本书模型采用 tansig,以此提高训练网络的性能。本书的学习速率设为 0.035,最大迭代次数为 10000,误差性能目标为 0.000001。在确定隐含层节点个数时,根据理论证明较多的隐含层节点数可以带来更好的性能,但可能导致训练时间过长出现训练"过拟合"等问题。本书先通过经验公式初步确定隐含层节点数的选择区间,再逐一选取区间内的节点数确定不同的网络结构,然后代入样本数据进行训练,最后通过对比分析得到使模型系统误差值达到最小的网络结构。最后形成一个输入层、隐含层和输出层的各节点数为 19,15,1 的三层 BP 神经网络模型,然后将数据输入网络中以图 2-2 所示的步骤进行学习。

三、乳制品供应链合作关系稳定性分析

(一)数据来源

本书的数据主要以黑龙江省大庆林甸牧场、黑龙江省杜尔伯特泰康县牧场的工作人员和来自双城雀巢公司、黑龙江完达山乳业股份有限公司、河北君乐宝乳业有限公司等企业参加乳业培训

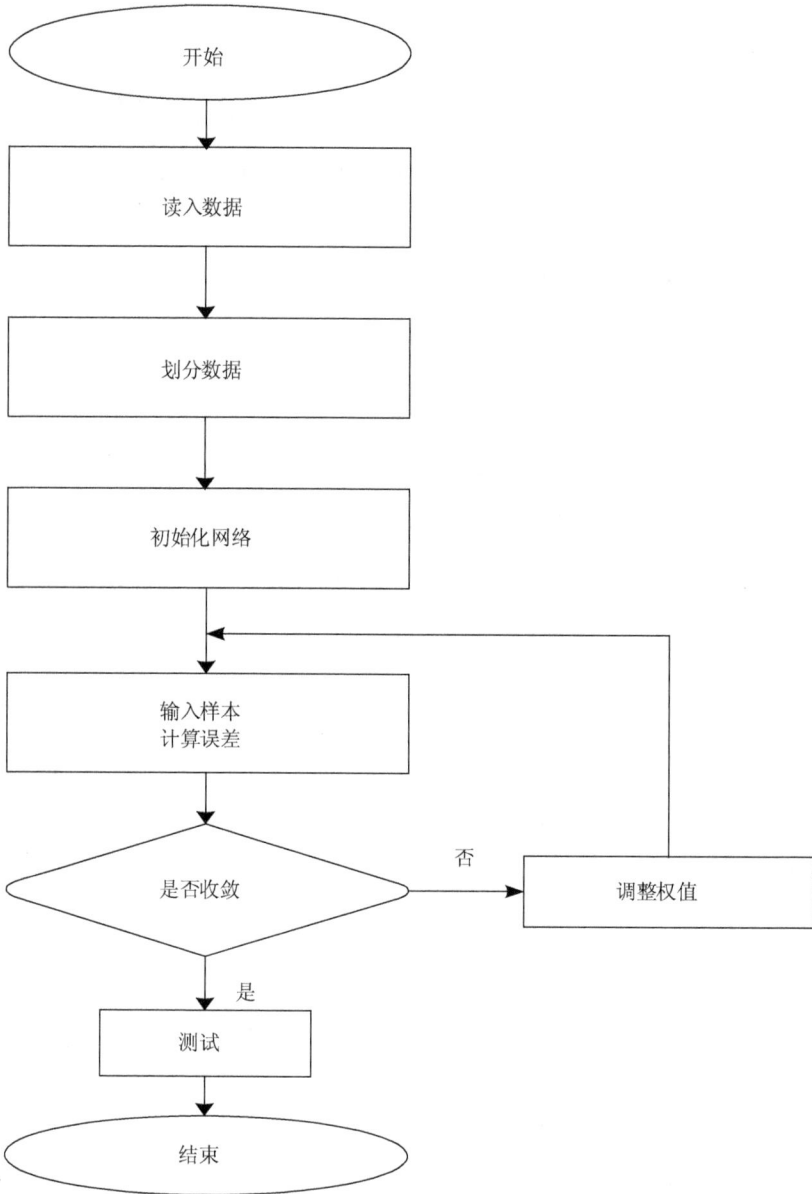

图 2-2　BP 神经网络步骤

的学员为调查对象,采用问卷调查的形式获得,其中问卷主要以李克特(Likert)五级量表的形式对各项指标进行测量。

(二)数据选择及处理

在模拟训练过程中,在所获得的数据中随机抽取 20 组数据,其中前 18 组数据作为训练样本,后 2 组数据为检验样本。然后对指标数据进行标准化处理,以消除原始数据间量纲的不同和指标间数量级的差异,然后输入网络中进行学习,若网络成功收敛,即可得到所需的神经网络。其中,训练样本部分参数见表 2-3,检验样本参数见表 2-4,检验样本辨识结果见表 2-5,BP 神经网络收敛过程见图 2-3。

表 2-3　训练样本部分参数

	1	2	3	4	5	6	7	8	9
牧场养殖规模	0.7443	-0.0390	1.5278	1.9190	-1.2140	-0.8220	-0.8226	1.5278	-0.0390
加工企业规模	1.2569	-1.4460	-1.4460	-0.0940	0.1757	0.7163	0.3109	-1.4460	-0.6350
乳制品展柜数量	-1.2310	-0.5070	-1.2310	0.2170	0.9418	1.6662	0.2173	0.2173	0.9418
消费者对乳制品的认可度	0.2874	0.2874	-1.1490	-1.1400	0.2874	-1.1490	-1.1496	0.2874	1.7245
奶牛良种率	0.2604	-1.0410	-1.0410	0.2600	0.2604	0.2604	0.2605	-1.0410	0.2604
原料乳生产者操作合格率	0.3823	-1.5290	0.3823	-0.5700	1.3380	1.3380	1.3381	0.3823	0.3823
企业检测设备水平	0.3743	0.3743	0.3743	0.3743	0.3743	0.3743	0.3744	0.3743	-0.8730
企业加工技术水平	-0.5210	-0.5210	-0.5210	-0.5210	0.9689	-0.5210	-0.5217	-0.5210	0.9689
企业储藏条件	0.2102	-0.8400	0.2102	0.2102	1.2612	1.2612	1.2612	0.2102	-0.8400
原料乳的合格率	0.9598	0.9598	-0.2390	0.9598	-1.4390	0.9598	0.9598	-0.2390	-1.4390
运输设备水平	0.2102	1.2612	0.2102	0.2102	1.2612	1.2612	1.2612	-0.8400	-0.8400
原料乳与企业信息对称程度	-0.5210	0.9689	-0.5210	0.9689	0.9689	0.9689	0.9690	-0.5210	0.9689
企业与经销商信息对称程度	0.8013	-0.6550	0.8013	0.8013	0.8013	-0.6550	-0.6556	0.8013	0.8013

续表

	1	2	3	4	5	6	7	8	9
企业与经销商利益分配满意度	0.8816	0.8816	-0.5870	0.8816	0.8816	0.8816	-0.5877	0.8816	-0.5870
牧场与企业风险分担满意度	0.6200	0.6200	0.6200	0.6200	1.7473	-0.5070	0.6200	0.6200	0.6200
经销商与企业风险分担满意度	0.5073	0.5073	-0.6200	1.6346	1.6346	-0.6200	0.5073	0.5073	0.5073

表2-4　检验样本参数

	19	20
牧场养殖规模	-1.21445	-0.43093
加工企业规模	0.04055	0.1757
乳制品展柜数量	0.21734	0.94182
消费者对乳制品的认可度	0.28742	0.28742
奶牛良种率	0.26049	0.26049
原料乳生产者操作合格率	-1.52920	0.38230
企业检测设备水平	0.37438	0.37438
企业加工技术水平	-0.52175	2.45967
企业储藏条件	1.26123	1.26123
原料乳的合格率	0.95980	0.95980
运输设备水平	-0.84082	-1.89184
原料乳与企业信息对称程度	-0.52175	0.96896
企业与经销商信息对称程度	-0.65566	-0.65566
企业与经销商利益分配满意度	-2.05714	-2.05714
牧场与企业风险分担满意度	-1.63465	0.62004
经销商与企业风险分担满意度	-1.74738	0.50730

表 2-5　检验样本辨识结果

样本号	期望输出	训练输出	误　差
19	1	1.01721266188019	1.7212%
20	4	3.99999800702047	0.0002%

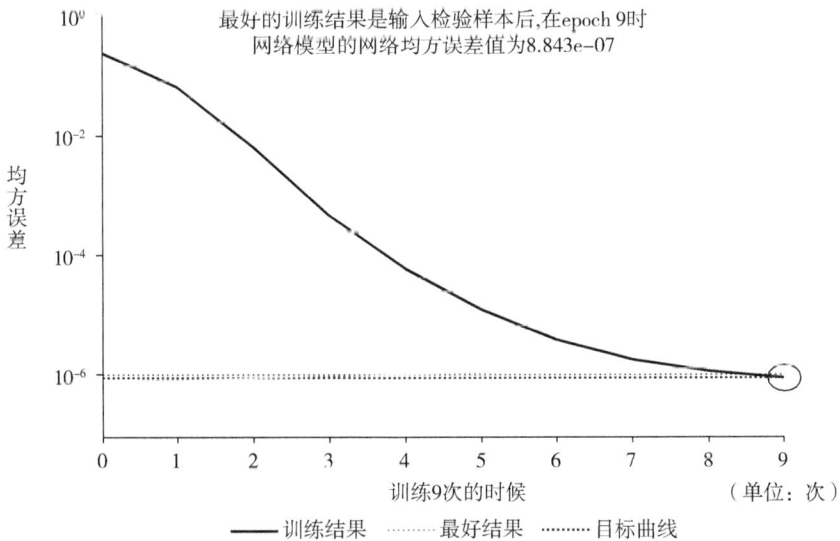

图 2-3　BP 神经网络收敛过程

第四节　结果分析

　　通过对调研过程获取的相关指标数据进行深度学习、训练,得到一个评价乳制品供应链合作关系稳定性的三层 BP 网络,将检测样本参数输入到训练好的网络结构对其合作关系的稳定性进行分析,得到输出结果分别为 1.01721266188019、3.99999800702047,误差分别为 1.7212%、0.0002%,乳制品供应链合作关系的稳定等

级分别为 S_1、S_4。实际调研结果与基于 BP 神经网络的评价结果可以相互支持,因此训练好的 BP 神经网络可以对不同情况、不同对象的原料乳供应商与乳制品企业之间的合作关系及乳制品企业与经销商之间的合作关系的稳定程度进行评价和预测。从已建立的乳制品供应链的数据库中随机抽取 50 组样本数据输入神经网络中进行评价可以得到表 2-6 所示的结果。

表 2-6　样本检测结果

稳定等级	S_1	S_2	S_3	S_4
样本数量	4.0%	8.0%	72%	16%

　　从评价结果中可以发现,现阶段乳制品供应链各主体之间合作的稳定程度在稳定状态和非常稳定状态所占比例为 88%,而处于不稳定状态、非常不稳定状态的合作关系通常有两种选择:一为各主体之间的合作关系破裂,各主体吸取上一次合作失败的经验教训重新选择自己的合作伙伴;二为各主体通过提高自身来提供质量合作资源的能力,加强在合作过程中博弈的优势,并对合作关系中不公平、不明确或不符合质量安全规范的内容进行修正,加强彼此在未来合作过程中对利益分配的满意程度、信息传播的速率、风险分担的满意度,使原本不稳定的合作关系趋于稳定,最终达到双赢。因此,本书认为当前乳制品供应链各利益主体之间合作关系的状态是一种不断趋于稳定的动态变化过程。

第三章　合作关系稳定性的形成
过程与演化博弈

第一节　基于质量安全的乳制品供应链合作
关系稳定性的形成过程分析

一、宏观形成过程分析

(一) 模型构建

根据描述"S"形曲线的 Logistic 方程,构建乳制品供应链合作关系稳定性形成的数学模型:

$$\begin{cases} \dfrac{dN_t}{dt} = r_t N_t \left(\dfrac{K - N_t}{K} \right) \\ N_{(0)} = N_0 \end{cases} \tag{3-1}$$

得到:

$$N_t = \frac{N_0 K e^{r_t t}}{K + N_0 (e^{r_t t} - 1)} = \frac{K}{1 + \left(\dfrac{K - N_0}{N_0} \right) e^{-r_t t}} \tag{3-2}$$

其中，K—乳制品供应链合作关系稳定性形成的极限或乳品产业及外部的最大需求量，r_t—乳制品供应链合作关系稳定性成长速度系数，N_t—乳制品供应链合作关系稳定性的发展水平，它是关于时间 t 的函数，其中 $r_t N_t$ 是加速因子，它随着时间的推移而增加，$(K - N_t)/K$ 是减速因子，它随着时间的推移而减小，加速因子和减速因子相乘的结果说明乳制品供应链合作关系稳定性的形成过程是非线性的。

公式（3-2）是乳制品供应链合作关系稳定性发展水平的演化方程，描述了乳制品供应链合作关系稳定性发展水平演化的轨迹，当 N_t 远小于 K 时，$(K - N_t)/K$ 接近于 1，方程近似为 $dN_t/dt = rN_t$，乳制品供应链合作关系稳定性发展水平呈指数增长，其增长潜力处于最大状态；当 N_t 趋近于 K 时，$(K - N_t)/K$ 接近于 0，表示乳制品供应链合作关系稳定性发展水平的增长几乎达到极限，此后，乳制品供应链合作关系稳定性的发展水平将向衰退的趋势发展，或者跃迁到更高的发展水平上，其图形为一条"S"形曲线，如图 3-1 所示。公式（3-1）是乳制品供应链合作关系稳定性发展水平的成长速度方程，描述了乳制品供应链合作关系稳定性发展水平在任意时刻的增长速度；若 $r_t > 0$，则 $dN_t/dt > 0$，其图形为一条钟形曲线，如图 3-1 所示。

本书对方程（3-2）求导，进一步研究乳制品供应链合作关系稳定性的形成过程及其速度的变化规律，得到：

$$d^2N_t/dt^2 = r[1 - (2/K)N_t]dN_t/dt \qquad (3-3)$$

方程（3-3）表示乳制品供应链合作关系稳定性在任意时刻的加速度。令 $d^2N_t/dt^2 = 0$，可以求得乳制品供应链合作关系稳定性演化曲线的拐点。由于 $0 < N_t < K$，所以乳制品供应链合作关系

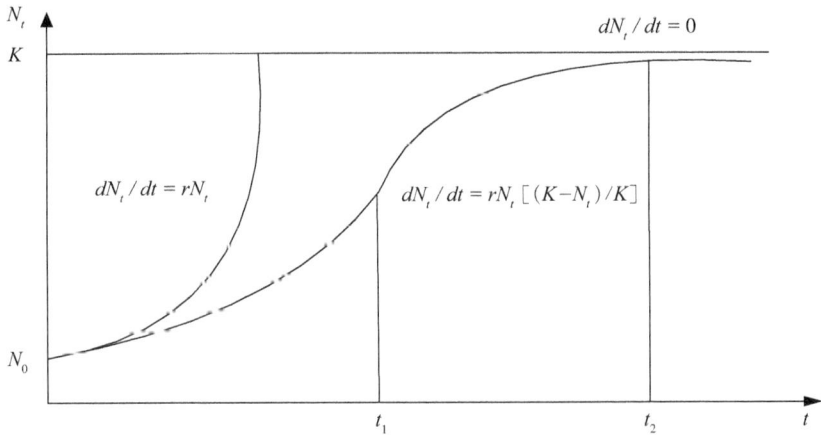

图 3-1 乳制品供应链合作关系稳定性发展水平演化曲线

稳定性演化曲线的拐点出现在 $N_t^* = K/2$ 处,此时乳制品供应链合作关系稳定性的演化速度达到最大值。

继续对方程(3-3)求导,可以得到:

$$d^3 N_t / dt^3 = r^2 \left[(6/K) N_t^2 - (6/K) N_t + 1 \right] dN_t / dt \qquad (3-4)$$

令 $d^3 N_t / dt^3 = 0$,得到 $N_{t1} = K/(3 + \sqrt{3})$,$N_{t2} = K/(3 - \sqrt{3})$,此时对应的成长速度方程的两个拐点是 $(t_1, Kr/6)$、$(t_2, Kr/6)$。

当 $t \to +\infty$ 时,$N_t \to K$,$dN_t / dt \to 0$。

综合以上推导结果,可以得到乳制品供应链合作关系稳定性发展水平演化速度曲线及其状态特征,如图 3-2 所示。如图 3-2 所示,乳制品供应链合作关系稳定性的发展水平随时间的变化而呈现"S"形曲线增长,上界渐近线 $N_t = K$。根据乳制品供应链合作关系稳定性发展水平演化曲线和速度曲线的三个拐点,可以分为起步期、成长期、成熟期、衰退期四个演化过程阶段,每个阶段的演化特征如表 3-1 所示。

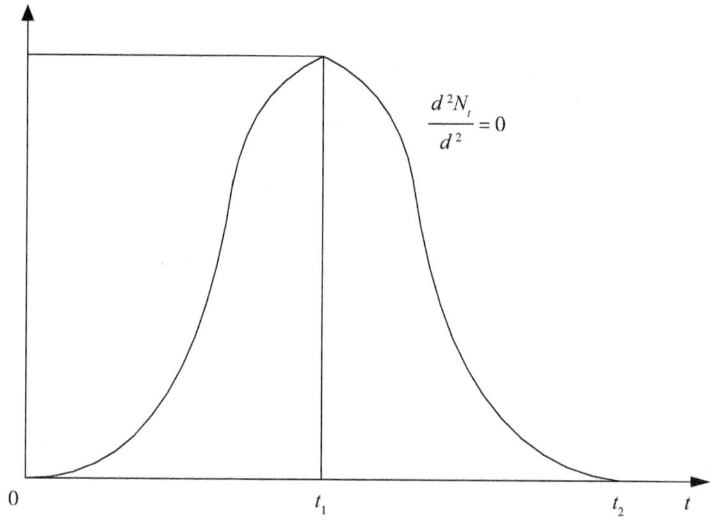

$$\frac{d^2N_t}{d^2} = 0$$

图 3-2 乳制品供应链合作关系稳定性发展水平演化速度曲线

表 3-1 乳制品供应链合作关系稳定性演化发展阶段

发展阶段	起步期	成长期	成熟期	衰退期
t	$(0, t_1)$	(t_1, t^*)	(t^*, t_2)	$(t_2, +\infty)$
N_t	+,缓慢增大	+,迅速增大	+,迅速增大	+,趋于平稳
dN_t/dt	+,上升	+,上升	+,下降	+,下降
d^2N_t/dt^2	+	+	−	−
d^3N_t/dt^3	−	−	−	+

（二）乳制品供应链合作关系稳定性的形成过程分析

1.起步期

通过上述分析可知,第一个阶段 $(0 < t < t_1)$, $d^2N_t/dt^2 > 0$, $d^3N_t/dt^3 > 0$,表明乳制品供应链合作关系稳定性发展水平的加速度与成长速度逐渐增加,乳制品供应链合作关系稳定性的发展水

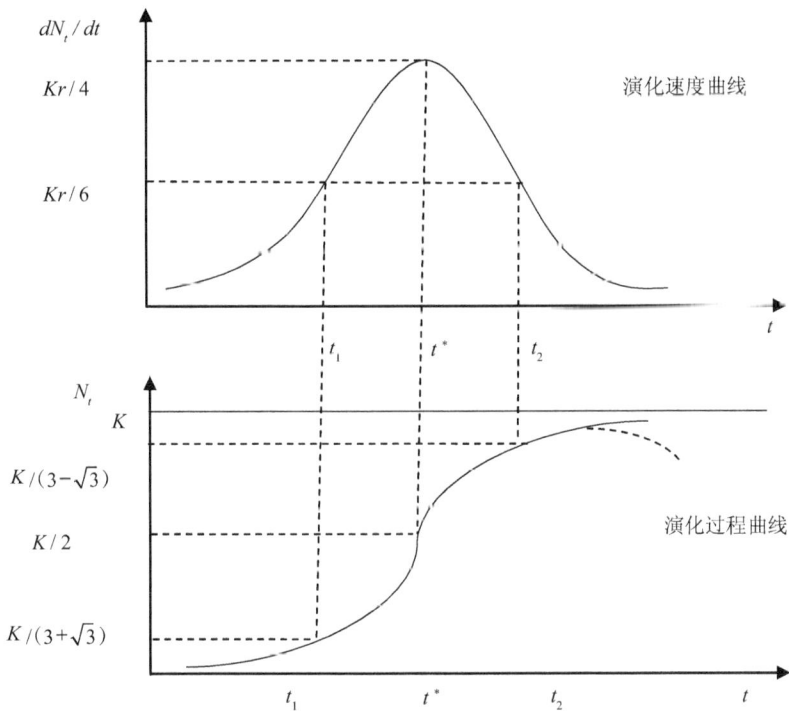

图 3-3　乳制品供应链合作关系稳定性演化速度和演化过程曲线

平 N_t 随着时间的变化呈现"J"形曲线缓慢增长。在成长速度曲线上升至拐点 $(t_1, Kr/6)$ 处时，其加速度为最大值。这时，乳制品供应链合作关系稳定性发展水平演化的各种影响因素所共同积累的能量也达到最大值，这一时刻被称为乳制品供应链合作关系稳定性发展的"起飞点"，这时，乳制品供应链合作关系稳定性发展水平大约达到极限值 K 的 $1/(3+\sqrt{3})$。在起步阶段，由于原料乳供应商与乳制品企业或乳制品企业与经销商的合作意愿刚刚形成，合作过程中，各利益主体对彼此能力、要求都不熟悉，彼此之间的相互信任程度较低，此外，乳制品供应链各利益主体之间合作时间还不是很长，合作经历和合作经验的积累还十分有限，导致各利益主体对内外部环境还不熟悉,对自身的角色定位还不清楚,所以各利益主体之间的合作关系是一种松散型的合作关系。而且,由于原料乳供应商与乳制品企业或乳制品企业与经销商在原料乳或乳制品质量安全问题上还没有形成共识,各利益主体之间的惩罚与约束机制还不够规范,各种保持原料乳或乳制品质量安全的协调机制还不够健全,各利益主体还不能很好地整合乳制品供应链内外部资源,因此,乳制品供应链合作关系稳定性的形成还处于缓慢形成阶段。同时,也应该意识到随着时间的推移,原料乳供应商与乳制品企业或乳制品企业与经销商之间对合作的内外部环境越来越熟悉,各利益主体之间越来越信任,导致乳制品供应链合作关系稳定性不断增强,合作关系稳定性的形成速度不断加快。

2. 成长期

第二个阶段($t_1 < t < t^*$),$d^2N_t/dt^2 > 0$,$d^3N_t/dt^3 < 0$,说明乳制品供应链合作关系稳定性发展水平的成长速度继续递增,但是加速度不断减少,增长性质为准线性,这是乳制品供应链合作关系稳定性形成的"成长"阶段。这说明乳制品供应链合作关系稳定性经过上一阶段之后,乳制品供应链合作关系稳定性的发展水平演化到一个新的时期。在成长阶段,保障原料乳或乳制品的质量安全是各利益主体在合作过程中需要解决的首要问题。这一时期,乳制品供应链合作关系稳定性提高的外在表现主要是能够提供优质原料乳或乳制品,并得到各利益主体和外界环境的认可,乳制品研发能力不断加强,合作利润持续增长,消费者的需求量不断增加,各利益主体之间的消息共享水平和风险共担能力不断提高等。如果各利益主体在这一时期合作利润得不到保障,双方合作关系稳定性的形成会处于无序状态,因此,成长阶段是乳制品供应

链合作关系稳定性形成的关键阶段,当达到极限值 K 的 1/2 时,表示合作关系稳定性的形成速度到达最大点,称 t^* 时刻为乳制品供应链合作关系稳定性形成的"鼎盛时刻"。这一时期,由于各利益主体之间越来越熟悉,彼此之间的信任程度不断提高,各利益主体对原料乳或乳制品质量安全的认知不断加强,各利益主体之间不断地加强合作。这一阶段,由于各利益主体追求自身利益的最大化,导致各利益主体在经营理念、管理方式、资源配置、技术改进等方面存在差异,各利益主体不可避免地会有一些摩擦和冲突出现。因此,构建各利益主体之间有效的信任、监督、惩罚与激励机制,对乳制品供应链合作关系稳定性的形成非常重要。乳制品供应链合作关系稳定性的形成通过演化方向的不断调整和成长阶段的积累,为进入到成熟阶段做好准备。

3. 成熟期

第三个阶段 $(t^* < t < t_2)$,$d^2N_t/dt^2 < 0$,$d^3N_t/dt^3 < 0$,说明乳制品供应链合作关系稳定性形成水平的加速度和成长速度逐渐减少,其增长性质仍为准线性,但增长的动力大幅降低。当乳制品供应链合作关系稳定性形成水平达到极限值 K 的 $1/(3-\sqrt{3})$ 时,负向加速度为最大,本书把这一时刻称为乳制品供应链合作关系稳定性发展水平的"成熟点"。在成熟阶段,乳制品供应链各利益主体之间的合作关系越来越稳定,各利益主体之间的合作机制不断完善,已经具备随时大量生产优质原料乳或乳制品的能力,随着乳制品供应链各利益主体之间多次的合作与沟通,企业之间已形成合作默契,乳制品供应链上的各企业已拥有专业生产、检测、贮存、运输等设备,能够生产或销售优质原料乳和乳制品。这一时

期,由于各利益主体频繁的合作与互动,积累了丰富的合作经验,各利益主体在原料乳或乳制品质量安全问题上达成共识,各利益主体的信息共享能力、风险分担能力和自身实力不断加强,各利益主体也对利益分配模式、分配比例相对满意,因此,乳制品供应链合作关系的稳定性逐渐提升。乳制品供应链合作关系稳定性的形成在向成熟期演化的过程中,安全原料乳或乳制品产出率达到最大,优质原料乳或乳制品在市场的占有率达到了极值。在这一阶段,乳制品供应链各利益主体之间合作的重心在于如何进一步获得更多的利润。

4. 衰退期

第四个阶段（$t_2 < t < +\infty$）,$d^2N_t/dt^2 < 0$,$d^3N_t/dt^3 > 0$,说明随着时间的推移,乳制品供应链合作关系稳定性发展水平的加速度逐渐增加,成长速度逐渐减少,其演化曲线由准线性增长变为负指数增长,也就是乳制品供应链合作关系稳定性发展水平逐渐向极限值靠拢,增长得越来越慢,直到几乎完全停止增长。同任何一个系统一样,在经历了成熟期之后,乳制品供应链合作关系稳定性也会因为内外部环境的变化而出现衰退的现象。造成乳制品供应链合作关系稳定性衰退的原因主要包括:消费者市场萎靡、国家关于乳制品的法律法规发生变化、合作一方突然离开、各利益主体因利益分配等问题产生严重冲突、乳制品加工技术发生重大革新等。乳制品供应链合作关系稳定性进入衰退期,意味着乳制品供应链各利益主体之间遇到了发展瓶颈,其竞争优势在逐渐丧失。此时,乳制品供应链各利益主体之间的合作可能不再满足市场需求,如果乳制品供应链各利益主体之间的合作方式无法适应环境的变化,则其必将衰退并最终瓦解,这也意味着乳制品供应链各利益主体之间的合作关系走到了尽头,各利益主体之间的合作关系也将逐渐解散或重组。此外,也应该看到合作关系的瓦解并不是乳制品供应链各利益主体合作发展的唯一趋势,如果各利益主体能够根据内外部环境的变化及时地调整各自的产品质量安全策略,包括采用标准化的养殖技术、引进先进的乳制品生产制造设备、研发新产品等,必要时对各利益主体之间的合作流程进行再造和改革,以便应对乳制品供应链内部和外部环境的变化。

二、微观形成过程分析

在微观视角上,原料乳供应商与乳制品企业或乳制品企业与经销商之间合作关系的稳定性主要形成于原料乳供应和乳制品的市场流通环节。

(一)原料乳供应环节

原料乳供应商与乳制品企业之间合作关系的稳定性主要形成于养殖、挤奶、贮存、运输和销售等阶段。

1. 养殖阶段

养殖阶段是后期制作优质原料乳的前提条件,乳制品企业和原料乳供应商之间的合作主要体现为双方如何"养好牛"。奶农根据以往的养殖经验和相关知识,对奶牛的健康状况、繁殖能力、免疫能力进行检测,然后筛选出适合培育的品种置于一定的环境中养殖,这里的环境是指卫生状况良好,保持干燥和通风的防护栏。为了保证原料乳的质量,富含丰富的蛋白质、脂肪等,要定时定量地对奶牛投喂营养充分、容易吸收的食物,精饲料和粗饲料要搭配合理,而对缺乏专业技术与设备的农户,乳制品企业如何提供人、财、物等方面的支持来帮助牧场"养好牛",是维系双方长远利益的关键问题,也促进了原料乳供应商与乳制品企业合作关系稳定性的形成。

2. 挤奶阶段

挤奶阶段是指奶牛经过一段时间养殖后达到产奶期,养殖人员对奶牛进行健康检测后,对满足一定健康条件的奶牛挤奶。乳制品企业和原料乳供应商之间的合作主要体现为双方如何"挤好奶"。挤奶中有三个方面需要注意,分别是环境卫生、挤奶方式和设备卫生。环境卫生包括空气卫生、地面卫生和墙壁卫生。一般的空气中含有大量的微生物,尤其是拴系式牛舍内存在更严重的空气污染,空气中含有的细菌约 50—100 个/毫克,甚至在灰尘较多时高达 10000 个/毫克,所以,保持牛舍内空气整洁干净尤为重要,其次是挤奶大厅,其地面必须是防滑易冲刷的水泥地面或软质地面,有轻度斜坡及排水沟,以便污渍顺利排出,室内墙壁严格上应该全部用瓷砖贴到顶,以维持四壁无黑斑、粪便及油污等各种污染物。挤奶方式大部分采用机械挤奶,头三把需要丢弃,因为最先挤出来的少数乳液中的微生物的数量最多,为了保证原料乳质量,挤掉三次再放入储奶罐是最合理的。设备卫生包括挤奶机的卫生和储奶罐的卫生,这两者必须经过严格的杀毒消菌之后才能使用。以上环节,需要乳制品企业和原料乳供应商之间加强合作,才能确保"挤好奶"。

3. 贮存阶段

贮存阶段,原料乳供应商和乳制品企业之间的合作主要体现在如何"存好奶"。为了保证原料乳的新鲜和口感,应该将其置于阴暗、干燥的密闭空间,防止空气中粉尘颗粒进入原料乳中,造成质感下降,或者被其他化学药品或试剂感染。原料乳作为微生物良好的培养基的一种,很容易被污染导致产品损坏,应低温贮存。大部分原料乳选择置于贮乳罐,多数贮乳罐的贮存量一般与原料乳的日均产量相匹配。每次的处理量理论上与两只贮乳罐的乳容量相当,反之则会造成贮乳罐数量增加,加大了清洗、调罐的工作量,原料乳的损耗比例也会上升。因此,在贮存阶段,原料乳供应商和乳制品企业之间如何相互合作,从而确保"存好奶",这是保证原料乳供应商和乳制品企业之间合作关系稳定性形成的关键所在。

4. 运输阶段

贮存的下一步就是运输给乳制品企业,使其加工和包装生产。在运输阶段,原料乳供应商和乳制品企业之间的合作主要体现在如何"运好奶"。一般选择奶罐车进行运输。奶罐车必须同时配有隔热或制冷设备,从而保证原料乳在运输中的温度在1℃以内,防止微生物的繁衍,保证原料乳质量安全。一般而言,奶温在7℃以下较为适宜。奶罐车交奶后必须对罐内及时进行彻底的清洗消毒,包括清洗罐外壁,尽量保持罐外清洁。因此,在运输阶段,原料乳供应商和乳制品企业之间如何相互配合,从而确保"运好奶",这会促进原料乳供应商和乳制品企业之间合作关系稳定性形成的长远发展。

5. 销售阶段

销售阶段即牧场将合格原料乳售卖给乳制品企业。在销售阶段,原料乳供应商和乳制品企业之间的合作主要体现在如何"卖好奶"。乳制品企业需要对牧场提供的原料乳进行检测,拒绝接受人为掺假、残留抗生素和农药的原料乳。在销售阶段,原料乳供应商和乳制品企业之间的合作体现为双方对原料乳验收标准和收购价格的满意程度上,即满意程度较高时,双方的合作关系较为稳定,相反,满意程度较低时,双方的合作关系就会出现振荡或波动。因此,在销售阶段解决好以上问题,是形成真正意义上的长期合作伙伴关系的关键所在。

(二)乳制品的市场流通环节

乳制品企业与经销商之间合作关系的稳定性主要形成于运输与贮存阶段、销售阶段和退换货阶段。

1. 运输与贮存阶段

新鲜乳制品在运输与贮存过程中受温度的严格限制,如果放置的温度过高,就会使一些成分加速氧化,引起微生物的快速繁殖,并最终导致新鲜乳制品变质;另外,阳光如果直射在乳制品包装上也会影响乳制品的质量安全;还应该避免灰尘、雨水以及喷码油墨对乳制品造成的污染。此外,在乳制品的配送方面,由于乳制品企业往往与需求地相隔甚远,需求地也较为分散,导致物流成本很高。在运输与贮存阶段,乳制品企业和经销商之间的合作表现为共建冷链物流系统、配备冷库以及合作优化营销渠道等,只有解决好以上问题,双方在合作过程中才能实现双赢,才能保证乳制品供应链合作关系的稳定性。

2. 销售阶段

在销售阶段,由于乳制品企业和经销商属于不同的利益主体,在合作过程中为实现自身利益的最大化,可能会隐瞒各种不利信息,从而给消费者和乳制品带来各种潜在或现实的危机,例如,经销商隐瞒卖场停电的事实,而将需要低温贮存的牛奶出现变质的责任推给乳制品企业,从而使乳制品企业蒙受经济和名誉上的损失;乳制品企业在销售乳制品时,出于追逐利益的考虑,往往不会主动或准确地在产品包装上标识出乳制品的相关信息,例如乳制品的生产日期、保质期、组成成分、营养素含量和所使用的全部添加剂信息等,这样一旦出现质量安全的问题,消费者就会找到经销商,从而给经销商带来经济上和信誉上的损失。此外,乳制品企业需要尽可能实时地从经销商处获取销售数据,并利用这些销售数据,补充库存、安排生产以及制订配送计划,而经销商也需要及时地获取乳制品企业的配送信息,以便组织库存和制订配送计划。因此,在销售阶段,乳制品企业和经销商之间信息共享程度越大,才能越促进乳制品企业和经销商之间合作关系稳定性的形成。

3. 退换货阶段

在退换货阶段,乳制品企业和经销商之间的合作主要体现在问题乳制品的召回和问题乳制品的退换货两个方面。目前,在我国还没有专门针对食品召回的法律法规,只是在《中华人民共和国食品安全法》中对"国家建立食品召回制度"进行了原则性的规定,可操作性不强,缺乏具体的召回程序和召回措施。乳制品召回是一项系统工程,仅仅依靠乳制品企业和政府的力量还不能有效地召回问题乳制品,还需要依靠各级经销商的协助来完成。例如,当各级经销商接到乳制品企业某一批次的乳制品召回通知后,应立即下架、封存和停止销售问题乳制品,等待乳制品企业或政府的下一步召回指令。问题乳制品的退换货主要在于乳制品企业和经销商之间的责任认定,这决定了消费者的损失由谁来赔偿的问题,在实际操作过程中,往往会出现双方相互推卸责任的现象,所以出现质量问题时,如何判定双方的责任以及建立完善的退换货渠道是决定乳制品企业和经销商之间合作关系稳定性的关键因素。

第二节　基于质量安全的乳制品供应链合作
关系稳定性形成的演化博弈分析

一、基于质量安全的原料乳供应商与乳制品企业合作关系稳定性形成的演化博弈分析

乳制品企业和原料乳供应商同在一个单向流动的生态系统内,原料乳供应商是系统的基础,乳制品企业则站在链条的顶端。乳制品企业要想得到健康、平稳、高速的发展,离不开原料乳供应商所提供的高质量原料乳。优质原料乳是生产优质乳制品的基础和前提,乳制品企业如果没有充足的、高品质的原料乳做基础,生产将变成"无源之水,无本之木"。因此,对原料乳的生产和管理进行控制是乳制品质量安全的第一环节,也是最重要的环节。同时,原料乳供应商要想获得稳定增长的收入,离不开乳制品企业对原料乳供应商所给予的各种优惠政策。因此,我国奶业的健康发展离不开原料乳供应商和乳制品企业之间的合作,通过建立良好的合作关系,维持两者之间合作关系的稳定性,既可以保证原料乳供应商的利益,使其获得最大的收入,同时乳制品企业可以获得稳定、高质量的奶源供应,合作双方获得共赢。

演化博弈理论是把博弈理论分析和动态演化过程结合起来的一种新理论,它以有限理性的个体出发,以群体为研究对象,认为现实中个体并不是行为最优者,个体的决策是通过个体之间的模仿、学习和突变等动态过程来实现的。①

---

① Simon H. A., "Theories of Decision-Making in Economics and Behavioral Science", *The American Economic Review*, Vol.49, No.3, 1959.

因此,本书将演化博弈理论应用到原料乳供应商和乳制品企业质量控制行为之间的利益博弈中来,据此研究原料乳供应商生产合格原料乳和乳制品企业质量控制行为之间的动态性和平衡性,重点探讨影响该系统演化稳定的因素,并据此为原料乳供应商和乳制品企业之间的良好合作关系提供决策建议。

(一)构建演化博弈模型

1. 基本假设

假设 1　原料乳供应商 F 和乳制品企业 E 是有限理性的博弈参与方,他们对各自参与者的博弈规则、博弈过程和收益水平是完全了解的。在演化博弈的过程中,原料乳供应商和乳制品企业进行随机配对,反复博弈。

假设 2　乳制品企业的策略为"质量控制"和"质量不控制"。"质量控制"是指乳制品企业在获取原料乳的过程中投入更多的资金、技术和人力对原料乳供应商提供原料乳的行为进行引导和监控,以防止原料乳供应商在提供原料乳的过程中出现质量投机行为而给乳制品企业带来更大的经济损失。"质量不控制"是指乳制品企业在获取原料乳的过程中不对原料乳供应商提供原料乳的行为进行引导和监控,从而为原料乳供应商提供原料乳的质量投机行为提供机会。

假设 3　原料乳供应商的策略为生产"合格"原料乳和生产"不合格"原料乳。因此,假设有比例为 x 的原料乳供应商选择生产"合格"原料乳策略,有比例为 $1-x$ 的原料乳供应商选择生产"不合格"原料乳策略;对乳制品企业来说,假设有比例为 y 的乳制品企业选择"质量控制"策略,有比例为 $1-y$ 的乳制品企业选择"质量不控制"策略。

2. 构建博弈支付矩阵

根据上述三个假设条件,构建乳制品企业和原料乳供应商的博弈支付矩阵,如表 3-2 所示。在表 3-2 中,R 为原料乳供应商生产"不合格"原料乳的收益;ΔC 为原料乳供应商生产"合格"原料乳所多付出的质量投入成本;U 为乳制品企业采取"质量控制"策略所付出的成本,包括组织培训、检测成本、购买设备等;S 为乳制品企业采取"质量不控制"策略所获得的收益;n 为乳制品企业鼓励原料乳供应商进行质量投入,生产"合格"原料乳所给予的各种鼓励政策和补贴;m 为原料乳供应商不进行质量投入,生产"不合格"原料乳,而乳制品企业采取"质量控制"策略时,原料乳供应商所遭受的损失惩罚。假设上述参数均大于 0。

表 3-2　博弈双方的支付矩阵

		乳制品企业 E	
		质量控制（y）	质量不控制（$1-y$）
原料乳供应商 F	合格（x）	$R-\Delta C+n,\ S-U-n$	$R-\Delta C,\ S$
	不合格（$1-x$）	$R-m,\ S-U+m$	$R,\ S$

3. 构建复制者动态方程

根据假设,原料乳供应商 F 选择"合格"策略时的收益为:

$$U_{FC} = y(R-\Delta C+n) + (1-y)(R-\Delta C) = ny + R - \Delta C$$

原料乳供应商 F 选择"不合格"策略时的收益为:

$$U_{FD} = y(R-m) + (1-y)R = -my + R$$

原料乳供应商 F 选择"合格"和"不合格"混合策略的平均收益为:

$$\bar{U}_F = xU_{FC} + (1 - x) U_{FD}$$

原料乳供应商 F 选择"合格"策略的复制者动态方程为：

$$\frac{dx}{dt} = xU_{FC} + (1 - x) U_{FD} \qquad (3-5)$$

根据假设,乳制品企业 E 选择"质量控制"策略的收益为：

$$U_{EC} = x(S - U - n) + (1 - x)(S - U + m) = -(n + m) x + (S - U + m)$$

乳制品企业 E 选择"质量不控制"策略的收益为：

$$U_{ED} = xS + (1 - x) S = S$$

乳制品企业 E 选择"质量控制"和"质量不控制"混合策略的平均收益为：

$$\bar{U}_E = yU_{EC} + (1 - y) U_{ED}$$

乳制品企业 E 选择"质量控制"策略的复制者动态方程为：

$$\frac{dy}{dt} = y(U_{EC} - \bar{U}_E) = y(1 - y) [-(n + m) x + (m - U)] \qquad (3-6)$$

公式(3-5)表明,当 $x = 0$、1 或 $y^* = \Delta C/(n + m)$ 时,原料乳供应商 F 中采取"合格"策略的原料乳供应商比例是稳定的。同理,公式(3-6)表明,当 $y = 0$、1 或 $x^* = (m - U)/(n + m)$ 时,乳制品企业 E 中采取"质量控制"策略的乳制品企业比例是稳定的。根据弗里德曼(Friedman,1991)提出的方法[1],通过分析该系统的雅可比矩阵的局部稳定性可以判断其均衡点是否稳定。以上系统的雅可比矩阵为：

---

① Friedman D., "Evolutionary Games in Economics", *Econometrica*, No.59, No.3, 1991.

$$J = \begin{vmatrix} (1 - 2x) \left[(n + m) y - \Delta C \right] & x(1 - x) (n + m) \\ -y(1 - y) (n + m) & (1 - 2y) \left[-(n + m) x + (m - U) \right] \end{vmatrix}$$

系统的五个平衡点的稳定分析可以根据雅可比矩阵的局部稳定性分析法进行判断,结果见表3-3。

$$其中, \varphi = \frac{\Delta C(m - U)(n + U)(n + m - \Delta C)}{(n + m)^2}$$

表3-3 均衡点处雅可比矩阵行列式值和迹数值讨论

均衡点	detJ	trJ
$x = 0, y = 0$	$-\Delta C(m - U)$	$-\Delta C + (m - U)$
$x = 0, y = 1$	$-\left[(n + m) - \Delta C \right] (m - U)$	$\left[(n + m) - \Delta C \right] - (m - U)$
$x = 1, y = 0$	$\Delta C(-n - U)$	$\Delta C + (-n - U)$
$x = 1, y = 1$	$(n + m - \Delta C)(-n - U)$	$-(n + m - \Delta C) - (-n - U)$
$x = x^*, y = y^*$	φ	0

根据雅可比矩阵的局部稳定性判定系统的演化稳定策略,该雅可比矩阵的局部稳定性见表3-4。

表3-4 系统的稳定结果成立的条件及状态分析

平衡点	detJ符号	trJ符号	条件1	条件2	稳定状态
$(0,0)$	+	−	$m - U < 0$	$\Delta C > m - U$	ESS
$(0,1)$	+	+	$m - U < 0$	$(n + m) - \Delta C > 0$	不稳定
$(1,0)$	+	+	$\Delta C - (n + U) < 0$	—	不稳定
$(1,1)$	−	+	$(n + m) - \Delta C > 0$	$\Delta C > m - U$	ESS
$x = x^*, y = y^*$	φ	0	—	—	鞍点

从图3-4可以看出,$O(0,0)$,$B(1,1)$是演化稳定点,即(合格,质量控制)、(不合格,质量不控制)是演化稳定策略。此外,

$A(1,0)$，$C(0,1)$ 是不稳定平衡点、$D(x^*,y^*)$ 是鞍点。图 3-4 描述了原料乳供应商和乳制品企业的动态博弈过程，$ABCD$ 部分收敛于(合格，质量控制)策略模式，$ADCO$ 部分收敛于(不合格，质量不控制)策略模式。由于系统的演化是一个漫长的过程，在较长时间内，系统保持(合格，质量控制)、(不合格，质量不控制)共存的局面。

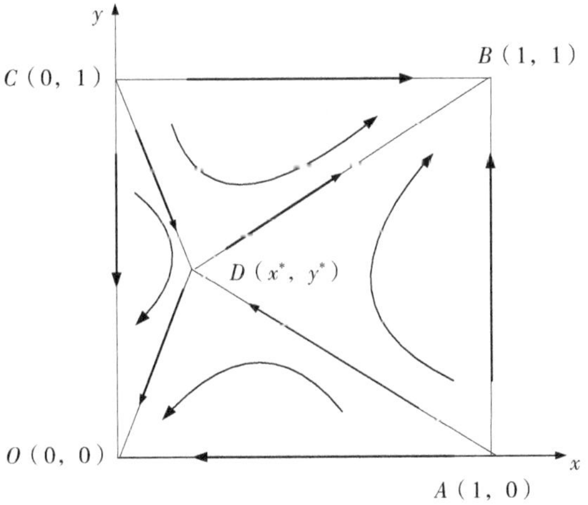

图3-4　原料乳供应商和乳制品企业博弈的动态演化过程图

(二)演化博弈过程中参数变化的影响及原图分析

在博弈过程中，构成博弈双方收益函数的某些参数的初始值及其变化将导致演化系统向不同的均衡点收敛。具体参数分析如下。

1.原料乳供应商生产合格原料乳所多付出的质量投入成本 x

由图 3-4 可知，原料乳供应商生产合格原料乳所多付出的质量投入成本越大时，折线上方 $ABCD$ 部分的面积就越小，系统收敛于均衡点 O 的概率增加，即原料乳供应商和乳制品企业采取(不合格,质量不控制)策略的可能性增加。我国原料乳供应商的规模大都较小且较为分散,为降低养殖成本、追求高额利润,很少在饲养环节对营养饲料、奶牛配种、奶牛防疫、奶牛疾病等环节进行投资;而且在提供原料乳的过程中,原料乳供应商为了节约成本,经常采取手工挤奶、常温运输的方式,导致原料乳细菌超标;一些原料乳供应商还会向原料乳中添加米汤、水和其他有害的物质和成分,影响原料乳的质量安全。

2. 乳制品企业采取"质量控制"策略所付出的成本 x

由图 3-4 可知,乳制品企业采取"质量控制"策略所付出的成本越大时,折线上方 $ABCD$ 部分的面积就越大,系统收敛于均衡点 B 的概率增加,即原料乳供应商和乳制品企业采取(合格,质量控制)策略的可能性增加。一些乳制品企业缺乏社会责任意识,只顾经济利益,在经济利益的驱使下,这些企业既不在奶牛养殖阶段对奶农提供饲料配置技术、疾病防治技术等科技服务,也不在收购原料乳的过程中为奶站提供先进的检测设备,目前,我国的养殖小区整体上存在自动化水平较低、技术设备落后等问题,检测技术的不完备直接导致原料乳供应商质量投机行为的发生。

3. 生产合格原料乳所给予的各种鼓励政策和补贴 x

由图 3-4 可知,生产合格原料乳所给予的各种鼓励政策和补贴越大时,折线上方 $ABCD$ 部分的面积就越大,系统收敛于均衡点 B 的概率增加,即原料乳供应商和乳制品企业采取(合格,质量控制)策略的可能性增加。以黑龙江省为例,黑龙江省大部分地区可以获得保险补贴、良种补贴和因患病强制杀牛的补贴,而青贮饲料方面、养殖小区的建设以及挤奶设备的购置基本上没有相应的补贴。部分地区奶牛的保险补贴、青贮窖补贴、冻精液补贴、机械补贴等政策落实不到位。黑龙江省奶农可以获得的补贴,有些补贴金额的发放不及时,有些补贴的金额很少,对奶农的损失补偿效果不大,有些补贴甚至没有落实到位,奶农根本得不到。而黑龙江省乳制品企业对奶农主要提供价格补贴,目前乳制品企业为追求高额利润,所给予奶农的价格补贴很少,导致奶农在与乳制品企业合作的过程中积极性不高,违规行为经常发生。

4. 原料乳供应商所遭受的损失惩罚 x

出图 3-4 可知,原料乳供应商所遭受的损失惩罚越大时,折线上方 ABCD 部分的面积就越大,系统收敛于均衡点 B 的概率增加,即原料乳供应商和乳制品企业采取(合格,质量控制)策略的可能性增加。当原料乳供不应求时,原料乳供应商受到机会主义的驱使,拒绝履行和乳制品企业的合同契约,而乳制品企业面对大量分散原料乳供应商的违约行为,无法给予恰当的惩罚;此外,乳制品企业面对原料乳供应商的掺假行为,也没有采取行之有效的惩罚措施,大多只是口头批评或拒绝收购,而原料乳供应商则将不合格的原料乳提供到其他乳制品企业下面的奶站,这样不合格原料乳依然存在,原料乳供应商的投机行为没有得到有效遏制。

(三)博弈结果分析

研究发现:

第一,降低原料乳供应商生产合格原料乳所多付出的质量投入成本、增加乳制品企业采取"质量控制"策略所付出的成本、增加乳制品企业对原料乳供应商生产合格原料乳所给予的各种鼓励政策和补贴、加强乳制品企业对原料乳供应商生产不合格原料乳的处罚力度,有利于建立双方良好的合作关系,促进我国奶业的健康发展。

第二，通过以上分析，可以看出（合格，质量控制）、（不合格，质量不控制）是原料乳供应商和乳制品企业之间长期的均衡策略。由于（不合格，质量不控制）不符合原料乳供应商和乳制品企业之间的未来长远发展，所以本书主要针对（合格，质量控制）这种情况提出对策建议。

二、基于质量安全的乳制品企业与经销商合作关系稳定性形成的演化博弈分析

在乳制品企业和经销商合作关系演化的过程中，乳制品企业面临"建立沟通机制"和"不建立沟通机制"的策略选择，经销商面临"质量安全投入"和"质量安全不投入"的策略选择，假设双方是在理性条件下作出的策略选择，那么乳制品企业单独进行"建立沟通机制"或经销商单独进行"质量安全投入"时，各方都需要付出较高的成本，而当乳制品企业采取"不建立沟通机制"或经销商采取"质量安全不投入"时，各方不仅会获得较为稳定的收益，还会获得由于"搭便车"行为所获得的超额收益。正是由于双方都想在"搭便车"行为中获得超额收益，乳制品企业往往会选择"不建立沟通机制"，经销商往往会选择"质量安全不投入"，长此以往，乳制品供应链下游就会出现各种各样的质量安全问题，乳制品企业与经销商之间的合作关系就会遭到破坏，甚至出现破裂，最终影响整个乳制品供应链各利益主体之间合作关系的稳定性。

因此，本书将演化博弈理论应用到乳制品企业与经销商的利益博弈中来，据此研究乳制品企业沟通机制建立行为与经销商质量安全投入行为之间的动态性和均衡性，详细探讨影响该系统演

化稳定的因素,根据实证仿真结果,为乳制品企业和经销商提供决策建议。

(一)构建演化博弈模型

1. 基本假设

假设1 乳制品企业 E 和经销商 S 是有限理性的博弈参与方,他们对各自参与者的收益水平、博弈规则和博弈过程是完全了解的。在演化博弈的过程中,乳制品企业和经销商进行随机配对,反复博弈。

假设2 乳制品企业的策略为"建立沟通机制"和"不建立沟通机制"。"建立沟通机制"指乳制品企业投入更多的金钱、人力和物力,用于及时跟踪乳制品的销售信息、及时处理乳制品在销售环节出现的各种质量安全问题、及时掌握消费者以及经销商的需求等,从而避免出于沟通不畅而导致出现各种质量安全问题而损害消费者、经销商和乳制品企业的利益;"不建立沟通机制"指乳制品企业在和经销商合作的过程中,不努力,不认真,大幅度降低建立沟通机制的成本,甚至出现不和经销商进行沟通的行为。

假设3 乳制品企业的策略为"建立沟通机制"和"不建立沟通机制"。这里不考虑以下两种情况:一是乳制品企业和经销商之间没有达到"建立沟通机制"的程度,"建立沟通机制"只是乳制品企业的一种自觉行为,即还没达到非需要建立沟通机制的程度;二是乳制品企业可能蒙混过关,导致乳制品企业不建立沟通机制。即本书将"建立沟通机制"和"不建立沟通机制"看成互补策略。因此,假设有比例为 x 的乳制品企业选择"建立沟通机制"策略,有比例为 $1-x$ 的乳制品企业选择"不建立沟通机制"策略;对经销商这个群体来说，假设有比例为 y 的经销商选择"质量安全投入"策略，有比例为 $1-y$ 的经销商选择"质量安全不投入"策略。

2. 构建博弈支付矩阵

根据以上三个假设条件，构建乳制品企业和经销商的博弈支付矩阵，见表3-5。

表3-5 博弈双方的支付矩阵

		经销商S	
		质量安全投入（y）	质量安全不投入（$1-y$）
乳制品企业 E	建立沟通机制（x）	$R+r-n$，$S-u+n$	$\theta(R-n+m)$，$\theta(S+n-m)$
	不建立沟通机制（$1-x$）	$R-p$，$\varepsilon S-u$	$\theta\varepsilon(R-\Delta c-p)$，$\theta\varepsilon S$

在表3-5中，R 是乳制品企业不建立沟通机制所获得的正常收益；r 是乳制品企业采取"建立沟通机制"策略后，使经销商在销售乳制品时的"质量安全投入"的积极性提高，导致乳制品的销量提高，而给乳制品企业带来的收益；n 是乳制品企业采取"建立沟通机制"策略所支付的成本，也就是经销商所获得的额外收益；Δc 表示在"质量安全不投入"策略下，乳制品企业采取"不建立沟通机制"策略所多付出的损失成本，例如检测成本、监督成本、运输成本等；m 是乳制品企业采取"建立沟通机制"策略下，经销商采取"质量安全不投入"策略时，经销商需要缴纳的罚金；p 是乳制品企业采取"不建立沟通机制"策略时，经销商销售积极性下降，而给乳制品企业带来的损失；S 是经销商不进行质量安全投入时所获得的收益；u 是经销商的质量安全投入成本，包括对乳制品企业及时反馈销售信息、与乳制品企业共同建设冷库、对消费者宣传

乳制品购买安全的相关知识、即时更新达到质量安全的乳制品、建设冷链物流体系、保障乳制品安全运输、建立质量评价体系、及时更新质量检测技术、严格执行质量安全检测等；假设在"质量安全投入"策略下，经销商完成既定销售目标的实现程度为1，在"质量安全不投入"策略下，经销商完成既定目标的实现程度为 θ（$0 < \theta < 1$）；在"建立沟通机制"策略下，经销商完成既定销售目标的实现程度为1，在"不建立沟通机制"策略下，经销商完成既定销售目标的实现程度为 ε（$0 < \varepsilon < 1$）。

3. 构建复制者动态方程

根据假设，乳制品企业 E 选择"建立沟通机制"策略时的收益为：

$$U_{EC} = y(R + r - n) + (1 - y)\theta(R - n + m)$$
$$= [(R + r - n) - (R - n + m)\theta]y + \theta(R - n + m)$$

乳制品企业 E 选择"不建立沟通机制"策略时的收益为：

$$U_{ED} = y(R - p) + (1 - y)(R - \Delta c - p)\theta\varepsilon$$
$$= y[(R - p) - (R - \Delta c - p)\theta\varepsilon] + (R - \Delta c - p)\theta\varepsilon$$

乳制品企业 E 选择"建立沟通机制"和"不建立沟通机制"混合策略的平均收益为：

$$\bar{U}_E = xU_{EC} + (1 - x)U_{ED}$$

乳制品企业 E 选择"建立沟通机制"策略的复制者动态方程为：

$$\frac{dx}{dt} = x(U_{EC} - \bar{U}_E) = x(1 - x)$$

$$\left\{ \begin{bmatrix} \theta(n - R - m + R\varepsilon - \Delta c\varepsilon - p\varepsilon) + \\ (r - n + p) \end{bmatrix} \right\} \tag{3-7}$$
$$y + \theta[(R - n + m) - \varepsilon(R - \Delta c - p)]$$

根据假设,经销商 S 选择"质量安全投入"策略的收益为:

$$U_{SC} = x(S - u + n) + (1 - x)(\varepsilon S - u)$$

$$= x(S + n - \varepsilon S) + (\varepsilon S - u)$$

经销商 S 选择"质量安全不投入"策略的收益为:

$$U_{SD} = x\theta(S + n + m) + (1 - x)\theta\varepsilon S$$

$$= x\theta(S + n - m - \varepsilon S) + \theta\varepsilon S$$

经销商 S 选择"质量安全投入"和"质量安全不投入"混合策略的平均收益为:

$$\bar{U}_S = yU_{SC} + (1 - y)U_{SD}$$

经销商 S 选择"质量安全投入"策略的复制者动态方程为:

$$\frac{dy}{dt} = y(U_{SC} - \bar{U}_S) = y(1 - y)\left\{\begin{bmatrix}(S + n - \varepsilon S) - \\ \theta(S + n - m - \varepsilon S)\end{bmatrix}x \\ + (\varepsilon S - u - \theta\varepsilon S)\right\} \quad (3-8)$$

这样,乳制品企业 E 和经销商 S 在此过程中的行为演化可以用两个微分方程组成的系统来描述。公式(3-7)表明,当 $x = 0$、1 或 $y^* = \theta[\varepsilon(R - \Delta c - p) - (R - n + m)]/[\theta(n - R - m + R\varepsilon - \Delta c\varepsilon - p\varepsilon) + (r - n + p)]$ 时,乳制品企业 E 采取"建立沟通机制"策略的企业比例是稳定的。同理,公式(3-8)表明,$y = 0$、1 或 $x^* = (\theta\varepsilon S + u - \varepsilon S)/[(S + n - \varepsilon S) - \theta(S + n - m - \varepsilon S)]$ 时,经销商 S 采取"质量安全投入"策略的部门比例是稳定的。根据弗里德曼(Friedman,1991)提出的方法[①],通过分析该系统的雅可比矩阵的局部稳定性可以判断其均衡点是否稳定。以上系统的雅可比矩阵为:

---

① Friedman D., "Evolutionary Games in Economics", *Econometrica*, Vol.59, No.3, 1991.

$$J = \begin{vmatrix} (1-2x)\left\{ \begin{bmatrix} \theta(n-R-m+R\varepsilon-\Delta c\varepsilon-p\varepsilon) \\ +(r-n+p) \end{bmatrix} y \\ +\theta[(R-n+m)-\varepsilon(R-\Delta c-p)] \end{bmatrix} \right\} \\ x(1-x) \\ [\theta(n-R-m+R\varepsilon-\Delta c\varepsilon-p\varepsilon)+(r-n+p)] \\ y(1-y)[(S+n-\varepsilon S)-\theta(S+n-m-\varepsilon S)] \\ (1-2y)\left\{ \begin{matrix} [(S+n-\varepsilon S)-\theta(S+n-m-\varepsilon S)]x \\ +(\varepsilon S-u-\theta\varepsilon S) \end{matrix} \right\} \end{vmatrix}$$

根据雅可比矩阵的局部稳定分析法对该系统的五个平衡点进行稳定分析,结果见表3-6。其中:

$$\varphi = \frac{(\theta\varepsilon S+u-\varepsilon S)\ [\theta(S+n-m)-(S+n-u)]\ [\theta\varepsilon(R-\Delta c-p)-\theta(R-n+m)]\ (r-n+p)}{[(S+n-\varepsilon S)-\theta(S+n-m-\varepsilon S)]\ [\theta(n-R-m+R\varepsilon-\Delta c\varepsilon-p\varepsilon)+(r-n+p)]}$$

表3-6　均衡点处雅可比矩阵行列式值和迹数值讨论

均衡点	detJ	trJ
$x=0, y=0$	$\theta[(R-n+m)-\varepsilon(R-\Delta c-p)]$ $(\varepsilon S-u-\theta\varepsilon S)$	$\theta[(R-n+m)-\varepsilon(R-\Delta c-p)]+$ $(\varepsilon S-u-\theta\varepsilon S)$
$x=0, y=1$	$-(r-n+p)(\varepsilon S-u-\theta\varepsilon S)$	$(r-n+p)-(\varepsilon S-u-\theta\varepsilon S)$
$x=1, y=0$	$\theta[\varepsilon(R-\Delta c-p)-(R-n+m)]$ $[(S+n-u)-\theta(S+n-m)]$	$\theta[\varepsilon(R-\Delta c-p)-(R-n+m)]+$ $[(S+n-u)-\theta(S+n-m)]$
$x=1, y=1$	$(r-n+p)$ $[(S+n-u)-\theta(S+n-m)]$	$-(r-n+p)-$ $[(S+n-u)-\theta(S+n-m)]$
$x=0.385$, $y=0.1111$	φ	0

　　根据雅可比矩阵的局部稳定性判定系统的演化稳定策略,该雅可比矩阵的局部稳定性见表3-7。

表3-7　系统的稳定结果成立的条件及状态分析

平衡点	det$J$符号	tr$J$符号	条件1	条件2	稳定状态
$(0,0)$	+	−	$(R - n + m) < \varepsilon(R - \Delta c - p)$	$\varepsilon S - u - \theta \varepsilon S < 0$	ESS
$(0,1)$	+	+	$r - n + p > 0$	—	不稳定
$(1,0)$	+	+	$(S + n - u) > \theta(S + n - m)$	—	不稳定
$(1,1)$	+	−	—	—	ESS
$x = x^*, y = y^*$	φ	0	—	—	鞍点

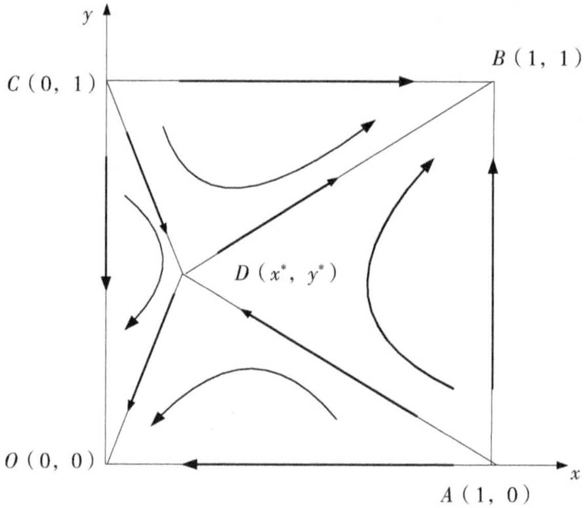

图3-5　乳制品企业和政府监管部门博弈的动态演化过程图

从图3-5可以看出，$O(0,0)$，$B(1,1)$ 是演化稳定点，即（不建立沟通机制，质量安全不投入）、（建立沟通机制，质量安全投入）是演化稳定策略。此外，$A(1,0)$，$C(0,1)$ 是不稳定平衡点、$D(x^*, y^*)$ 是鞍点。图3-5描述了乳制品企业和政府监管部门博弈的动态演化过程，$ABCD$ 部分收敛于（建立沟通机制，质量安全投入）策略模式，$ADCO$ 部分收敛于（不建立沟通机制，质量安全不投入)策略模式。由于系统的演化是一个漫长的过程,在相当长的时间内,系统保持(不建立沟通机制,质量安全不投入)、(建立沟通机制,质量安全投入)共存的局面。

4. 系统演化路径分析

$O(0,0)$ 即(不建立沟通机制,质量安全不投入)是一个 ESS 组合,其中 $\theta\varepsilon(R - \Delta c - p) > \theta(R - n + m)$,即在经销商"质量安全不投入"策略下,乳制品企业采取"不建立沟通机制"所获得的收益大于采取"建立沟通机制"所获得的收益,因此,"不建立沟通机制"成为乳制品企业的占优策略;而在乳制品企业采取"不建立沟通机制"策略下,经销商进行"质量安全投入"的收益小于"质量安全不投入"的收益(即 $\varepsilon S - \theta\varepsilon S < u$),所以,"质量安全不投入"成为经销商的一个占优策略。

$B(1,1)$ 即(建立沟通机制,质量安全投入)是一个 ESS 组合,$R + r - n > R - p$,即经销商采取"质量安全投入"策略下,乳制品企业采取"建立沟通机制"策略所获得的收益大于"不建立沟通机制"所获得的收益,因此"建立沟通机制"成为乳制品企业的占优策略;而在乳制品企业采取"建立沟通机制"策略下,经销商在"质量安全投入"策略下所获得的收益大于"质量安全不投入"策略下所获得的收益[即 $(S - u + n) > \theta(S + n - m)$],"质量安全投入"策略成为经销商的占优策略。

通过上述分析,可以推断出该系统的演化过程为:

起初,经销商会顾及质量安全投入成本,他们会选择对自己利益最大的策略,即"质量安全不投入"策略。由于初期实施"质量安全不投入"策略,乳制品企业对经销商"质量安全不投入"策略的惩罚会比较宽松,经销商"建立沟通机制"策略的净收益小于

"不建立沟通机制"策略的净收益,在利益最大化的驱使下,"不建立沟通机制"策略成为经销商的最佳选择。因此,系统向着(不建立沟通机制,质量安全不投入)的方向发展。

后来,随着乳制品企业对乳制品质量安全工作的重视,为保障乳制品的销售安全,采取积极有效的措施进行应对,逐渐采取"建立沟通机制"策略,由于在"质量安全投入"策略下,乳制品企业在"建立沟通机制"的过程中,会提高经销商销售的积极性,从而获得因乳制品销量提高而带来的收益,所以乳制品企业普遍采用"建立沟通机制"策略。而随着"建立沟通机制"策略的采用,经销商销售的积极性越来越高,"建立沟通机制"所获得的收益越来越大于"不建立沟通机制"。因此,系统将由(不建立沟通机制,质量安全不投入)向(建立沟通机制,质量安全投入)的方向演进。

(二)数值算例与仿真分析

本书通过对博弈支付矩阵进行赋值,运用 Matlab 6.0 软件进行仿真,分析乳制品企业由"不建立沟通机制"向"建立沟通机制"、经销商由"质量安全不投入"向"质量安全投入"转变的参数变化。

1. 模型分析

设博弈支付矩阵中,各参数值分别如下: $R = 2000, r = 1500, \Delta c = 500, n = 1500, m = 100, p = 200, \theta = 0.5, \varepsilon = 0.5, S = 2000, u = 1000$。由此得到乳制品企业 E 和经销商 S 的博弈支付矩阵,见表3-8。

表 3-8　乳制品企业 E 和经销商 S 间的博弈支付矩阵

		经销商 S	
		质量安全投入（y）	质量安全不投入（$1-y$）
乳制品企业 E	建立沟通机制（x）	（2000,2500）	（300,1700）
	不建立沟通机制（$1-x$）	（1800,0）	（325,500）

经过计算得到局部稳定性分析结果，见表 3-9。

表 3-9　局部稳定性分析结果

均衡点	detJ	trJ	结果
$x=0, y=0$	12500	525	ESS
$x=0, y=1$	100000	300	不稳定
$x=1, y=0$	20000	825	不稳定
$x=1, y=1$	160000	-1000	ESS
$x=0.385, y=0.111$	-95726.496	0	鞍点

2. 参数变化的影响分析

（1）经销商的质量投入成本 u

图 3-6 显示了鞍点坐标随着经销商 u 的增加而发生的变化，从而对经销商和乳制品企业演化路径的影响。随着经销商质量投入成本 u 从 1000 依次递增到 1100，鞍点坐标最终由 $D(0.385, 0.111)$ 变到 $D^*(0.462, 0.111)$。朝着（建立沟通机制，质量安全投入）方向演化的面积 CDB 变成 CD^*B，面积保持不变，而朝着（不建立沟通机制，质量安全不投入）方向演化的面积 CDO 变成 CD^*O，$CDOD^*$ 是增加的面积，使得系统收敛于 O 点的概率增加，收敛于 B 点的概率不变，所以系统朝着（不建立沟通机制，质

量安全不投入)的方向演化。

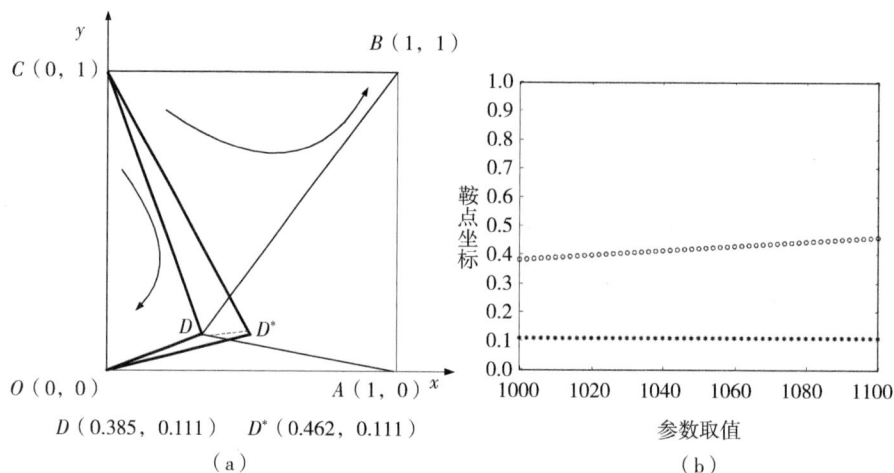

图 3-6　参数 u 的增加对乳制品企业和经销商的演化路径影响

（2）乳制品企业采取"建立沟通机制"策略所支付的成本 n

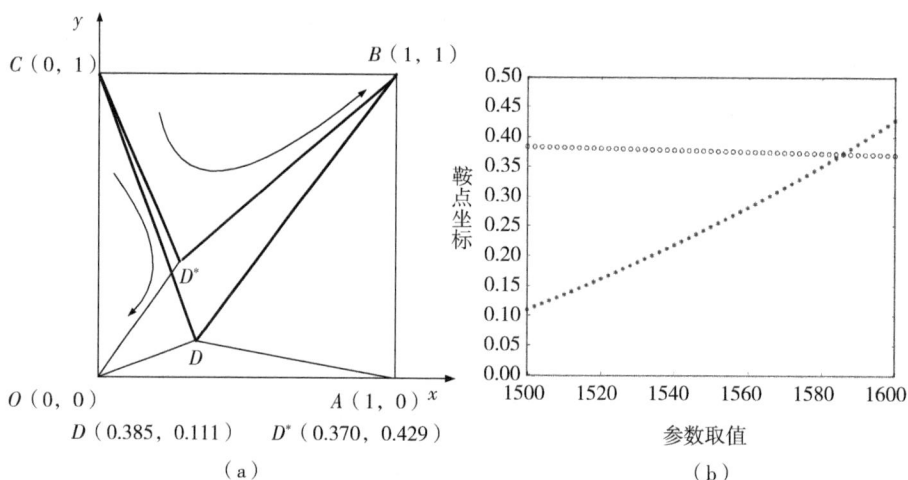

图 3-7　参数 n 的增加对乳制品企业和经销商的演化路径影响

图 3-7 显示了鞍点坐标随着乳制品企业采取"建立沟通机制"策略所支付的成本 n 的增加而发生的变化，从而对经销商和乳制品企业演化路径的影响。随着乳制品企业"建立沟通机制"所支付的

成本从 1500 增加到 1600,鞍点坐标最终由 $D(0.385, 0.111)$ 变到 $D^*(0.370, 0.429)$。朝着(不建立沟通机制,质量安全不投入)方向演化的面积 CDO 变成 CD^*O,面积稍微缩小,而朝着(建立沟通机制,质量安全投入)方向演化的面积 CDB 变成 CD^*B, $CDBD^*$ 是减少的面积,使得系统收敛于 B 点的概率大大减少,所以系统朝着(不建立沟通机制,质量安全不投入)的方向演化。

(3)经销商的销售额外收益 r

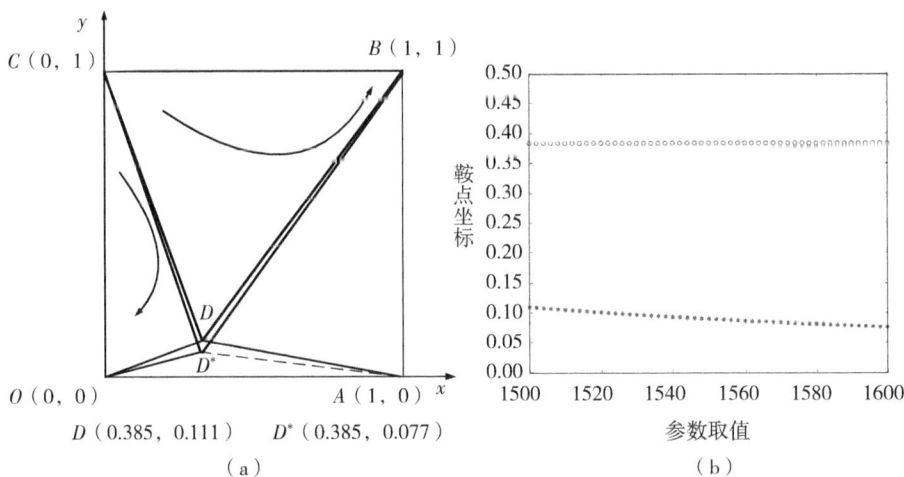

图 3-8　参数 r 的增加对乳制品企业和经销商的演化路径影响

图 3-8 显示了鞍点坐标随着经销商的销售额外收益 r 的增加而发生的变化,从而对经销商和乳制品企业演化路径的影响。随着乳制品企业采取"建立沟通机制"策略后,使经销商在销售乳制品时的"质量安全投入"的积极性提高,导致乳制品的销量提高,而给乳制品企业带来的收益 r 从 1500 增加到 1600,鞍点坐标最终由 $D(0.385, 0.111)$ 变到 $D^*(0.385, 0.077)$。朝着(不建立沟通机制,质量安全不投入)方向演化的面积 CDO 变成 CD^*O,面积

保持不变,而朝着(建立沟通机制,质量安全投入)方向演化的面积 CDB 变成 CD^*B,$CDBD^*$ 是增加的面积,使得系统收敛于 B 点的概率增加,收敛于 O 的概率不变,所以系统朝着(建立沟通机制,质量安全投入)的方向演化。

(4)在"质量安全不投入"策略下乳制品企业采取"不建立沟通机制"所多付出的损失成本 Δc

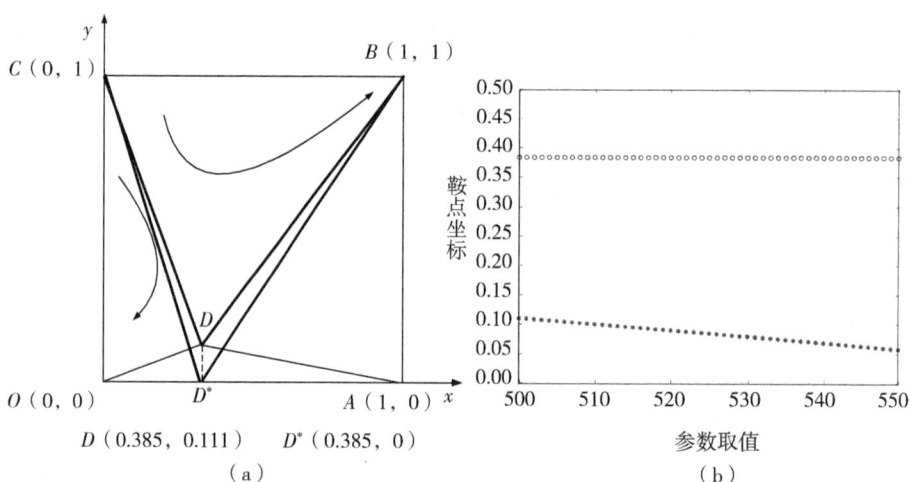

$D(0.385,0.111)$　　$D^*(0.385,0)$

(a)　　　　　　　　　(b)

图 3-9　参数 Δc 的增加对乳制品企业和经销商的演化路径影响

图 3-9 显示了鞍点坐标随着损失成本 Δc 的增加而发生的变化,从而对经销商和乳制品企业演化路径的影响。随着在"质量安全不投入"策略下乳制品企业采取"不建立沟通机制"所多付出的损失成本 Δc 从 500 增加到 550,鞍点坐标最终由 $D(0.385,0.111)$ 变到 $D^*(0.385,0)$。朝着(不建立沟通机制,质量安全不投入)方向演化的面积 CDO 变成 CD^*O,面积不变,而朝着(建立沟通机制,质量安全投入)方向演化的面积 CDB 变成了 CD^*B,CD^*BD 为增加的面积,使得系统收敛于 O 点的概率不变,收敛于 B 点的概率增加,所以系统朝着(建立沟通机制,质量安全投入)的方向演化。

（5）在"建立沟通机制"策略下经销商采取"质量不投入"所需缴纳的罚金 m

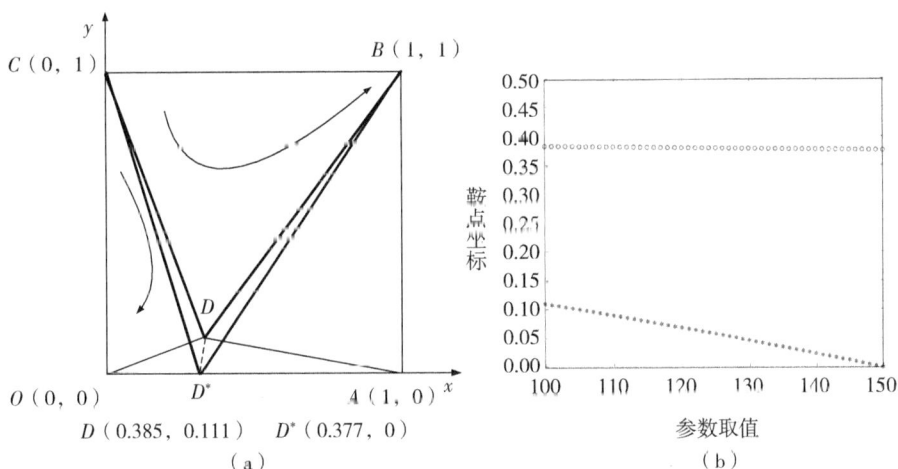

$$C(0,1) \quad B(1,1)$$
$$O(0,0) \quad D^* \quad 4(1,0)^x$$
$$D(0.385,0.111) \quad D^*(0.377,0)$$
（a）

$$（b）$$

图 3-10　参数 m 的增加对乳制品企业和经销商的演化路径影响

图 3-10 显示了鞍点坐标随着所需缴纳的罚金 m 的增加而发生的变化，从而对经销商和乳制品企业演化路径的影响。随着在"建立沟通机制"策略下经销商采取"质量不投入"所需缴纳的罚金 m 从 100 增加到 150，鞍点坐标最终由 $D(0.385,0.111)$ 变到 $D^*(0.377,0)$。朝着（不建立沟通机制，质量安全不投入）方向演化的面积 CDO 变成 CD^*O，面积缩小，而朝着（建立沟通机制，质量安全投入）方向演化的面积 CDB 变成了 CD^*B，CD^*BD 为增加的面积，使得系统收敛于 O 点的概率不变，收敛于 B 点的概率增加，所以系统朝着（建立沟通机制，质量安全投入）的方向演化。

（6）在"不建立沟通机制"策略下经销商给乳制品企业带来的损失 p

图 3-11 显示了鞍点坐标随着损失 p 的增加而发生的变化，从而对经销商和乳制品企业演化路径的影响。随着"不建立沟通机

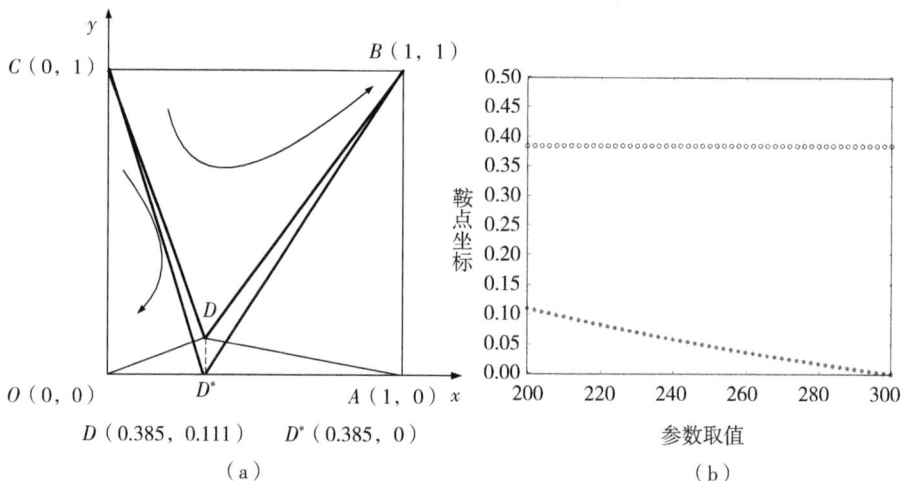

图 3-11 参数 p 的增加对乳制品企业和经销商的演化路径影响

制"策略下经销商给乳制品企业带来的损失 p 从 200 增加到 300，鞍点坐标最终由 $D(0.385, 0.111)$ 变到 $D^*(0.385, 0)$。朝着（不建立沟通机制，质量安全不投入）方向演化的面积 CDO 变成 CD^*O，面积不变，而朝着（建立沟通机制，质量安全投入）方向演化的面积 CDB 变成了 CD^*B，CD^*BD 为增加的面积，使得系统收敛于 O 点的概率不变，收敛于 B 点的概率增加，所以系统朝着（建立沟通机制，质量安全投入）的方向演化。

（三）博弈结果分析

研究发现：

第一，降低经销商的"质量安全投入"成本、降低乳制品企业采取"建立沟通机制"所支付的成本、提高经销商的销售额外收益、增加在"质量安全不投入"策略下乳制品企业采取"不建立沟通机制"所多付出的损失成本、增加在"建立沟通机制"策略下经销商采取"质量不投入"所需缴纳的罚金、增加在"不建立沟通机制"策略下经销商给乳制品企业带来的损失,有助于乳制品企业和经销商合作关系的稳定性。

第二,通过以上分析,可以看出(建立沟通机制,质量安全投入)、(不建立沟通机制,质量安全不投入)是乳制品企业和经销商长期的均衡策略。由于(不建立沟通机制,质量安全不投入)不符合我国乳制品企业和经销商未来合作关系稳定性的发展,所以本书主要针对(建立沟通机制,质量安全投入)这种情况提出对策建议。

第四章　合作伙伴特性、质量安全关系承诺与合作关系稳定性

第一节　基于质量安全的乳制品供应链合作关系稳定性的影响因素分析

一、物理因素分析

在物理(Wuli)—事理(Shili)—人理(Renli)(WSR)系统方法论中,"物理"不仅指人类对物质世界规律的认识,还包括构成系统的客观存在。[①] 因此,本书认为合作伙伴的特性是影响乳制品供应链合作关系稳定性的主要"物理"因素,其中合作伙伴的特性包括质量安全资源的互补性、质量安全目标的兼容性和质量安全运营的协调性。

质量安全资源的互补性是指乳制品供应链中的合伙企业之间

---

① 顾基发、高飞:《从管理科学角度谈物理—事理—人理系统方法论》,《系统工程理论与实践》1998 年第 8 期。

126

能够相互为对方提供独特的、不可替代的质量安全资源。[①] 原料
乳供应商能够为乳制品企业提供新鲜的原料乳,保证乳业源头原
料乳的质量安全,而乳制品企业为供应链的核心,控制着供应链条
上关键的信息流、物流和资金流的流通,能够为原料乳供应商提供
检测设备、饲养技术和政策方面的扶持;同理,乳制品企业能够为
经销商提供合格的商品资源,而经销商能够为乳制品企业提供安
全的商品营销渠道和营销环境。因此,乳制品质量安全资源之间
互补性能够让三者在原料、信息以及市场方面互相弥补不足。

　　质量安全目标的兼容性是指乳制品供应链上的各经营主体之
间是否有长久的合作意愿,能够确保彼此战略目标的共同实现,而
不是战略目标的完全一致。[②] 即乳制品供应链各利益主体的质量
安全目标彼此兼容,不会因为彼此质量安全目标的不一致而导致
企业间出现冲突,而是彼此之间互相促进、互相激励,并且各自的
质量安全目标也不会妨碍乳制品供应链合作伙伴目标的实现。因
此,原料乳供应商、乳制品企业和经销商三者在质量安全问题上,
既要考虑自己企业的利益,同时还要考虑其他合作伙伴之间的利
益,只有这样,乳制品供应链各企业之间才能实现双赢,从而保证
乳制品供应链合作关系的稳定性。

　　质量安全运营的协调性是指乳制品供应链上的合作企业愿意
为实现共同的质量安全目标而在运营上作出的适当改变。[③] 例

　　① 蔡继荣:《联盟伙伴特征、可置信承诺与战略联盟的稳定性》,《科学学与科学技术管理》2012 年第 7 期。
　　② 叶飞、徐学军:《供应链伙伴特性、伙伴关系与信息共享的关系研究》,《管理科学学报》2009 年第 4 期。
　　③ Morgan R. M., Hunt S. D., "The Commitment-Trust Theory of Relationship Marketing", *Journal of Marketing*, Vol.58, No.3, 1994.

如,当出现原料乳质量安全问题时,原料乳供应商应提高原料乳的生产技术水平,乳制品企业应提高原料乳收购的检测水平等;当出现乳制品商品质量安全问题时,乳制品企业应及时召回问题商品,并提高乳制品安全生产的规范程度,供应商应立即停止销售问题乳制品并及时帮助召回问题商品等;当销售过程中出现乳制品安全问题时,供应商应及时调整销售策略,乳制品企业应派专门人员进行调查等。通过实现对质量安全行为的整体控制与协作,能够改进整个乳制品供应链价值活动之间的联系,保持供应链整体运营的协调性和效率,进而保证乳制品供应链合作关系的稳定性。

二、事理因素分析

在 WSR 系统方法论中,"事理"是做事情的道理,主要解决如何去安排这些事物,通常用运筹学或管理科学方面的知识来回答"怎么去做"。因此,本书认为信任是影响乳制品供应链合作关系稳定性的主要"事理"因素。其中,信任包括能力信任和善意信任。

能力信任是由于合作伙伴所拥有的专业知识、技术创新能力、市场能力等给企业带来的信任。供应链各主体对彼此能力的了解是建立合作伙伴关系,乃至进行最基本商业洽谈的基础。基于能力信任会促使各企业无须浪费时间和精力对彼此的企业实力进行反复调查和了解,进而能够推进高质量互动与合作关系的建立。[①]而且正是由于处于核心地位的乳制品企业拥有雄厚的经济实力、较为完善的质量安全控制与监管体系,才会吸引上游的原料乳供

---

① Morgan R.M., Hunt S.D., "The Commitment-Trust Theory of Relationship Marketing", *Journal of Marketing*, Vol.58, No.3, 1994.

应商与下游的经销商,共同为实现乳制品质量安全而协同运作,各利益主体对彼此能够保证乳制品质量安全责任的能力相互信任,从而促进各利益主体之间合作关系长期稳定地发展。

善意信任是合作方在合作过程中会主动考虑对方企业的利益,因此而产生的信任。[①] 乳制品供应链中的任何一个企业在乳制品市场上竞争时,都会努力实现自身企业利益的最大化,而当企业存在合作关系时,彼此之间的共赢对双方来说才是最大的利益。任何一方如果单方面考虑自己利益的最大化,无异于是在损害合作方的利益,由此便会导致本来以"双赢"为目标的一方会倾向于实现自己利益的最大化,进而在追逐利润最大化的同时获取不正当的利益,例如,奶农在原料乳中加入三聚氰胺提高蛋白质的含量以提高原料乳的价格,由此引起乳制品伤害事件的爆发,并最终导致乳制品供应链各利益主体合作关系的破裂。因此,善意信任的建立,就是要让乳制品供应链中的各利益主体能够公平地对待对方提出的意见和要求,在考虑自身利益的同时,站在对方的角度考虑对方的利益,进而牺牲自己的部分利益以满足对方需求,在相互的善意信任中实现双赢。

三、人理因素分析

在 WSR 系统方法论中,"人理"就是利用心理学、社会科学及行为科学去研究人的心理、行为、目的、价值取向等,主要回答应当如何做的问题。因此,本书认为质量安全关系承诺是影响乳制品供应链合作关系稳定性的主要"人理"因素。其中,质量安全关系

---

① 李洪涛、孙元欣:《基于信任维度的企业合作关系研究》,《现代管理科学》2014 年第 6 期。

承诺主要包括质量安全行为承诺、质量安全情感承诺和质量安全持续承诺三个方面。

质量安全行为承诺是乳制品供应链中的各利益主体对自己应当在确保乳制品质量安全过程中履行的责任和行为所作出的承诺,是对各方行为的一种规范。[①] 质量安全行为承诺的作出,表明了乳制品供应链各利益主体对杜绝乳制品质量安全事件发生的决心和信心、在协助处理乳制品质量安全事件时的态度和立场,因此,质量安全行为承诺的建立明确了乳制品供应链各利益主体应当履行的义务和需要承担的责任。明确权责,有利于乳制品供应链各利益主体产生较高的工作绩效。同时,如果有质量安全事件发生,彼此之间可以提供专门的行为协助,这也是一种行为承诺的构建[②],有利于乳制品各利益主体尽快摆脱质量安全事件的影响,也增强了乳制品供应链各利益主体对彼此的依赖。

质量安全情感承诺则表明了伙伴企业之间的认同程度,侧重于关系承诺的社会性交换过程。乳制品供应链上的各利益主体不仅仅依靠书面上订立的一种合作关系,还要在心理上认同对方企业,把对方企业当作是重要的合作伙伴,同时要保证在乳制品质量安全问题上进一步达成共识,从而形成在情感上的依赖。[③] 除此之外,乳制品供应链各利益主体之间的情感承诺,有利于企业之间开展更为广泛的洽谈、

---

① 万希:《构建良好的领导信任关系》,《领导科学》2009 年第 5 期。

② 高维和、刘勇、陈信康、江晓东:《协同沟通与企业绩效:承诺的中介作用与治理机制的调节作用》,《管理世界》2010 年第 11 期。

③ 张奇、陈劲、李小红:《绩效评估公平感与组织承诺的关系研究》,《科研管理》2009 年第 2 期。

沟通,以降低信息沟通的难度①,进而提升各主体的合作绩效②。

质量安全持续承诺是伙伴企业之间对连续工作的要求,是一个逐渐积累的维度,侧重于关系承诺的经济性交换过程。③ 任何一个处在合作过程中的主体都希望自己的合作伙伴能够始终如一,如此既能保证供销渠道的顺畅,避免更换合作伙伴所带来的不稳定的风险;又能减少寻找新的合作伙伴所耗费的交易时间和交易费用,以及重新建立各种信任、达成各种承诺所耗费的时间和精力。因此,持续承诺在减少合作伙伴各种成本耗费的同时,对于稳定合作伙伴关系有着重要的作用。

第二节　模型构建与假设提出

一、概念模型构建

利用实证研究来分析乳制品供应链合作关系稳定性的影响因素与乳制品供应链合作关系稳定性之间的关系,能够使问题分析更具可靠性和指导性。上一节已经初步分析了影响乳制品供应链合作关系稳定性形成的"物理—事理—人理"等因素,本节在对国内外有关学者对供应链合作关系稳定性影响因素进行梳理的基础上,根据乳制品供应链的特点以及质量安全的现实背景,同时结合

---

① Mcallister D. J., " Affect and Cognition-Based Trust as Foundations for Interpersonal Cooperation in Organizations", *The Academy of Management Journal*, Vol.38, No.1, 1995.

② Joshi, Ashwin W., "Continuous Supplier Performance Improvement: Effects of Collaborative Communication and Control", *Journal of Marketing*, Vol.73, No.1, 2009.

③ 胡保玲、王晓飞:《组织支持感对经理人知识转移的影响研究——情感承诺的中介作用》,《企业活力》2010年第9期。

前文的理论分析,构建了基于质量安全的乳制品供应链合作关系稳定性形成的影响因素的概念模型(见图4-1)。

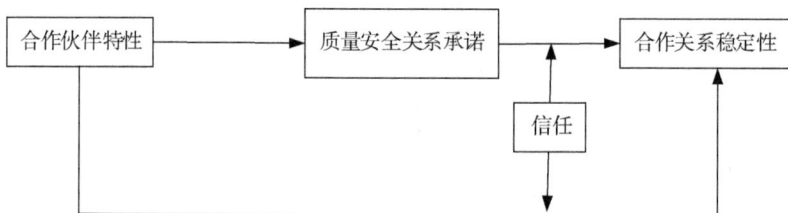

图 4-1　概念模型

该模型是一个结构模型,包括质量安全资源的互补性、质量安全目标的兼容性、质量安全运营的协调性、共享质量安全信息内容、共享质量安全信息质量、质量安全行为承诺、质量安全情感承诺、质量安全持续承诺、能力信任、善意信任、合作关系稳定性11个潜变量。其中,质量安全资源的互补性、质量安全目标的兼容性、质量安全运营的协调性是外生潜变量,共享质量安全信息内容、共享质量安全信息质量、质量安全行为承诺、质量安全情感承诺、质量安全持续承诺、能力信任、善意信任、合作关系稳定性是内生潜变量。同时,在构建该模型时,充分考虑到乳制品供应链各利益主体之间关系的特殊性以及各变量之间的作用关系,因此,该模型具有一定的系统性、适应性和前瞻性。

二、研究假设的提出

(一)合作伙伴特性与合作关系稳定性

合作伙伴特性就是合作伙伴的属性或特征,主要包括质量安全资源的互补性、质量安全目标的兼容性、质量安全运营的协调性三个方面。从资源有限性和资源依赖理论的角度来看,质量安全资源的互补性能够让乳制品供应链的合作伙伴有更多的精力投入到自身的发展上,保持本身的竞争优势,促进乳制品供应链合作关系的快速形成与发展,提高各自的运营效率。如果供应链上的伙伴企业能够给对方提供所需要的不可替代的质量安全资源,无疑会增强供应链条上合作关系的稳定。①

布朗鲁斯等(Brouthers 等,1995)一些学者曾指出企业在选择供应商合作伙伴时应遵循的一个原则就是相互兼容的企业目标。② 质量安全目标的兼容性需要乳制品供应链上各利益主体的经营目标彼此兼容,不会因为目标的不同而诱发不必要的乳制品质量安全事件,原料乳供应商、乳制品企业和乳制品经销商各利益主体之间互相促进,共同确保和提高乳制品的质量,维护消费者的权益,而不是让任何一方单独承担乳制品的质量安全问题,从而遏制企业间相互欺压的短期经济行为。③ 伙伴企业之间各自的经营目标并不会妨碍合作目标的实现,反而会因为兼容的目标而促进合作目标的实现。在质量安全目标兼容性的前提下,三方将会在日常的沟通中更加顺畅,同时也会减少互相的猜疑,进而对乳制品供应链合作关系的稳定性起到促进作用。④

质量安全运营的协调性主要指乳制品供应链上的合作企业之

① 符少玲、王升:《涉农供应链伙伴关系、合作绩效和合作稳定性的关系研究》,《情报杂志》2008 年第 6 期。

② Brouthers K. D., Brouthers L. E., Wilkinson T. J., "Strategic Alliances: Choose Your Partners", *Long Range Planning*, Vol.28, No.3, 1995.

③ Li S., Lin B., "Accessing Information Sharing and Information Quality in Supply Chain Management", *Decision Support Systems*, Vol.42, No.3, 2007.

④ Yan A., Zeng M., "International Joint Venture Instability: A Critique of Previous Research, a Reconceptualization, and Directions for Future Research", *Journal of International Business Studies*, Vol.30, No.2, 2009.

间能够保持在战略和运营方面的协调一致,能够使各利益主体在质量安全标准上达成一致,从而推动乳制品质量安全工作的有序开展。如果不能对各利益主体在乳制品质量安全上的种种不和谐进行有效的协调,长久下去就会影响乳制品供应链各利益主体的正常运行,增加合作的交易成本,使彼此之间产生矛盾和冲突,妨碍乳制品质量安全信息的共享,甚至导致合作关系的破裂。[①]

基于上述分析,本书提出以下研究假设:

H1:合作伙伴特性对合作关系稳定性的形成具有显著的正向影响;

H1-1:质量安全资源的互补性对合作关系稳定性的形成具有显著的正向影响;

H1-2:质量安全目标的兼容性对合作关系稳定性的形成具有显著的正向影响;

H1-3:质量安全运营的协调性对合作关系稳定性的形成具有显著的正向影响。

(二)质量安全关系承诺与合作关系稳定性

关系承诺会令伙伴企业双方彼此感受到依赖与忠诚,从而产生潜在的信心意识,并愿意为维护依赖与忠诚而牺牲自己的某些利益。它是合作伙伴在动态竞争中降低质量安全风险、机会成本并促进合作关系稳定的有效策略。[②]

质量安全行为承诺是基于供应链企业在产品质量安全行为方

---

① Brouthers K. D., Brouthers L. E., Wilkinson T. J., "Strategic Alliances: Choose Your Partners", *Long Range Planning*, Vol.28, No.3, 1995.

② 张旭梅、陈伟:《供应链企业间信任、关系承诺与合作绩效——基于知识交易视角的实证研究》,《科学学研究》2011年第12期。

面所作出的恰当的市场行为规范。行为承诺表明即使存在其他更好的选择机会,乳制品供应链条上的各利益主体仍不为其所动。[1]当合作伙伴关系中一方进行高承诺投入时,这种投入承诺就会驱使对方形成相应的、更高水平的承诺。[2]通过质量安全行为承诺,能够保证乳制品供应链各利益主体对可能出现的质量安全问题作出有效预测,避免低质量、不安全的原料乳或乳制品出现,同时能够与合作伙伴共同制定关于原料乳或乳制品的质量安全计划,进而对乳制品供应链各利益主体之间的合作关系起到稳定作用。

情感承诺建构指的是关系承诺中的依附感和归属感[3],甚至感觉应该合为"一体"[4]。良好的质量安全情感承诺能够使乳制品供应链中的各利益主体在合作中形成良好的合作关系,双方对彼此都有着强烈的归属感与依附感,有着高度的合作共识;并且乳制品供应链上的各利益主体通过质量安全目标的兼容性,与各合作企业之间形成了一个命运共同体,有利于合作关系长久维持。

持续承诺建构指的是供应链条上的各利益主体因时间、金钱等资源以及自身利益而逐渐产生维持既有伙伴关系的愿望和需要。[5]一般来说,维持既有伙伴关系的愿望和需要越强烈,乳制品供应链上的各利益主体之间的合作关系越稳定。短暂的合作伙伴

① Kim K., Frazier G. L.,"On Distributor Commitment in Industrial Channels of Distribution:A Multicomponent Approach",*Psychology & Marketing*,Vol.14,No.8,1997.

② Mcallister D. J.," Affect and Cognition-Based Trust as Foundations for Interpersonal Cooperation in Organizations",*The Academy of Management Journal*,Vol.38,No.1,1995.

③ Mcallister D. J.," Affect and Cognition-Based Trust as Foundations for Interpersonal Cooperation in Organizations",*The Academy of Management Journal*,Vol.38,No.1,1995.

④ Kim K.,Frazier G. L.,"On Distributor Commitment in Industrial Channels of Distribution:A Multicomponent Approach",*Psychology & Marketing*,Vol.14,No.8,1997.

⑤ Kim K.,Frazier G. L.,"On Distributor Commitment in Industrial Channels of Distribution:A Multicomponent Approach",*Psychology & Marketing*,Vol.14,No.8,1997.

关系本身就没有维持的必要,只有基于持续承诺所建立起的质量安全体系才会存在长期合作的倾向,故而对合作关系的稳定性起到一定的推动作用。

基于上述分析,本书提出以下研究假设:

H2:质量安全关系承诺与合作关系稳定性的形成具有显著的正向影响;

H2-1:质量安全行为承诺对合作关系稳定性的形成具有显著的正向影响;

H2-2:质量安全情感承诺对合作关系稳定性的形成具有显著的正向影响;

H2-3:质量安全持续承诺对合作关系稳定性的形成具有显著的正向影响。

(三)质量安全关系承诺的中介作用分析

合作伙伴特性除了基于共享质量安全信息外,还需要质量安全关系承诺作为中介才能促成合作关系稳定性。高维和等(2010)指出,实证研究表明,行为承诺等关系承诺会正向影响合作伙伴的企业绩效。①

首先,资源的互补性确保了乳制品供应链各利益主体之间行为承诺的建立。乳制品供应链各利益主体对自身所缺乏的各种乳制品资源能够从对方那里获得及时的供应和补充,从而认为自己的需求能够得到对方行为的迅速响应,才会在彼此之间建立行为承诺。而且乳制品产业链中的伙伴企业只有在资源上形成互补,

---

① 高维和、刘勇、陈信康、江晓东:《协同沟通与企业绩效:承诺的中介作用与治理机制的调节作用》,《管理世界》2010 年第 11 期。

共享其所拥有的独特的乳制品质量资源，才能够避免奶农因追求短期利益而寻找其他企业、避免乳制品经销商因追求自身利益而寻找其他乳制品制造商并与之建立在质量安全资源上的联系，以抑制自己的机会主义行为。[①] 而且乳制品供应链上的主体能够自愿地进行乳制品资源之间的互补，无疑增加了各利益主体在供应链上的相互依赖与认同，增强了合作伙伴之间的忠诚度[②]，对情感承诺的建立起着促进作用。进一步来讲，如果乳制品供应链各利益主体之间这种资源上的互补能够合理地进行下去，长此以往，就会形成缺乏资源一方对资源供给一方的持续承诺，因为，自身所缺乏的乳制品资源全部来源于供给一方，便会把相互之间的依赖与认同上升到一种长久、持续的承诺关系上来。

其次，由于乳制品供应链的各利益主体目标的兼容性，各主体能够有效地协调自己的利益和利润目标，才会引导各主体的行为朝着供应链的最佳目标前进，促进各利益主体之间行为承诺的建立，从而在原料乳成本节约、企业利润提高、乳制品市场开拓以及整个供应链竞争能力提升等方面能够形成良好的行为支持。[③] 目标的兼容性是乳制品供应链上的主体愿意放弃自己的部分利益以谋求整个供应链利润的最大化，由于这种牺牲自身利益的行为，在乳制品质量安全事件上分担风险可能影响企业形象的行为，必然会要求各主体对彼此能够形成强烈的感情认同和依赖；否则各利

---

①　叶飞、吴佳、吕晖、徐学军：《高管私人关系对供应商信息共享的作用机理研究——以组织间的信任为中介》，《科学学与科学技术管理》2011 年第 6 期。

②　Ganesan S., Hess R., "Dimensions and Levels of Trust: Implications for Commitment to a Relationship", *Marketing Letters*, Vol.8, No.4, 1997.

③　蔡继荣：《联盟伙伴特征、可置信承诺与战略联盟的稳定性》，《科学学与科学技术管理》2012 年第 7 期。

益主体不如独自经营以获得最大利益。乳制品供应链兼容的质量安全目标有助于各利益主体对合作关系建立和合作伙伴发展共同愿景的认同,从而将其伙伴行为导向长期合作,有利于推动彼此之间合作关系的持续。①

最后,协调的运营本身就是乳制品供应链各利益主体针对乳制品质量安全体系通过协商形成的一种行为活动,通过各利益主体在乳制品质量安全事件上的协调,乳制品管理活动在运营上更容易形成良好的行为承诺。而且各利益主体通过运营的协调,在乳制品质量安全运营活动中能够通过其自身的企业文化对合作伙伴的企业行为产生潜移默化的影响,进而在乳制品质量安全运营活动中形成良好的社会责任行为承诺。② 与此同时,通过企业自身文化的影响也能够促使乳制品各行为主体能够对彼此的企业文化产生情感认同,加强了彼此之间的情感承诺。除此之外,质量安全运营的协调性本身就体现了各利益主体对彼此安全运营战略的认同,使乳制品供应链上的各方能够对彼此充满信心,乐意合作,并愿意与之维持和发展一种牢固的商业关系。③ 运营方面的协调性还应该是一种长期的相互协调,否则乳制品供应链各利益主体之间所谓临时性的运营协调,不仅会导致整体供应链应对乳制品质量安全事件的体系没能完全建立起来,而且还会导致自身企业为适应这种运营的协调性而作出的牺牲无法获得长期利益。因此,各利益主体之间适当的运营协调性,能够促进企业之间持续合

---

① Zeng M., Chen X., " Achieving Cooperation in Multiparty Alliances: A Social Dilemma Approach to Partnership Management", *Academy of Management Review*, Vol.28, No.4, 2003.

② 邵兴东、孟宪忠:《战略性社会责任行为与企业持续竞争优势来源的关系——企业资源基础论视角下的研究》,《经济管理》2015 年第 6 期。

③ 蒋晓荣、杨慧:《企业间关系承诺研究述评》,《科技进步与对策》2016 年第 12 期。

作的延续和持续承诺的形成。

基于上述分析,本书提出以下研究假设:

H3:质量安全关系承诺对合作伙伴特性与合作关系稳定性的关系起到中介作用;

H3-1:质量安全行为承诺对合作伙伴特性与合作关系稳定性的关系起到中介作用;

H3-2:质量安全情感承诺对合作伙伴特性与合作关系稳定性的关系起到中介作用;

H3-3:质量安全持续承诺对合作伙伴特性与合作关系稳定性的关系起到中介作用。

(四)信任的调节效应与被调节的中介效应

1. 信任对质量安全关系承诺与合作关系稳定性的调节效应和被调节的中介效应

约翰逊等(Johnson 等,1996)认为供应链企业间的信任会促使合作伙伴中的一方相信其他合作伙伴作出相应的承诺。[①] 故乳制品合作伙伴之间信任的存在会削弱质量安全关系承诺对合作关系稳定性的关系,因为合作伙伴之间只要信任的存在,依靠信任来维持的这种合作关系自然会削弱承诺的作用。具体而言,基于能力的信任和基于善意的信任都会在质量安全关系承诺与合作关系稳定性之间发挥调节效应。

基于能力的信任。对于行为承诺来讲,如果合作伙伴关系中

---

① Johnson J. L., Cullen J. B., Sakano T., et al., "Setting the Stage for Trust and Strategic Integration in Japanese-U.S. Cooperative Alliances", *Journal of International Business Studies*, Vol.27, No.5, 1996.

形成一种能力信任的话,那么合作伙伴的一方在履行预防乳制品质量安全事件发生的某种行为时,合作伙伴主体之间自然会认同该利益主体的预防行为以维持合作关系的稳定性,自然会淡化关系承诺对稳定性的作用;反之,如果没有能力信任的调节,合作一方就要通过行为承诺来避免质量安全事件的发生,防止合作伙伴质疑合作方预防乳制品质量安全事件的能力不足或缺乏经验,而对其产生怀疑态度,排斥该利益主体参与相关活动,进而对乳制品合作关系稳定性起到抑制作用。对于情感承诺来讲,主体之间的能力信任在增强彼此对对方企业实力、专业技术能力的认可时,会增强彼此之间的互动关系①,进而促使各方的合作关系更为融洽,如此也就潜移默化地弱化了情感承诺对合作关系的作用。对于持续承诺来讲,合作双方在建立能力信任的基础上,即合作的双方都会相信其能力始终处在不断进步当中,都相信对方的能力能够充分应对未来运营过程中可能存在的各种乳制品质量安全问题,如此,基于这种能力信任的调节,同样也会削弱持续承诺对促进合作关系稳定性的作用。反之,若没有明确的能力信任,主体之间所建立的持续承诺会确保彼此的质量安全能力在未来能够与自己对乳制品质量安全的要求相符,也能够彰显持续承诺对合作关系稳定性的作用。

基于善意的信任。首先,对于行为承诺而言,合作关系中善意信任增强了合作伙伴情感认同,以便乳制品各方能够对质量安全体系的构建采取支持性的行为,促进整个乳制品合作联盟的形成,便自然而然地削弱了借助乳制品供应链中某一主体的行为承诺对

---

① 俞红、樊庆港、费星锋:《项目成员信任关系对知识共享行为的影响研究》,《浙商研究》(年刊)2015年。

合作关系稳定性所起的促进作用。其次,对于情感承诺而言,善意信任实质上包含在情感承诺当中,它是构成情感承诺的基础,故乳制品供应链中各利益主体所建立的善意信任,会使乳制品供应链中各利益主体能够有理由相信当自己在乳制品质量安全方面出现困境时,其他主体会伸出援助之手,而不是背弃之前的承诺,更换其他能力更强的合作伙伴,从而减小了情感承诺对稳定性的影响。而未形成善意信任的合作伙伴一方,在未与其他合作伙伴主体建立情感依赖与持续信任时①,就需要通过情感承诺的建立去维持和加强合作伙伴之间在情感方面的这种依存关系。最后,对于持续承诺而言,善意信任能够培养各个主体相互协作、相互帮助的能力,也就是说,即便各个乳制品供应链各利益主体在乳制品市场萧条的时期,他们仍能够基于彼此的善意信任共同渡过困境,保证合作关系的持续稳定,从而使合作伙伴容易忽视持续承诺对合作关系稳定性的影响。

基于上述分析,本书提出以下研究假设:

H4:信任负向调节质量安全关系承诺与合作关系稳定性之间的负相关关系;

H4-1:能力信任负向调节质量安全关系承诺与合作关系稳定性之间的正相关关系;

H4-2:善意信任负向调节质量安全关系承诺与合作关系稳定性之间的正相关关系。

对于能力信任来讲,只有合作伙伴之间存在很强的能力信任时,质量安全关系承诺对合作关系稳定性的影响越小,质量安全关

---

① Cho Y. J., Park H., "Exploring the Relationships among Trust, Employee Satisfaction, and Organizational Commitment", *Public Management Review*, Vol.13, No.4, 2011.

系承诺在合作伙伴特性与合作关系稳定性之间所起的中介效应也就越小。能力信任程度越高,越会降低行为承诺在合作伙伴特性与合作关系稳定性之间的中介作用,合作伙伴特性将直接通过能力信任的调节作用对合作关系稳定性发挥作用。能力信任程度越低,合作伙伴一方基于自身拥有预防乳制品质量安全事件发生的能力,所作出的行为承诺就越会在合作伙伴特性与合作关系稳定性之间发挥作用,一旦乳制品市场爆发相关的乳制品质量安全事件,作出行为承诺的一方自然会通过自己的防御行为发挥作用,从而有利于整个乳制品合作关系的发展。而且,能力信任越高越会削弱情感承诺的作用,能力信任的增强能够让合作中的一方出于合作的情感与意愿去向能力欠缺的合作方分享自身企业所拥有的某种独特的乳制品质量安全资源;反之,当能力信任越来越弱时,情感承诺的形成,便为合作双方之间形成彼此之间和谐稳定的合作关系发挥促进作用。能力信任越强,这种情感承诺的中介作用就会越弱,合作伙伴特性与合作关系稳定性之间的关系也就越需要能力信任来调节。同样,欠缺的能力信任会使合作企业之间所建立乳制品质量安全体系持续承诺的作用提升,能力信任的不足意味着各个乳制品利益主体终会在合作过程中努力寻找其他能够给自身企业带来很强能力信任的企业以放弃原有的合作方,因此,基于能力信任不足所带来的这种心理机制的影响,持续承诺就越会发挥其应有的作用。反之,能力信任越强,这种心理机制的影响就会变小,持续承诺也就无须发挥作用,其中介作用也就会越弱。

对于善意信任来讲,首先,合作伙伴之间存在很强的善意信任时,质量安全关系承诺对合作关系稳定性的影响越小,质量安全关系承诺在合作伙伴特性与合作关系稳定性之间所起的中介效应也就越弱。善意信任的削弱就需要乳制品的合作一方所作的行为承诺得到其他合作方在情感方面的认同,以便采取积极的态度协助作出行为承诺的合作方完善合作联盟中关于乳制品的质量安全事项。反之,善意信任越强,行为承诺所形成的这种情感认同就会随之产生,行为承诺所要发挥的作用自然会减弱,由此行为承诺所起到的中介作用越弱,信任的被调节作用也就会越强。其次,善意信任本身就是各主体在彼此运营过程中所形成的情感上的依赖和认同,深层次的善意信任自然会替代情感承诺以发挥更大的作用,并能充分抑制情感冲突①,从而导致关系承诺在合作伙伴特性与合作关系稳定性之间所起到的中介作用因为善意信任的替代而削弱。最后,对于乳制品合作伙伴之间欠缺的善意信任来讲,乳制品供应链中的合作一方在遇到乳制品质量安全事件时,很难相信合作伙伴会采取帮助行为,他们会认为这种帮助行为一定会涉及我方利益,并使我方作出让步与妥协。因此,持续承诺的建立就要消除这种心理的存在。反之,善意信任越强,合作的各个主体自然会相互帮助,共同解决乳制品质量安全事件,由此持续承诺在调节合作伙伴特性与合作关系稳定性之间的作用也就越弱。

基于上述分析,本书提出以下研究假设:

H5:信任水平越高,质量安全关系承诺在合作伙伴特性和合作关系稳定性之间的中介作用越弱,存在被调节作用;

H5-1:能力信任水平越高,质量安全关系承诺在合作伙伴特性和合作关系稳定性之间的中介作用越弱,存在被调节作用;

H5-2:善意信任水平越高,质量安全关系承诺在合作伙伴特

---

①　孙秀霞、朱方伟、宋昊阳:《感知信任与项目绩效:组织承诺的中介作用》,《管理评论》2016年第12期。

性和合作关系稳定性之间的中介作用越弱,存在被调节作用。

2. 信任对合作伙伴特性与合作关系稳定性的调节效应

信任作为合作伙伴关系的中间调节部分,能够使乳制品供应链中的合作伙伴在激烈的市场竞争和乳制品质量安全不确定的动态环境中,分担风险,共享利益。[①]

首先,信任对资源互补性与合作关系稳定性有着正向调节作用。乳制品各主体之间由于资源上的互补会促进合作关系的稳定,而在能力信任的基础上,能够增加被供应方对供应方所供应乳制品资源的信任,对合作关系的稳定发挥了重要的作用。而善意信任的存在,在质量安全资源供给的情况下,有助于增强合作伙伴之间的凝聚力,减少资源供给的不确定性,有利于使这种稳定性继续存在。

其次,在目标兼容性方面,强有力的能力信任,有助于合作关系的稳定性,反之当合作伙伴之间缺乏足够的能力信任时,就容易产生不良竞争动机和行为怀疑[②],不愿意与合作伙伴进行利益共享、目标相容,反而为各自的目标采取防御性措施。而基于善意信任,各利益主体就会更愿意履行合作伙伴关系建立时所规定的义务,同时也更愿意主动承担规定之外的责任,促进乳制品供应链上合作关系的维持。而且合作伙伴之间的目标相互依存度越高,对人际信任的推动作用越大[③],将对合作伙伴关系的建立发挥巨大

---

① 姜骞:《供应链企业间信任对供应链合作稳定性的作用机制》,《中国流通经济》2016年第9期。

② 雷妮:《企业内组织信任关系对组织学习过程影响实证研究》,《湖南社会科学》2016年第4期。

③ 张广琦、陈忠卫、李宏贵:《什么样的创业团队才有助于降低离职倾向?——基于人际信任的视角》,《管理评论》2016年第12期。

的作用。

最后,在运营协调性方面,能力信任能够促进乳制品各主体对质量安全活动的协调,对运营活动的正常运行能够起到促进作用,进而促进合作关系的延续。而且,乳制品供应链各主体之间的善意信任将导致双方更加关注对方的利益,并通过促进各主体间的运营合作氛围进而促进组织间角色外利他行为①,而角色外利他行为有利于提高企业的声誉②,从而有利于提高整个乳制品供应链的质量,增强彼此之间的经济联系。

基于上述分析,本书提出以下研究假设:

H6:信任正向调节合作伙伴特性与合作关系稳定性之间的正相关关系;

H6-1:能力信任正向调节合作伙伴特性与合作关系稳定性之间的正相关关系;

H6-2:善意信任正向调节合作伙伴特性与合作关系稳定性之间的正相关关系。

第三节 调查问卷设计

一、调查目的与对象

本次问卷调查的主要目的是全面了解基于质量安全的乳制品

① Li L. Y., "Encouraging Extra-role Behavior in a Channel Context: The Role of Economic, Social and Justice-based Sharedness Mechanisms", *Industrial Marketing Management*, Vol.39, No.2, Winter 2010.

② Wuyts S., "Extra-role Behavior in Buyer-supplier Relationships", *International Journal of Research in Marketing*, Vol.24, No.4, 2007.

供应链合作关系稳定性的形成情况,并从质量安全视角分析乳制品供应链合作关系稳定性形成的影响因素,揭示各影响因素对乳制品供应链合作关系稳定性形成的影响方向和影响程度,以及进一步探寻其中的哪些影响因素发挥了中介作用,哪些影响因素发挥了调节作用,为基于质量安全的乳制品供应链合作关系稳定性的形成提供科学的实证依据。

本次调查主要以在双城参加雀巢乳业培训(DFI)的学员为研究对象,这些学员主要来自双城雀巢公司、黑龙江省完达山乳业股份有限公司、中鼎牧业有限公司、和平牧场、河北省君乐宝乳业有限公司等 57 家企业。

二、问卷量表设计

本书中调查问卷所出现的题项主要来自已有文献中使用的题项或被广泛认同的较为经典的题项,对于一些自己设计的问卷题项,本书确保其能通过信度和效度检验。因此,本书首先选取参加DFI 培训的某一期学员为研究对象,这些学员来自黑龙江省牡丹江农垦管理局 855 农产金奥奶牛场、黑龙江省牡丹江农垦管理局隆盛奶牛养殖专业合作社、黑龙江省牡丹江农垦管理局牧丰奶牛专业合作社、黑龙江省禾丰牧业有限公司等,对这些学员进行小范围的调研,对初始问卷中的内容不清、语意模糊和概念偏差的题项进行修正,形成最终的调查问卷。

问卷主要采用封闭式设计,以客观选择题为主,除个人基本信息、企业及合作伙伴基本信息外,其余问题利用 Likert 五级量表的形式对变量进行测量。整个调查问卷包括个人、企业及合作伙伴的背景资料、乳制品供应链合作关系稳定性形成的影响因素的相关调查题项以及乳制品供应链合作关系稳定性的相关调查题项等。

三、变量的设计

（一）合作伙伴特性

本书拟采用质量安全资源的互补性、质量安全目标的兼容性和质量安全运营的协调性三个变量来衡量合作伙伴特征。质量安全资源的互补性主要根据萨卡尔等（Sarkar 等,2001）[1]、叶飞等（2007）[2]的研究,结合乳制品供应链情境设计了三个量表项目。质量安全目标的兼容性主要根据达斯和邓（Das 和 Teng,2002）[3]、叶飞等（2007）[4]的研究,结合乳制品供应链情境设计了三个量表项目。质量安全运营的协调性主要根据萨卡尔等（Sarkar 等,2001）[5]、叶飞等（2007）[6]的研究,结合乳制品供应链情境设计了四个量表项目（见表4-1）。

---

[1]　Sarkar M. B., Echambadi R., Cavusgil S. T., et al., "The Influence of Complementarity, Compatibility, and Relationship Capital on Alliance Performance", *Journal of the Academy of Marketing Science*, Vol.29, No.4, 2001.

[2]　叶飞、李怡娜、徐学军:《供应链伙伴特性、伙伴关系与信息共享绩效之间的关系研究——以制造业为例》,第九届全国青年管理科学与系统科学学术会议,2007 年。

[3]　Das T. K., Teng B., "The Dynamics of Alliance Conditions in the Alliance Development Process", *Journal of Management Studies*, Vol.39, 2002.

[4]　叶飞、李怡娜、徐学军:《供应链伙伴特性、伙伴关系与信息共享绩效之间的关系研究——以制造业为例》,第九届全国青年管理科学与系统科学学术会议,2007 年。

[5]　Sarkar M. B., Echambadi R., Cavusgil S. T., et al., "The Influence of Complementarity, Compatibility, and Relationship Capital on Alliance Performance", *Journal of the Academy of Marketing Science*, Vol.29, No.4, 2001.

[6]　叶飞、李怡娜、徐学军:《供应链伙伴特性、伙伴关系与信息共享绩效之间的关系研究——以制造业为例》,第九届全国青年管理科学与系统科学学术会议,2007 年。

表4-1 合作伙伴特性的变量量表

变量标记	问题描述
质量安全资源的互补性	企业与合作企业所贡献的质量安全资源均是双方所需要的
	企业与合作企业可借助双方的质量安全资源达到优势互补的效果
	企业与合作企业彼此在质量安全合作中都能各取所需、获得各自的好处
质量安全目标的兼容性	企业与合作企业存在彼此接受的质量安全经营目标
	企业与合作企业会相互支持对方质量安全经营目标的实现
	在某些业务上,企业与合作企业经常共同制定质量安全目标
质量安全运营的协调性	企业与合作企业在质量安全管理理念、行事风格上能够相互适应、相互理解
	企业与合作企业之间的质量安全业务运作流程相互兼容,不易冲突
	企业与合作企业都愿意为了共同质量安全合作的需要而作出运营上的改变
	企业与合作企业的员工在业务往来过程中,能够对出现的质量安全隐患问题友好相处、和谐地解决问题

(二)质量安全关系承诺

本书拟采用质量安全行为承诺、质量安全情感承诺、质量安全持续承诺三个变量来衡量质量安全关系承诺。质量安全行为承诺主要根据金姆和弗雷泽(Kim 和 Frazier, 1997)[①]、谢凤玲等(2011)[②]的研究,结合乳制品供应链情境设计了四个量表项目。质量安全情感承诺主要根据库马尔和斯滕坎普(Kumar 和 Steenkamp,1995)[③]、谷润和阿奇托(Guren 和 Acito, 2000)[④]的研

① Kim K., Frazier G.L., "Measurement of Distributor Commitment in Industrial Channels of Distribution", *Journal of Business Research*, Vol.40, No.2, 1997.

② 谢凤玲、刘召爽、黄梯云:《供应商关系管理中关系质量的关系承诺模型》,《系统管理学报》2011 年第 4 期。

③ Kumar N., Scheer L.K., Steenkamp J.E.M., "The Effects of Supplier Fairness on Vulnerable Resellers", *Journal of Marketing Research*, Vol.32, No.1, 1995.

④ Guren T.W., Acito S.F., "Relationship Marketing Activities, Commitment, and Membership Behaviors in Professional Associations", *Journal of Marketing*, Vol.64, No.3, 2000.

究,结合乳制品供应链情境设计了四个量表项目。质量安全持续承诺主要根据富勒顿和泰勒(Fullerton 和 Taylor,2002)[①]、班赛尔等(Bansal 等,2004)[②]的研究,结合乳制品供应链情境设计了五个量表项目(见表4-2)。

表4-2 质量安全关系承诺的变量量表

变量标识	问题描述
质量安全行为承诺	在保证产品质量安全问题上,企业将会对合作企业的需求快速回应
	企业能确保不发生影响产品质量安全的行为
	该合作企业为保证产品质量安全,出现困难的时候企业愿意提供支援
	企业会为协助该合作企业解决质量安全问题时更改原计划
质量安全情感承诺	在保证产品质量安全问题上,企业和合作企业合作愉快,很愿意保持双方关系
	在保证产品质量安全问题上,企业和合作企业存在着高度共识
	在保证产品质量安全问题上,该合作企业对企业来说是很重要的合作伙伴
	在保证产品质量安全问题上,企业认为合作企业和本企业是命运共同体
质量安全持续承诺	在保证产品质量安全问题上,如果企业现在更换合作伙伴,企业运营会受到影响
	在保证产品质量安全问题上,如果企业现在更换合作伙伴,企业损失将很大
	在保证产品质量安全问题上,目前企业期望也认为有必要保持与合作伙伴之间的关系
	在保证产品质量安全问题上,终止与合作伙伴之间的关系会给企业造成干扰
	在保证产品质量安全问题上,放弃与目前合作伙伴之间合作关系的一个严重后果是可供选择的合作伙伴的缺少

(三)信任

本书拟采用能力信任和善意信任两个变量来衡量信任。其

[①] Fullerton G.,Taylor S.,"Mediating,Interactive and Non-linear Effects in Service Quality and Satisfaction with Services Research",*Canadian Journal of Administrative Sciences*,Vol.19,No.2,2002.

[②] Bansal,Harvir S.,Irving,Gregory P.,Taylor S.F.,"A Three-component Model of Customer Commitment to Service Providers",*Journal of the Academy of Marketing Science*,Vol.32,No.3,2004.

中,能力信任主要根据刘益等(2007)[①]、刘等(Liu 等,2009)[②]的研究,结合乳制品供应链情境设计了三个量表项目。善意信任主要根据迈耶和戴维斯(Mayer 和 Davis,1998)[③]、卢伊和恩戈(Lui 和 Ngo,2004)[④]的研究,结合乳制品供应链情境设计了三个量表项目(见表4-3)。

表4-3　信任的变量量表

变量标记	问题描述
能力信任	出现质量安全问题时,即使主要合作企业给企业一个未必合理的解释,企业仍确信那是真的
	主要合作企业经常对企业作出信守质量安全承诺
	主要合作企业提供给企业质量安全方面的建议,企业相信那是它最好的判断
善意信任	主要合作企业在制定质量安全重大决策时,会考虑到企业的利益
	出现质量安全问题时,企业相信主要合作企业会愿意向企业提供帮助与支持
	当企业向主要合作企业提出达成其质量安全要求有困难时,企业知道它会谅解

(四)合作关系稳定性

乳制品供应链合作关系稳定性是用来测量原料乳供应商与乳制品企业或乳制品企业与经销商之间是否形成一种维持价值最大化的平衡状态。目前,学者们对供应链合作关系稳定性的测量没

---

① 刘益、陶蕾:《零售商对供应商的信任、控制机制使用和价值创造之间的关系研究》,《管理工程学报》2007 年第 1 期。

② Liu Y.,Luo Y.,Liu T.,"Governing Buyer-supplier Relationships through Transactional and Relational Mechanisms:Evidence from China",*Journal of Operations Management*,Vol.27,No.4,2009.

③ Mayer R. C.,Davis J.H.,"The Effect of the Performance Appraisal System on Trust for Management:A Field Quasi-experiment",*Journal of Applied Psychology*,Vol.84,No.1,1998.

④ Lui S. S.,Ngo H. Y.,"The Role of Trust and Contractual Safeguards on Cooperation in Non-equity Alliances",*Journal of Management*,Vol.30,No.4,2004.

有达成一致意见,比较有代表性的量表是杜玉申、马方园、张金玉(2012)设计的[①],他们从持久性、范围、信息共享程度、信任水平、柔性、协作水平等方面进行测量。本书在参考杜玉申、马方园、张金玉所开发量表的基础上,结合质量安全下乳制品供应链的特点,增加合作关系的满意度和继续合作的愿望两个维度,从而设计出满足质量安全背景下乳制品供应链合作关系稳定性特点的初始量表(见表4-4)。

表4-4 乳制品供应链合作关系稳定性的变量量表

变量标记	问题描述
合作关系稳定性	企业与合作企业双方合作的时间较长
	企业与合作企业双方信息共享的程度较高
	企业与合作企业双方信任水平较高
	企业与合作企业双方注重沟通和协调
	企业与合作企业双方相互活动参与度较高
	企业与合作企业之间的合作过程很满意
	企业愿意和合作企业之间进一步加深关系并追加投入

四、数据收集

正式问卷的发放对象为在双城雀巢奶牛养殖培训中心(DFI)接受培训的学员,这些学员来自黑龙江省和河北省的牧场、乳制品企业等,主要通过实地发放问卷的形式收集数据。本次调查共实地发放问卷479份,回收382份,整体回收率为79.75%。在回收

---

① 杜玉申、马方园、张金玉:《公平感知和效率感知对供应链合作关系稳定性的影响——以环境不确定性为调节变量》,《企业经济》2012年第10期。

的 382 份问卷中,剔除其中逻辑错误、答案雷同或漏选的无效问卷 24 份,得到有效问卷 358 份,有效问卷回收率为 93.72%。

第四节 数据分析

一、分析方法

本书采用 SPSS 21.0 和海耶斯(Hayes,2013)编写的 Process 宏程序进行数据分析。本书中所涉及的模型为直接阶段和第二阶段被调节的中介效应检验(其数理模型见图 4-2),该模型通过直接检验有调节的中介效应指标 a_1b_2 是否显著来判断这种效应是否存在(Hayes,2015)[1]。一般在进行自助(Bootstrap)有调节的中介模型检验时,用这种系数乘积法进行直接阶段或第二阶段被调节的中介模型检验[2]。因此,本书使用 Process 中的模型 15 进行直接阶段和第二阶段被调节的中介效应检验[3]。其中,回归系数的显著性检验均采用自助(Bootstrapping)方法(重复抽样 5000 次)获得参数估计的稳健标准误差及 95% 偏差矫正的置信区间,如果置信区间(CI)不含零则表示相应的效应显著。[4]

---

[1] Hayes A. F., "An Index and Test of Linear Moderated Mediation", *Multivariate Behavioral Research*, Vol.50, No.1, 2015.

[2] 方杰、张敏强、顾红磊、梁东梅:《基于不对称区间估计的有调节的中介模型检验》,《心理科学进展》2014 年第 10 期。

[3] Hayes A. F., *Introduction to Mediation, Moderation, and Conditional Process Analysis: A Regression-based Approach*, New York: Guilford Press, 2013.

[4] 侯杰泰、温忠麟、成子娟:《结构方程模型及其应用》,教育科学出版社 2004 年版,第 25—138 页。

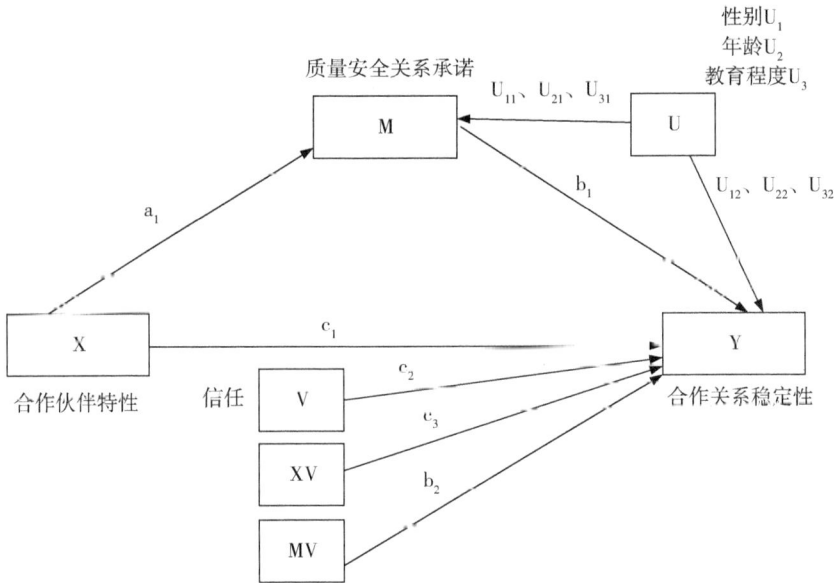

图4-2 有调节的中介效应检验的数理模型

此外,本书使用 Process 中的模型 4 进行中介效应检验[①]。其数理模型见图4-3。

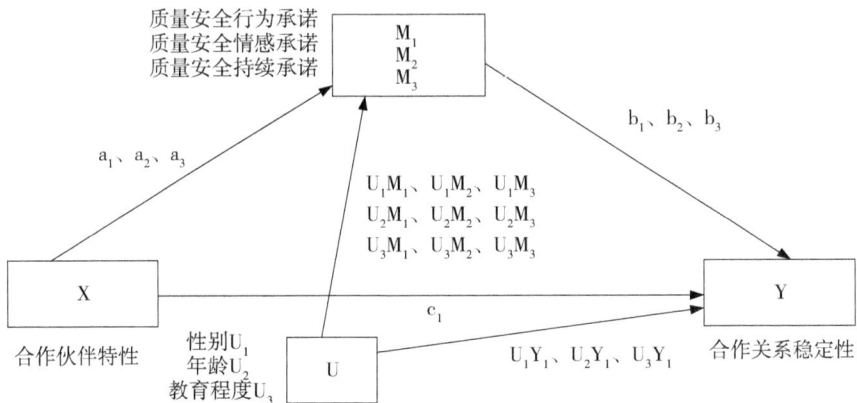

图4-3 中介效应检验的数理模型

---

① Hayes A. F., *Introduction to Mediation, Moderation, and Conditional Process Analysis: A Regression-based Approach*, New York: Guilford Press, 2013.

二、描述性统计分析

表 4-5　被调查者个人基本情况

度量项目	内容	频数（人）	百分比（%）	累计百分比（%）
性别	男	234	65.4	65.4
	女	124	34.6	100.0
年龄	20—24 岁	61	17.0	17.0
	25—29 岁	88	24.6	41.6
	30—34 岁	76	21.2	62.8
	35—39 岁	49	13.7	76.5
	40—44 岁	31	8.7	85.2
	45—49 岁	25	7.0	92.2
	50 岁及以上	28	7.8	100.0
受教育程度	大专及以下	115	32.1	32.1
	本　科	208	58.1	90.2
	硕　士	34	9.5	99.7
	博　士	1	0.3	100.0
在企业的工龄	≤5 年	197	55.0	55.0
	6—15 年	96	26.8	81.8
	16—25 年	28	7.8	89.7
	26—35 年	27	7.5	97.2
	≥36 年	10	2.8	100.0
在公司的职位	高级管理人员	121	33.8	33.8
	中级管理人员	163	45.5	79.3
	基层人员	74	20.7	100.0
您的合作伙伴	乳制品企业	142	39.7	39.7
	牧　场	128	35.8	75.4
	经销商	88	24.6	100.0

被调查的企业总共有 57 家,基本情况见表 4-6。其中在成立时间为 3—5 年的企业工作的员工最多,为 93 人,占 26.0%,其次是 6—10 年的为 86 人,占 24.0%,11—20 年的为 75 人,占 20.9%,21 年及以上的为 72 人,占 20.1%,3 年以内的为 32 人,占 8.9%;从公司所有制性质来看,民营企业的被访者最多,为 203 人,占 56.7%,其次是国有企业,为 83 人,占 23.2%,集体企业为 55 人,占 15.4%,"三资"企业的受访者最少,为 17 人,占 4.7%;从合作企业所有制性质来看,与民营企业工作的被访者最多,为 141 人,占 39.4%,其次是国有企业,为 96 人,占 26.8%,"三资"企业为 71 人,占 19.8%,在集体企业工作的被访者最少,为 50 人,占 14.0%;从和合作伙伴合作的持续时间来看,合作时间 3 年以内的被访者最多,为 134 人,占 39.9%,其次是合作时间 4—5 年的、6—10 年的、11—20 年的,分别占 25.7%、21.8%、8.4%,合作时间 21 年及以上的为 15 人,占 4.2%。

表 4-6　企业及合作伙伴的基本情况

度量项目	内容	频数（人）	百分比（%）	累计百分比（%）
公司成立的时间	3 年以内	32	8.9	8.9
	3—5 年	93	26.0	34.9
	6—10 年	86	24.0	58.9
	11—20 年	75	20.9	79.8
	21 年及以上	72	20.1	99.9
公司所有制性质	国有企业	83	23.2	23.2
	集体企业	55	15.4	38.6
	民营企业	203	56.7	95.3
	"三资"企业	17	4.7	99.9

续表

度量项目	内容	频数（人）	百分比（%）	累计百分比（%）
合作企业所有制性质	国有企业	96	26.8	26.8
	集体企业	50	14.0	14.8
	民营企业	141	39.4	80.2
	"三资"企业	71	19.8	100.0
主要合作伙伴持续时间	3年以内	134	39.9	39.9
	4—5年	92	25.7	65.6
	6—10年	78	21.8	87.4
	11—20年	30	8.4	95.8
	21年及以上	15	4.2	100.0

三、量表的信度分析

利用 SPSS 18.0 对量表的信度进行分析，本量表总体的 Cronbach's α 系数为 0.957，表明该量表在总体上具有非常好的信度。合作伙伴特性、质量安全关系承诺、信任、合作关系稳定性的 Cronbach's α 系数分别为 0.921、0.885、0.838、0.916，均大于 0.7，说明该量表是可行的。各测量变量的 Cronbach's α 值、各题项的均值、标准差及删除该测量题项的信度值见表4-7。

表4-7 量表的信度测量结果

测量维度	题项	均值	标准差	删除该测量题项的信度值	Cronbach's α
合作伙伴特性	a1	4.16	1.102	0.956	0.921
	a2	4.14	1.031	0.956	
	a3	4.11	1.018	0.956	
	a4	4.13	0.997	0.956	
	a5	4.20	0.988	0.956	

续表

测量维度	题项	均值	标准差	删除该测量题项的信度值	Cronbach's α
合作伙伴特性	a6	4.12	1.035	0.956	0.921
	a7	4.04	1.070	0.955	
	a8	3.96	0.969	0.956	
	a9	4.05	1.002	0.956	
	a10	4.08	0.968	0.956	
质量安全关系承诺	a11	4.26	0.869	0.956	0.885
	a12	4.23	0.919	0.955	
	a13	4.16	0.872	0.956	
	a14	3.99	1.062	0.956	
	a15	4.24	0.925	0.956	
	a16	4.27	0.888	0.956	
	a17	4.32	0.796	0.956	
	a18	4.25	0.903	0.956	
	a19	4.13	0.976	0.956	
	a20	3.89	1.101	0.957	
	a21	4.22	0.896	0.956	
	a22	3.97	1.039	0.957	
	a23	3.88	1.048	0.957	
信任	a24	3.73	1.216	0.957	0.838
	a25	4.25	0.907	0.956	
	a26	4.16	0.942	0.956	
	a27	4.15	0.956	0.956	
	a28	4.20	0.915	0.956	
	a29	3.90	1.103	0.956	

续表

测量维度	题项	均值	标准差	删除该测量题项的信度值	Cronbach's α
合作关系稳定性	a30	4.18	0.925	0.955	0.916
	a31	4.15	0.927	0.955	
	a32	4.16	0.927	0.955	
	a33	4.18	0.919	0.955	
	a34	4.20	0.937	0.955	
	a35	4.24	0.892	0.956	
	a36	4.27	0.948	0.956	

四、量表的效度分析

由于本书所使用的量表主要来自现有文献,或是根据现有文献归纳出来的,并在实证研究的过程中被验证过,因此,本书所使用的量表具有良好的内容效度。

本书主要对量表的结构效度进行检验。首先,利用因子分析法来进行检验,结果见表 4-8。该量表的 KMO = 0.943;Bartlett = 8316.846,在 $p < 0.001$ 水平下显著,因此可以进行因子分析。量表中,各因子载荷值都大于 0.601,且"合作伙伴特性""质量安全关系承诺""信任""合作关系稳定性"的 AVE 值分别为 0.5770、0.5051、0.5039、0.6420,均大于 0.5,说明该量表具有很好的聚敛效度。然后,本书利用 AMOS 17.0 对各关键变量进行验证性因子分析,假设基准模型由四个因子组成,分别是合作伙伴特性、质量安全关系承诺、信任和合作关系稳定性。将相关系数较高的变量合并成一个因子,提出三因子模型 b,质量安全关系承诺和信任合并为 1 个潜在因子;三因子模型 c,信任和合作关系稳定性合并为 1 个潜在因子;三因子模型 d,质量安全关系承诺和合作关系稳定性合并为 1 个潜在

因子;并同时和二因子模型 e,质量安全关系承诺、信任和合作关系
稳定性合并为 1 个潜在因子;单因子模型 f 和零模型 a 进行比较,
发现四因子模型拟合的最好 $[\chi^2(79) = 232.538, p < 0.001;$
$RMSEA = 0.074, CFI = 0.959, TLI = 0.945]$,远远优于其他竞争模
型,见表 4-8、表 4-9、表 4-10,说明该量表具有很好的区分效度。

表 4-8 样本数据的因子载荷

变量	因子	因子载荷			
		1	2	3	4
合作伙伴特性 CR = 0.9311 AVE = 0.5051%	a1	0.822			
	a2	0.796			
	a3	0.792			
	a4	0.805			
	a5	0.817			
	a6	0.753			
	a7	0.810			
	a8	0.694			
	a9	0.601			
	a10	0.672			
质量安全 关系承诺 CR = 0.9295 AVE = 0.5051%	a11				0.667
	a12				0.654
	a13				0.745
	a14				0.699
	a15				0.751
	a16				0.697
	a17				0.792
	a18				0.730
	a19				0.603
	a20				0.657

续表

因子\变量	因子	因子载荷			
		1	2	3	4
质量安全关系承诺 CR=0.9295 AVE=0.5051%	a21				0.729
	a22				0.694
	a23				0.795
信任 CR=0.8583 AVE=0.5051%	a24		0.682		
	a25		0.616		
	a26		0.757		
	a27		0.775		
	a28		0.732		
	a29		0.685		
合作关系稳定性 CR=0.9262 AVE=0.5051%	a30			0.799	
	a31			0.774	
	a32			0.829	
	a33			0.799	
	a34			0.831	
	a35			0.779	
	a36			0.796	
KMO=0.943；Bartlett=8316.846					

表4-9 验证性因子分析结果

模型	χ^2	df	χ^2/df	RMSEA	TLI	CFI
零模型a	2935.112	594	4.9410	0.105	0.690	0.707
四因子模型	232.538	79	2.9435	0.074	0.945	0.959
三因子模型b	334.725	83	4.0330	0.092	0.914	0.932
三因子模型c	326.632	82	3.9830	0.091	0.916	0.934
三因子模型d	334.725	83	4.0330	0.092	0.914	0.932
二因子模型e	432.615	84	5.1502	0.108	0.883	0.906
单因子模型f	535.588	85	6.3010	0.122	0.850	0.879

注：n=358。

表4-10 四因子模型拟合指标

指标	本模型值	专家建议指标[1]
χ^2/df	2.944	越小越好,大样本情况可接受范围2—5之间
RMSEA(近似误差均方根)	0.074	好<0.1,非常好<0.05,非常出色<0.01
NFI(标准拟合指数)	0.939	0.7<可以接受<0.9,好>0.9,非常好>0.95
RFI(修正拟合优度指数)	0.919	0.7<可以接受<0.9,好>0.9
IFI(增量适合度指数)	0.959	0.7<可以接受<0.9,好>0.9
TLI(非标准化拟合指数)	0.945	0.7<可以接受<0.9,好>0.9
CFI(比较拟合指数)	0.959	0.7<可以接受<0.9,好>0.9
GFI(拟合优度指数)	0.925	0.7<可以接受<0.9,好>0.9
RMR(残差平方根)	0.029	好<0.1,非常好<0.05,非常出色<0.01

五、变量的描述性统计分析

从表4-11中可知各变量的均值、标准差以及相关系数,结果表明合作伙伴特性、质量安全关系承诺、合作关系稳定性和信任之间均存在显著正相关,其中,合作伙伴特性与质量安全关系承诺和合作关系稳定性的相关系数达到0.682($p < 0.01$)和0.637($p < 0.01$),说明合作伙伴特性与合作关系稳定性密切相关,符合理论预期;此外,人口统计学变量中,性别、年龄、教育程度和各主要变量之间存在显著相关关系,而职位级别与各主要变量之间不存在相关关系,因而在随后的研究中,将性别、年龄和教育程度作为控制变量。

---

[1] Robinson B. H., Taylor J., Cutz E., et al., "Reye's Syndrome: Preservation of Mitochondrial Enzymes in Brain and Muscle Compared with Liver", *Pediatric Research*, Vol.12, No.11, 1978.

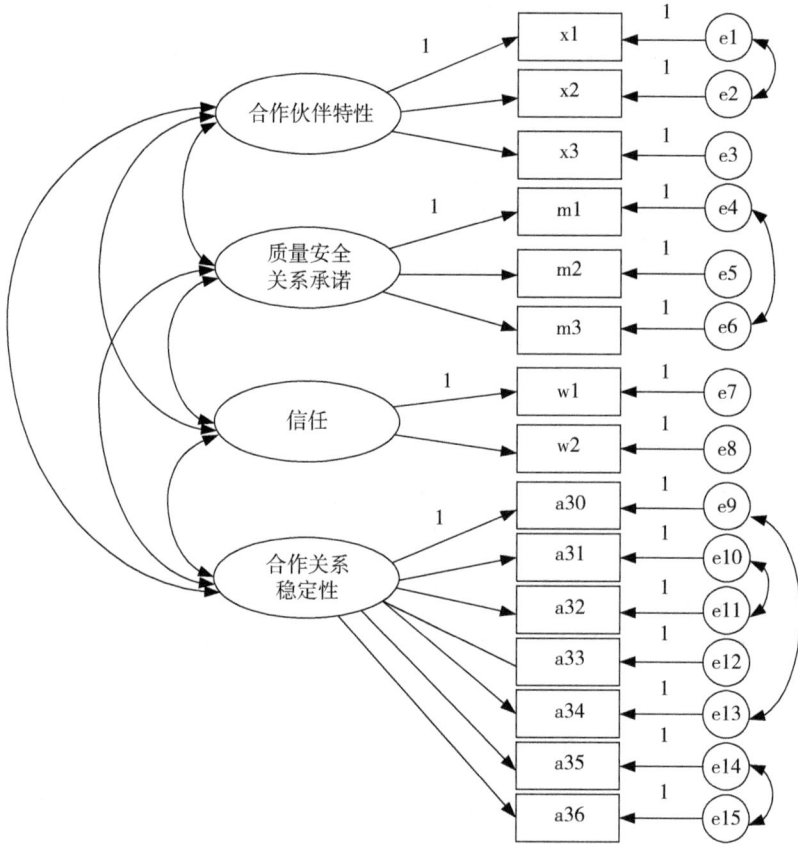

图 4-4　修正后的四因子结构方程模型路径图

表 4-11　各主要变量的描述性及相关性分析

	变量	均值	方差	1	2	3	4	5	6	7	8
1	性别	1.350	0.476	1							
2	年龄	3.250	1.800	-0.129*	1						
3	教育程度	2.060	1.367	-0.180**	0.250**	1					
4	职位级别	1.870	0.727	0.172**	-0.078	0.138**	1				
5	合作伙伴特性	4.0989	0.7786	-0.124*	0.203**	0.213**	0.310	1			
6	质量安全关系承诺	4.1388	0.6159	-0.111*	0.129*	0.169**	-0.017	0.682**	1		

	变量	均值	方差	1	2	3	4	5	6	7	8
7	合作关系稳定性	4.1995	0.7537	-0.148 **	0.127 *	0.170 **	0.052	0.637 **	0.770 **	1	
8	信任	4.0652	0.7533	-0.159 **	-0.090	0.097	-0.043	0.496 **	0.708 **	0.653 **	1

注: * 表示 $p < 0.05$,** 表示 $p < 0.01$,*** 表示 $p < 0.001$。

六、假设验证

(一)主效应检验

本书主要利用 SPSS 软件进行多元回归分析,为验证此假设,本书将质量安全关系承诺、合作关系稳定性设为因变量,然后加入控制变量(性别、年龄、教育程度),最后将自变量(合作关系稳定性、质量安全资源的互补性、质量安全目标的兼容性、质量安全运营的协调性)放入回归方程,结果见表 4-12。根据表 4-12 中的模型 5 显示,合作伙伴特性对合作关系稳定性($\beta = 0.606$, $p < 0.001$)具有显著的正向影响,其中质量安全资源互补性($\beta = 0.090$, $p < 0.001$)、质量安全目标兼容性($\beta = 0.148$, $p < 0.001$)、质量安全运营协调性($\beta = 0.382$, $p < 0.001$)对合作关系稳定性也具有显著的正向影响。因此,假设 H1、假设 H1-1、假设 H1-2、假设 H1-3 被验证。

表 4-12 主效应检验结果

		质量安全关系承诺(M)			合作关系稳定性(Y)		
		模型 1	模型 2	模型 3	模型 4	模型 5	模型 6
控制变量	性别	-0.098	-0.032	0.008	-0.182	-0.107	-0.074
	年龄	0.029	-0.006	-0.006	0.033	-0.007	-0.006
	教育程度	0.060	0.011	0.010	0.071	0.016	

续表

	质量安全关系承诺（M）			合作关系稳定性（Y）		
	模型1	模型2	模型3	模型4	模型5	模型6
自变量:合作伙伴特性（X）		0.536			0.606	
自变量:资源互补性（X1）			0.052			0.090
自变量:目标兼容性（X2）			0.118			0.148
自变量:运营协调性（X3）			0.385			0.382
R^2	0.042	0.466	0.495	0.049	0.411	0.424
F 值	5.171*	77.067***	57.369***	6.099***	61.641***	43.132***
ΔR^2	0.042	0.424	0.029	0.041	0.405	0.415
ΔF 值	5.171*	280.505***	105.009***	6.099***	217.095***	76.274***

注：* 表示 $p < 0.05$，** 表示 $p < 0.01$，*** 表示 $p < 0.001$。

（二）中介效应检验

表4-13的结果显示，合作伙伴特性对质量安全行为承诺、质量安全情感承诺、质量安全持续承诺的影响显著，其结果分别为 $a_1 = 0.6707$，95% 置信区间 = 0.5985—0.7430；$a_2 = 0.5374$，95% 置信区间 = 0.4614—0.6134；$a_3 = 0.4260$，95% 置信区间 = 0.3299—0.5221，质量安全行为承诺、质量安全情感承诺、质量安全持续承诺又显著影响合作关系稳定性，其结果分别为 $b_1 = 0.3542$，95% 置信区间 = 0.2436—0.4648；$b_2 = 0.1339$，95% 置信区间 = 0.0241—0.2436；$b_3 = 0.2944$，95% 置信区间 = 0.2186—0.3702。模型加入质量安全行为承诺、质量安全情感承诺、质量安全持续承诺后，合作伙伴特性对合作关系稳定性的影响显著，其结果为 $c_1 = 0.1707$，95% 置信区间 = 0.0779—0.2634。因此，质量安全行为承诺、质量安全情感承诺、质量安全持续承诺的中介效应显著，假

设 H2-1、假设 H2-2、假设 H2-3、假设 H3-1、假设 H3-2、假设 H3-3 被验证。

表 4-13 中介效应检验结果分析 （n=358）

		M₁:质量安全行为承诺				M₂:质量安全情感承诺		
		回归系数	标准误差	95% 置信区间		回归系数	标准误差	95% 置信区间
X:合作伙伴特性	a_1	0.6707	0.0367	0.5985 0.7430	a_2	0.5374	0.0386	0.4614 0.6134
M₁:质量安全行为承诺								
M₂:质量安全情感承诺								
M₃:质量安全持续承诺								
U₁:性别	U_1M_1	-0.0937	0.0591	-0.2099 0.0226	U_1M_2	-0.0412	0.0622	-0.1635 0.0811
U₂:年龄	U_2M_1	0.0123	0.0160	-0.0192 0.0438	U_2M_2	0.0129	0.0169	-0.0203 0.0460
U₃:教育程度	U_3M_1	-0.0007	0.0213	-0.0426 0.4120	U_3M_2	0.0213	0.0224	-0.0228 0.0654
C:截距	i_{m1}	0.0876	0.1113	-0.1314 0.3066	i_{m2}	-0.0303	0.1172	-0.2608 0.2001
		$R^2=0.5169$				$R^2=0.3896$		
		$F_{(4,353)}=94.4372$				$F_{(4,353)}=56.3219$		

		M₃:质量安全持续承诺				Y:合作关系稳定性		
		回归系数	标准误差	95% 置信区间		回归系数	标准误差	95% 置信区间
X:合作伙伴特性	a_3	0.4260	0.0489	0.3299 0.5221	c_1	0.1707	0.0472	0.0779 0.2634
M₁:质量安全行为承诺					b_1	0.3542	0.0562	0.2436 0.4648
M₂:质量安全情感承诺					b_2	0.1339	0.0558	0.0241 0.2436
M₃:质量安全持续承诺					b_3	0.2944	0.0385	0.2186 0.3702
U₁:性别	U_1M_3	0.0257	0.0786	-0.1289 0.1804	U_2Y_1	-0.0758	0.0532	-0.1805 0.0289
U₂:年龄	U_2M_3	-0.0361	0.0213	-0.0781 0.0058	U_2Y_2	-0.0022	0.0145	-0.0307 0.0263
U₃:教育程度	U_3M_3	0.0122	0.0283	-0.0436 0.0679	U_2Y_3	0.0095	0.0191	-0.0281 0.0471
C:截距	i_{m3}	0.0576	0.1482	-0.2339 0.3490	i_{mY}	4.2891	0.1001	4.0922 4.4860
		$R^2=0.1843$				$R^2=0.6249$		
		$F_{(4,353)}=19.9351$				$F_{(7,350)}=83.2904$		

注:各变量在分析时采用中心化值;各系数均为非标准化值。

（三）有调节的中介效应检验

1. 以信任为调节变量

本部分的控制变量为性别、年龄、教育程度，自变量为合作伙伴特性得分，中介变量为质量安全关系承诺得分，直接阶段和第二阶段的调节变量为信任得分，因变量为合作关系稳定性得分，以此进行有调节的中介效应检验，结果见表4-14。

表4-14显示，合作伙伴特性能够显著正向影响质量安全关系承诺（$a_1 = 0.5356$，95%置信区间 = 0.4727—0.5985），质量安全关系承诺又能显著正向影响合作关系稳定性（$b_1 = 0.5694$，95%置信区间 = 0.4398—0.6990），模型加入质量安全关系承诺后，合作伙伴特性对合作关系稳定性的影响依然显著（$c_1 = 0.2131$，95%置信区间 = 0.1293—0.2979），说明质量安全关系承诺的中介效应显著，假设H2、假设H3得到验证。此外，质量安全关系承诺和信任的交互项对合作关系稳定性的影响显著（$b_2 = -0.2339$，95%置信区间 = -0.3543— -0.1136），说明随着信任程度的增大，质量安全关系承诺对合作关系稳定性的影响是负相关关系，假设H4成立；同时，有调节的中介效应指标显著（$a_1b_2 = -0.1253$，95%置信区间 = -0.1675— -0.0680），说明信任在中介效应中的调节效应成立，进一步分析具体的调节结果为，当信任较高或较低时，中介效应都成立（95%置信区间 = 0.1130—0.3276，95%置信区间 = 0.3059—0.5029），且随着信任程度的提高，质量安全关系承诺在合作伙伴特性与合作关系稳定性之间的中介作用越小，假设H5成立；此外，合作伙伴特性和信任的交互项对合作关系稳定性的正向影响显著（$c_3 = 0.1962$，95%置信区间 =

0.0873—0.3051），说明假设 H6 成立。

表 4-14 有调节的中介效应分析 1 （n=358）

		M:质量安全关系承诺				Y:合作关系稳定性		
		回归系数	标准误差	95% 置信区间		回归系数	标准误差	95% 置信区间
X:合作伙伴特性	a_1	0.5356	0.0320	0.4727	0.5985	c_1	0.2131	0.0431	0.1293	0.2979
M:质量安全关系承诺						b_1	0.5694	0.0659	0.4398	0.6990
V:信任						c_2	0.1765	0.0463	0.0855	0.2676
MV						b_2	-0.2339	0.0612	-0.3543	-0.1136
XV						c_3	0.1962	0.0554	0.0873	0.3051
U_1:性别	U_{11}	-0.0316	0.0515	-0.1328	0.0696	U_{12}	-0.0428	0.0517	-0.1445	0.0589
U_2:年龄	U_{21}	0.0062	0.0140	-0.0336	0.0213	U_{22}	0.0089	0.0140	-0.0186	0.0364
U_3:教育程度	U_{31}	0.0110	0.0185	-0.0254	0.0475	U_{32}	0.0077	0.0185	-0.0287	0.0440
C:截距	i_m	0.0398	0.0969	-0.1509	0.2304	i_Y	4.2320	0.0985	4.0384	4.4257

	$R^2=0.4662$					$R^2=0.6554$			
	$F_{(4,353)}=77.0669^{***}$					$F_{(8,349)}=82.9759$			

间接效应	引导间接效应	引导标准误差	95% 置信区间	
U:M-1SD	-0.7533	0.3994	0.3059	0.5029
U:M	0.0000	0.3050	0.2339	0.3895
U:M+1SD	0.7533	0.2106	0.1130	0.3276
a_1b_2	-0.1253	0.0020	-0.1675	-0.0680

注:各变量在分析时采用中心化值;各系数均为非标准化值。

2. 以能力信任为调节变量

本部分的控制变量为性别、年龄、教育程度,自变量为合作伙伴特性得分,中介变量为质量安全关系承诺得分,直接阶段和第二阶段的调节变量为能力信任得分,因变量为合作关系稳定性得分,以此进行有调节的中介效应检验,结果见表 4-15。

表 4-15 显示,质量安全关系承诺和能力信任的交互项对合作关系稳定性的影响显著(b_2 = -0.2617,95% 置信区间 = -0.3756——0.1477),说明随着能力信任程度的增大,质量安全关系承诺对合

作关系稳定性的影响是负相关关系,假设 H4-1 成立;同时,有调节的中介效应指标显著($a_1b_2 = -0.1402$,95% 置信区间 $= -0.1775$——-0.0884),说明能力信任在中介效应中的调节效应成立,进一步分析具体的调节结果为,当能力信任较高或较低时,中介效应都成立(95% 置信区间 $= 0.3760$——0.5987,95% 置信区间 $= 0.1469$——0.3577),且随着能力信任程度的提高,质量安全关系承诺在合作伙伴特性与合作关系稳定性之间的中介作用越小,假设 H5-1 成立;此外,合作伙伴特性和能力信任的交互项对合作关系稳定性的正向影响显著($c_3 = 0.2356$,95% 置信区间 $= 0.1361$——0.3352),说明假设 H6-1 成立。

表 4-15 有调节的中介效应分析 2 ($n=358$)

		M:质量安全关系承诺				Y:合作关系稳定性			
		回归系数	标准误差	95% 置信区间			回归系数	标准误差	95% 置信区间	
X:合作伙伴特性	a_1	0.5356	0.0320	0.4727	0.5985	c_1	0.2311	0.0438	0.1451	0.3172
M:质量安全关系承诺						b_1	0.6813	0.0617	0.5599	0.8027
V:能力信任						c_2	0.0389	0.0390	-0.0378	0.1156
MV						b_2	-0.2617	0.0579	-0.3756	-0.1477
XV						c_3	0.2356	0.0506	0.1361	0.3352
U_1:性别	U_{11}	-0.0316	0.0515	-0.1328	0.0696	U_{12}	-0.0531	0.0523	-0.1560	0.0498
U_2:年龄	U_{21}	-0.0062	0.0140	-0.0336	0.0213	U_{22}	0.0019	0.0141	-0.0259	0.0296
U_3:教育程度	U_{31}	0.0110	0.0185	-0.0254	0.0475	U_{32}	0.0054	0.0187	-0.0313	0.0421
C:截距	i_m	0.0398	0.0969	-0.1509	0.2304	i_Y	4.2692	0.0990	4.0745	4.4638
		$R^2 = 0.4662$					$R^2 = 0.6479$			
		$F_{(4,353)} = 77.0669$ ***					$F_{(8,349)} = 80.2598$			
间接效应	引导间接效应	引导标准误差	95% 置信区间							
U:M-1SD	-0.8269	0.4808	0.3760	0.5987						
U:M	0.0000	0.3649	0.2888	0.4509						
U:M+1SD	0.8270	0.2490	0.1469	0.3577						
a_1b_2	-0.1402	0.0019	-0.1775	-0.0884						

注:各变量在分析时采用中心化值;各系数均为非标准化值。

3.以善意信任为调节变量

本部分的控制变量为性别、年龄、教育程度,自变量为合作伙伴特性得分,质量安全关系承诺得分,直接阶段和第二阶段的调节变量为善意信任得分,因变量为合作关系稳定性得分,以此进行有调节的中介效应检验,结果见表4-16。

表4-16显示,质量安全关系承诺和善意信任的交互项对合作关系稳定性的影响显著($b_2 = -0.2015$,95% 置信区间 $= -0.3126$ — -0.0904),说明随着善意信任程度的增大,质量安全关系承诺对合作关系稳定性的影响是负相关关系,假设H4-2成立;同时,有调节的中介效应指标显著($a_1 b_2 = -0.1080$,95% 置信区间 $= -0.1478$ — -0.0541),说明善意信任在中介效应中的调节效应成立,进一步分析具体的调节结果为,当善意信任较高或较低时,中介效应都成立(95% 置信区间 $= 0.2661$ — 0.4633 ,95% 置信区间 $= 0.0784$ — 0.3134),且随着善意信任程度的提高,质量安全关系承诺在合作伙伴特性与合作关系稳定性之间的中介作用越小,假设H5-2成立;此外,合作伙伴特性和善意信任的交互项对合作关系稳定性的正向影响显著($c_3 = 0.1489$,95% 置信区间 $= 0.0515$ — 0.2464),说明假设H6-2成立。

表4-16 有调节的中介效应分析3 　　　　　　(n=358)

		M:质量安全关系承诺				Y:合作关系稳定性			
		回归系数	标准误差	95% 置信区间			回归系数	标准误差	95% 置信区间	
X:合作伙伴特性	a_1	0.5356	0.0320	0.4727	0.5985	c_1	0.2026	0.0422	0.1196	0.2856
M:质量安全关系承诺						b_1	0.5228	0.0639	0.3971	0.6485
V:善意信任						c_2	0.2231	0.0390	0.1463	0.2998

续表

		M:质量安全关系承诺				Y:合作关系稳定性			
		回归系数	标准误差	95% 置信区间			回归系数	标准误差	95% 置信区间
MV						b_2	-0.2015	0.0565	-0.3126 -0.0904
XV						c_3	0.1489	0.0496	0.0515 0.2464
U_1:性别	U_{11}	-0.0316	0.0515	-0.1328 0.0696	U_{12}		-0.0521	0.0508	-0.1521 0.0479
U_2:年龄	U_{21}	-0.0062	0.0140	-0.0336 0.0213	U_{22}		0.0104	0.0138	-0.0168 0.0375
U_3:教育程度	U_{31}	0.0110	0.0185	-0.0254 0.0475	U_{32}		0.0125	0.0182	-0.0234 0.0484
C:截距	i_m	0.0398	0.0969	-0.1509 0.2304	i_Y		4.2344	0.0970	4.0437 4.4252
		$R^2=0.4662$					$R^2=0.6634$		
		$F(4,353)=77.0669$ ***					$F(8,349)=85.9653$ ***		
间接效应	引导间接效应	引导标准误差	95% 置信区间						
U:$M-1SD$	-0.8218	0.3687	0.2661 0.4633						
U:M	0.0000	0.2800	0.2069 0.3606						
U:$M+1SD$	0.8218	0.1913	0.0784 0.3134						
a_1b_2	-0.1080	0.0018	-0.1478 -0.0541						

注:各变量在分析时采用中心化值;各系数均为非标准化值。

第五节　结论与讨论

一、研究结论

本书整合合作伙伴特性、质量安全关系承诺、信任和合作关系稳定性的相关研究,构建理论模型,论证了合作伙伴特性、质量安全关系承诺、信任如何影响合作关系稳定性。基于57家与乳制品相关的企业调研,以及358份调研问卷的基础上进行实证检验,结果表明:(1)合作伙伴特性与合作关系稳定性存在显著的正相关关系,其中,质量安全资源的互补性、质量安全目标的兼容性、质量安全运营的协调性对乳制品供应链合作关系的稳定性具有显著的正向影响。(2)质量安全关系承诺对合作关系稳定性的形成具有显著的正向影响,其中,质量安全行为承诺、质量安全情感承诺、质量安全持续承诺对乳制品供应链合作关系稳定性的形成具有显著的正向影响。(3)质量安全关系承诺在合作伙伴特性与合作关系稳定性之间起到中介作用,其中,质量安全行为承诺、质量安全情感承诺、质量安全持续承诺对合作伙伴特性与合作关系稳定性的关系起到中介作用。(4)信任负向调节质量安全关系承诺与合作关系稳定性之间的正相关关系,其中,能力信任和善意信任也负向调节质量安全关系承诺与合作关系稳定性之间的正相关关系。(5)信任负向调节质量安全关系承诺在合作伙伴特性与合作关系稳定性之间的中介作用。当信任程度越大时,质量安全承诺在合作伙伴特性与合作关系稳定性之间的中介作用越弱,反之越强。其中,能力信任和善意信任也负向调节质量安全关系承诺在合作伙伴特性与合作关系稳定性之间的中介作用。当能力或善意信任程度越大时,质量安全承诺在合作伙伴特性与合作关系稳定性之间的中介作用越弱,反之越强。(6)信任正向调节合作伙伴特性与合作关系稳定性之间的正相关关系,其中,能力信任、善意信任正向调节合作伙伴特性与合作关系稳定性之间的正相关关系。

二、研究讨论

(一)理论启示

本书的理论启示包括以下几点:

1. 研究明晰了乳制品供应链中合作伙伴特性对合作关系稳定性的显著影响

现有对合作伙伴特性与合作关系稳定性的研究,要么没有行业领域的限制,指出制造业通用的影响维度①,要么是对特殊行业的合作关系进行研究②,这也就决定了某一行业的合作关系会带有一定的特殊性,本书则应用各影响维度对普通的乳制品供应链中的合作关系进行了具体研究。

2. 研究揭示了关系承诺在合作伙伴特性与合作关系稳定性之间的中介作用

合作伙伴特性既可以直接对合作关系稳定性发挥作用,又能够通过质量安全关系承诺的中介作用对合作关系稳定性发挥作用。之前关于关系承诺的中介作用研究,要么是单单研究具体某一个关系承诺,如情感承诺的中介作用③,要么是研究少数主体之间的关系承诺④。本书既具体了关系承诺所在的领域,即具体到乳制品供应链在质量安全方面所作出的关系承诺;又将关系承诺划分成行为承诺、情感承诺与持续承诺,具体讨论了三者的中介作用,避免了某一关系承诺中介作用的缺失;还将质量安全关系承诺扩大到整个乳制品供应链上,既包括中游和下游的乳制品企业和经销商,同时涵盖了乳制品供应链上游的原料乳供应商,实现了对关系承诺参与主体的全覆盖。同时,本书也拓展了合作伙伴特性对关系承诺的影响,以往研究仅仅涉及了企业浅层次的因素对关系承诺的影响⑤,本书则考察了合作伙伴中的深层次的因

---

① Brouthers K. D., Brouthers L. E., Wilkinson T. J., "Strategic Alliances: Choose Your Partners", *Long Range Planning*, Vol.28, No.3, 1995.

② 符少玲、王升:《涉农供应链伙伴关系、合作绩效和合作稳定性的关系研究》,《情报杂志》2008 年第 6 期。

③ 胡保玲、王晓飞:《组织支持感对经理人知识转移的影响研究——情感承诺的中介作用》,《企业活力》2010 年第 9 期。

④ 蒋晓荣、杨慧:《企业间关系承诺研究述评》,《科技进步与对策》2016 年第 12 期。

⑤ 高维和、刘勇、陈信康、江晓东:《协同沟通与企业绩效:承诺的中介作用与治理机制的调节作用》,《管理世界》2010 年第 11 期。

素——资源的互补性、目标的兼容性与运营的协调性对关系承诺的影响。

3. 研究揭示了信任具有重要的中介作用与被调节作用

信任,不仅能够调节合作伙伴特性与合作关系稳定性之间的影响,还能够调节质量安全关系承诺与合作关系稳定性的影响,同时对关系承诺还发挥着被调节作用。尽管以往研究指出了考察信任的两个维度[1],并借助这两个维度研究了企业的合作关系[2],但研究内容宽泛,并没有将企业合作关系的因素加以具体分析,本书则基于信任的中介作用与被调节作用,对合作伙伴特性的三个衡量因素以及关系承诺的三个衡量因素进行了具体化的研究,找出了信任对合作伙伴特性与合作关系稳定性强有力的促进作用,以及信任对关系承诺的负向调节作用。

(二)实践启示

本书也为乳制品合作伙伴之间在建立和维持合作关系稳定性时提供了实践启示:

第一,本书结果表明,乳制品合作伙伴特性能够带来质量安全关系承诺,随之会推动乳制品合作关系稳定性的持续。在乳制品质量安全事件频发的市场环境中,乳制品合作伙伴之间要想建立良好的合作关系,就必须对合作伙伴特性加以调整——进行资源间的互补、保持各方乳制品质量安全目标的一致性以及实现乳制品质量安全方面运营活动的协调。

---

① Mayer R. C., Davis J. H., Schoorman F. D., "An Integrative Model of Organizational Trust", *Academy of Management Review*, Vol.20, No.3, 1995.

② 李洪涛、孙元欣:《基于信任维度的企业合作关系研究》,《现代管理科学》2014年第6期。

第二,乳制品合作各方在质量安全关系承诺上的选择应更加注重在质量安全上行为的贯彻实施、情感上的相互允诺以及持续合作意愿的表达。

第三,信任对合作伙伴特性与合作关系稳定性的中介作用,以及对质量安全关系承诺的被调节作用,意味着乳制品合作各方应该关注乳制品合作关系中的信任问题。合作关系的建立和维持,不仅要靠书面上的承诺,书面承诺的建立,仅仅是合作关系在初期确立时应该着重关注的时期,在合作关系发展到中后期的时候,合作关系稳定性的维持更重要的是依靠各方对彼此产生的信任。合作各方要努力通过各种质量安全运营活动上的联系,加强彼此之间的信任关系,提升信任程度。

(三)研究的不足及未来研究的展望

今后,本书可在以下几个方面进行改进:

第一,关于合作伙伴特性的相关文献,伙伴特性的衡量维度还应该包含相称性的风险[1]。然而本书仅仅研究了资源的互补性、目标的兼容性以及运营的协调性三个方面。基于上述研究,相称性的风险,能够让合作各方实现质量安全风险的共担,进而影响合作关系稳定性。而且关于这些衡量维度的建立也大都借鉴西方所提出的维度,基于我国合作关系实际情况的相关衡量维度仍然需要加以深刻研究,以适应我国合作状况的现实情况。

第二,对于信任对关系承诺和合作关系稳定性之间正相关关系的负向调节作用,信任应该处在何种程度所引起的这种负向调

---

① Brouthers K. D., Brouthers L. E., Wilkinson T. J., "Strategic Alliances: Choose Your Partners", *Long Range Planning*, Vol.28, No.3, 1995.

节作用最佳,本书并未进行理论和实证上的探究。以后的相关研究可以具体探讨信任与关系承诺之间的这种调节关系,以对企业和利益主体提供相应的政策建议。

第五章　斯塔克尔伯格模型在合作
利益分配中的应用

第一节　利益分配基础模型的基本思路

在乳制品供应链合作关系形成的过程中,乳制品企业往往能够凭借自身的实力让供应链上的其他相关成员环绕在自己的周围,形成一个协同运行的有序合作网络,因此,乳制品企业在整条乳制品供应链中占据主导地位,其他企业处于跟从地位。

为研究方便,用S、P、D分别代表原料乳供应商、乳制品企业和经销商,其中乳制品企业处于主导地位,原料乳供应商和经销商处于从属地位,也就是在乳制品供应链各利益主体进行利益分配时,处于核心地位的乳制品企业和处于从属地位的原料乳供应商、经销商之间形成了主从博弈关系。因此,可以利用斯塔克尔伯格(Stackelberg)博弈模型研究乳制品企业和原料乳供应商、经销商之间的博弈关系。

在 Stackelberg 博弈模型中核心企业首先选择行动,尾随企业在观察到核心企业的行动后,然后选择自己的行动①。在乳制品供应链中,原料乳供应商 S 负责生产原料乳,然后由乳制品企业 P 提供检验、运输、装卸、仓储等物流服务,最后由乳制品企业或供应商将乳制品送往各经销网点。原料乳供应商、乳制品企业和经销商之间的关系见图 5-1。

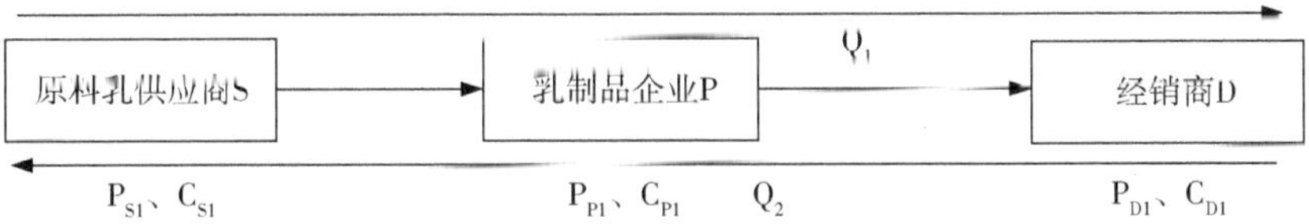

图 5-1　基于质量安全的乳制品供应链成员企业关系图

第二节　利益分配基础模型的假设条件

本书对乳制品供应链中的各利益主体作出以下假设:

第一,原料乳供应商 S、乳制品企业 P 和经销商 D 均符合理性人的假设,相互之间均是风险中性,实现完全信息共享,他们的目标都是追求利益最大化;乳制品企业和原料乳供应商、经销商博弈时,乳制品企业首先行动;原料乳供应商和经销商博弈时,处于供应链上游的原料乳供应商首先行动。

第二,假设原料乳供应商供应原料乳的销售单价为 P_{S1},制造商附加在其所加工的原料乳上的附加值为 P_{P1},故乳制品制造商的销售乳制品的售价为 $P_{S1} + P_{P1}$,经销商附加在乳制品上的附加

---

① 李柏勋、周永务、王圣东:《供应链间 Stackelberg 博弈下纵向结构决策模型》,《科研管理》2012 年第 12 期。

值为 P_{D1} ,故其向消费者出售的乳制品售价为 $P = P_{S1} + P_{P1} + P_{D1}$ 。根据市场利润规律, $P_{P1}, P_{D1} > 0$ 。原料乳供应商提供原料乳的费用,包括饲料费、运输费、人工费等的费用为 C_{S1} ,乳制品企业生产乳制品的费用,包括加工费、包装费、管理费、运输费、财务费、人工费等的费用为 C_{P1} ,经销商提供的经销费用,包括运输费、冷藏费、贮存费、宣传费等的费用为 C_{D1} 。该假设从产品附加值的角度考察乳制品供应链环节中各主体的单位产品利润,是对各主体利润所得的拓展。

第三,本书用 r 表示乳制品供应链社会责任整体履行水平 $(0 \leqslant r \leqslant 1)$, θ 表示当前社会整体责任履行水平 $(0 \leqslant \theta \leqslant 1)$ 。假设顾客满意度 $r(\theta)$ 为: $r(\theta) = \dfrac{r - \theta}{1 - \theta}$,其中, $r(\theta) \in [-1, 1]$,当 $r > \theta$ 时,说明顾客对乳制品或乳制品企业满意,购买量增加;当 $r = \theta$ 时,说明顾客对乳制品的购买量保持不变;当 $r < \theta$ 时,说明顾客对乳制品或乳制品企业不满意,乳制品购买量减少。

故在社会责任整体履行水平的影响情况下,乳制品订货量 Q 与其售价 P 的关系式为:

$$Q = (a - bP)[1 + kr(\theta)]$$

其中, a 为顾客对乳制品的最大需求量, b 为顾客对乳制品的需求弹性。 $a > 0, b > 0$,且 a, b 均为常数。 $k(0 \leqslant k \leqslant 1)$ 表示顾客对乳制品供应链社会责任整体履行水平的敏感系数。

第四,假设乳制品供应链各节点企业只可能与相邻节点企业结成合作联盟,可能产生以下四种合作情况:①原料乳供应商、乳制品企业和经销商均单独运营,没有结成联盟时,记为 (S, P, D) ;②原料乳供应商和乳制品企业结成合作联盟,经销商不参与该联盟,记为 $[(S,P),D]$;③乳制品企业和经销商结成合作联盟,原料乳供应商不参与该联盟,记为 $[S,(P,D)]$;④原料乳供应商、乳制品企业和经销商均参与该联盟,记为 (S,P,D)。

第五,假设原料乳供应商 S、乳制品企业 P 和经销商 D 的利润分别为 π_S、π_P、π_D。

第三节　基于质量安全的乳制品供应链利益分配模型的最优利润求解

根据乳制品供应链的运行情况,可以推算出乳制品供应链各主体在承担社会责任情况下所获得的收益情况:

$Q = a - bP$,其中 $P = P_{S1} + P_{P1} + P_{D1}$

$\pi_S = (a - bP)[1 + kr(\theta)](P_{S1} - c_{S1})$

$\pi_P = (a - bP)[1 + kr(\theta)](P_{P1} - c_{P1})$

$\pi_D = (a - bP)[1 + kr(\theta)](P_{D1} - c_{D1})$

一、(S,P,D) 型的 Stackelberg 均衡解

当原料乳供应商 S、乳制品企业 P 和经销商 D 都单独经营,乳制品供应链联盟合作关系还没有建立时,乳制品企业供应链各利益主体的利润函数分别为:

$$\pi_S = [a - b(P_{S1} + P_{P1} + P_{D1})][1 + kr(\theta)](P_{S1} - c_{S1}) \quad (5-1)$$

$$\pi_P = [a - b(P_{S1} + P_{P1} + P_{D1})][1 + kr(\theta)](P_{P1} - c_{P1}) \quad (5-2)$$

$$\pi_D = [a - b(P_{S1} + P_{P1} + P_{D1})][1 + kr(\theta)](P_{D1} - c_{D1}) \quad (5-3)$$

此时,整条乳制品供应链的总利润 π_{SC} 是三个利益主体的利

润之和。

$$\pi_{SC} = \pi_S + \pi_P + \pi_D \tag{5-4}$$

第一步,根据最优化的一阶条件,先使原料乳供应商利益最大化,即对 P_{S1} 求偏导,求得:

$$\frac{\partial \pi_S}{\partial P_{S1}} = -b[1 + kr(\theta)](P_{S1} - c_{S1}) + [1 + kr(\theta)]$$

$$[a - b(P_{S1} + P_{P1} + P_{D1})] \tag{5-5}$$

令 $\dfrac{\partial \pi_S}{\partial P_{S1}} = 0$,求得:

$$P_{S1} = \frac{a + bc_{S1} - bP_{P1} - bP_{D1}}{2b} \tag{5-6}$$

第二步,将 P_{S1} 代入 π_D,求原料乳供应商关于乳制品企业的最优反应函数 $\pi_D(P_{P1}, P_{D1})$。

$$\pi_D = \left(\frac{a}{2} - \frac{b}{2}c_{S1} - \frac{b}{2}P_{D1} - \frac{b}{2}P_{P1} \right)[1 + kr(\theta)](P_{D1} - c_{D1}) \tag{5-7}$$

$$\frac{\partial \pi_D}{\partial P_{D1}} = [1 + kr(\theta)]\left(\frac{a + bc_{D1} - bc_{S1} - bP_{P1} - 2bP_{D1}}{2} \right) \tag{5-8}$$

令 $\dfrac{\partial \pi_D}{\partial P_{D1}} = 0$,求得:

$$P_{D1} = \frac{a + bc_{D1} - bc_{S1} - bP_{P1}}{2b} \tag{5-9}$$

第三步,将 P_{S1}、P_{D1} 代入 π_P,利用最优化一阶条件,求原料乳供应商的最优反应函数 $\pi_P(P_{P1})$。

$$\pi_P = \left(\frac{1}{4}a - \frac{1}{4}bc_{S1} - \frac{1}{4}bc_{D1} - \frac{1}{4}bP_{P1} \right)[1 + kr(\theta)](P_{P1} - c_{P1}) \tag{5-10}$$

$$\frac{\partial \pi_P}{\partial P_{P1}} = [\,1 + kr(\theta)\,] \left(\frac{1}{4}a + \frac{1}{4}bC_{P1} - \frac{1}{4}bC_{S1} - \frac{1}{4}bC_{D1} - \frac{1}{2}bP_{P1} \right)$$

$$(5-11)$$

令 $\dfrac{\partial \pi_P}{\partial P_{P1}} = 0$，求得：

$$P_{P1}^* = \frac{a}{2b} + \frac{1}{2}C_{P1} - \frac{1}{2}C_{S1} - \frac{1}{2}C_{D1}$$

$$(5-12)$$

然后，将 P_{P1}^* 依次代入 P_{S1}、P_{D1}，求得：

$$P_{S1}^* = \frac{a}{8b} + \frac{7}{8}c_{S1} - \frac{1}{8}c_{P1} - \frac{1}{8}c_{D1}$$

$$(5-13)$$

$$P_{D1}^* = \frac{a}{4b} + \frac{3}{4}c_{D1} - \frac{1}{4}c_{S1} - \frac{1}{4}c_{P1}$$

$$(5-14)$$

故 $P = \dfrac{7a}{8b} + \dfrac{1}{8}c_{S1} + \dfrac{1}{8}c_{P1} + \dfrac{1}{8}c_{D1}$

$$(5-15)$$

最终，将式(5-13)至式(5-15)分别代入 π_S、π_P、π_D 可以求得乳制品供应链各主体所获得的利益以及整体利益 π_{SC}。

$$\pi_S^* = \frac{1}{64b}[\,1 + kr(\theta)\,]\,[\,a - b(c_{S1} + c_{P1} + c_{D1})\,]^2$$

$$(5-16)$$

$$\pi_P^* = \frac{1}{16b}[\,1 + kr(\theta)\,]\,[\,a - b(c_{S1} + c_{P1} + c_{D1})\,]^2$$

$$(5-17)$$

$$\pi_D^* = \frac{1}{32b}[\,1 + kr(\theta)\,]\,[\,a - b(c_{S1} + c_{P1} + c_{D1})\,]^2$$

$$(5-18)$$

$$\pi_{SC}^* = \frac{7}{64b}[\,1 + kr(\theta)\,]\,[\,a - b(c_{S1} + c_{P1} + c_{D1})\,]^2$$

$$(5-19)$$

根据式(5-16)至式(5-19)共有的代数式，令：

$$A = \frac{1}{b}[\,1 + kr(\theta)\,]\,[\,a - b(c_{S1} + c_{P1} + c_{D1})\,]^2$$

$$(5-20)$$

则 $\pi_S^* = \dfrac{A}{64}$，$\pi_P^* = \dfrac{A}{16}$，$\pi_D^* = \dfrac{A}{32}$，$\pi_{SC}^* = \dfrac{7A}{64}$。

二、[(S,P),D]型的 Stackelberg 均衡解

当原料乳供应商 S 与乳制品企业 P 建立质量安全联盟合作关系，而未与经销商 D 建立联盟合作关系时，供应商 S 与乳制品企业 P 在(S,P,D)中各自的定价与成本将由(S,P)联盟统一定价，对于乳制品质量安全事件的发生，也将由原料乳供应商 S 与乳制品企业 P 共同承担社会责任，乳制品企业供应链各利益主体的利润函数也就会发生变化，原料乳供应商 S 和乳制品企业 P 将有共同的利润函数，而经销商 D 则单独拥有利润函数，各主体的利润函数为：

$$\pi_{SP} = [a - b(P_{SP1} + P_{D1})][1 + kr(\theta)](P_{SP1} - c_{SP1}) \quad (5-21)$$

$$\pi_D = [a - b(P_{SP1} + P_{D1})][1 + kr(\theta)](P_{D1} - c_{D1}) \quad (5-22)$$

则各利益主体的最优价格、利润额与整个供应链的利润总额为：

$$P_{SP1}^{**} = \frac{a}{2b} + \frac{1}{2}c_{SP1} - \frac{1}{2}c_{D1} \quad (5-23)$$

$$P_{D1}^{**} = \frac{a}{4b} + \frac{3}{4}c_{D1} - \frac{1}{4}c_{SP1} \quad (5-24)$$

$$\pi_{SP}^{**} = \frac{1}{8b}[1 + kr(\theta)][a - b(c_{SP1} + c_{D1})]^2 \quad (5-25)$$

$$\pi_D^{**} = \frac{1}{16b}[1 + kr(\theta)][a - b(c_{SP1} + c_{D1})]^2 \quad (5-26)$$

根据式(5-25)至式(5-26)共有的代数式，令：

$$A = \frac{1}{b}[1 + kr(\theta)][a - b(c_{SP1} + c_{D1})]^2 \quad (5-27)$$

则 $\pi_{SP}^{***} = \dfrac{A}{8}$，$\pi_{D}^{**} = \dfrac{A}{16}$，$\pi_{SC}^{**} = \dfrac{3A}{16}$。

三、[S,(P,D)]型的 Stackelberg 均衡解

当乳制品企业 P 与经销商 D 建立质量安全联盟合作关系,而末与原料乳供应商 S 建立联盟合作关系时,乳制品企业 P 与经销商 D 在(S,P,D)中各自的定价与成本将由(P,D)联盟统一定价,对于乳制品质量安全事件的发生,也将由乳制品企业 P 与经销商 D 共同承担社会责任,乳制品企业供应链各利益主体的利润函数也就会发生变化,乳制品企业 P 与经销商 D 将有共同的利润函数,而原料乳供应商 S 则单独拥有利润函数,各利益主体的利润函数为:

$$\pi_S = [a - b(P_{S1} + P_{PD1})][1 + kr(\theta)](P_{S1} - c_{S1}) \qquad (5-28)$$

$$\pi_{PD} = [a - b(P_{S1} + P_{PD1})][1 + kr(\theta)](P_{PD1} - c_{PD1}) \qquad (5-29)$$

则各利益主体的最优价格、利润额与整个供应链的利润总额为:

$$P_{S1}^{***} = \frac{a}{4b} + \frac{3}{4}c_{S1} - \frac{1}{4}c_{PD1} \qquad (5-30)$$

$$P_{PD1}^{***} = \frac{a}{2b} + \frac{1}{2}c_{PD1} - \frac{1}{2}c_{S1} \qquad (5-31)$$

$$\pi_S^{***} = \frac{1}{16b}[1 + kr(\theta)][a - b(c_{S1} + c_{PD1})]^2 \qquad (5-32)$$

$$\pi_{PD}^{***} = \frac{1}{8b}[1 + kr(\theta)][a - b(c_{S1} + c_{PD1})]^2 \qquad (5-33)$$

根据式(5-32)至式(5-33)共有的代数式,令:

$$A = \frac{1}{b}[1 + kr(\theta)][a - b(c_{S1} + c_{PD1})]^2 \qquad (5-34)$$

则 $\pi_S^{***} = \dfrac{A}{16}$，$\pi_{PD}^{***} = \dfrac{A}{8}$，$\pi_{SC}^{***} = \dfrac{3A}{16}$。

四、(S,P,D)型的最优利润

当原料乳供应商 S、乳制品企业 P 和经销商 D 建立质量安全联盟合作关系时，乳制品供应链上的各方在(S,P,D)中各自的定价与成本将由供应链各方结成的联盟统一定价，对于乳制品质量安全事件的发生，将由乳制品供应链上的各方共同承担社会责任，乳制品企业供应链各利益主体的利润函数也将合为一式：

$$\pi_{SC} = (a - bP_1)\,[1 + kr(\theta)]\,(P_1 - C_1) \tag{5-35}$$

则各利益主体的最优价格、利润额与整个供应链的利润总额为：

$$P_1^{****} = \frac{a}{2b} + \frac{C_1}{2} \tag{5-36}$$

$$\pi_{SC}^{****} = \frac{1}{4b}[1 + kr(\theta)]\,(a - bC_1)^2 \tag{5-37}$$

根据式(5-37)，令：

$$A = \frac{1}{b}[1 + kr(\theta)]\,(a - bC_1)^2 \tag{5-38}$$

则 $\pi_{SC}^{****} = \dfrac{A}{4}$。

第四节　基于质量安全的乳制品供应链利益
分配基础模型分配因子的范围分析

在上述分析中，仅仅得到了(S,P,D)型各方的总体利润，而对于各方利润值是多少并未得出,假设在乳制品供应链各方统一结成的联盟(S,P,D)中,原料乳供应商 S、乳制品企业 P 与经销商 D 各方的利润分配系数分别为 α_1、α_2、α_3,且 $\alpha_1 > 0$, $\alpha_2 > 0$, $\alpha_3 > 0$, $\alpha_1 + \alpha_2 + \alpha_3 = 1$。此外,利润分配系数也同样遵循三者达成统一联盟后的各主体的利润一定大于两两联盟以及不联盟的各主体的利润,故必须满足:

$$
\begin{cases}
\alpha_1 \pi_{SC}^{****} \geqslant \pi_S^*; & \alpha_2 \pi_{SC}^{****} \geqslant \pi_P^*; & \alpha_3 \pi_{SC}^{****} \geqslant \pi_D^*; \\
(\alpha_1 + \alpha_2) \pi_{SC}^{****} \geqslant \pi_{SP}^{**}; & (\alpha_2 + \alpha_3) \pi_{SC}^{****} \geqslant \pi_{PD}^{**}; & \alpha_1 + \alpha_2 + \alpha_3 = 1; \\
\alpha_1 > 0; & \alpha_2 > 0; & \alpha_3 > 0
\end{cases}
\quad (5\text{-}39)
$$

代入本章第三节的各式得:

$$
\begin{cases}
\dfrac{1}{16} \leqslant \alpha_1 \leqslant \dfrac{1}{2} \\[2mm]
\dfrac{1}{4} \leqslant \alpha_2 \leqslant \dfrac{13}{16} \\[2mm]
\dfrac{1}{8} \leqslant \alpha_3 \leqslant \dfrac{1}{2}
\end{cases}
\quad (5\text{-}40)
$$

在此范围内的利润分配系数能够提高乳制品供应链的整体收益,而且也能够有效协调供应链上各主体之间的利益矛盾。

然而,这仅仅给出了供应链(S,P,D)型联盟的利润分配系数的范围,只为乳制品供应链的各方在合作关系确立前有关利润的商讨提供合理的参考,并不能够确定出每一方的具体利润分配系数是多少。

第五节　基于质量安全的乳制品供应链利益
分配基础模型的最优分配系数

通过对利润分配系数的计算及其可行域的分析,可得出供应链中三者达成统一联盟后,原料乳供应商的利润分配系数介于 $\left[\dfrac{1}{16}, \dfrac{1}{2}\right]$ 之间,乳制品企业的利润分配系数介于 $\left[\dfrac{1}{4}, \dfrac{13}{16}\right]$ 之间,经销商的利润分配系数介于 $\left[\dfrac{1}{8}, \dfrac{1}{2}\right]$ 之间。虽然各主体之间的利润分配系数的计算为乳制品供应链各利益主体之间的利润分配确定了一个合理的范围,但并不能从中得到每个节点企业具体的利润。而基于 Shapley 值法则可以得到具体的利润分配系数。运用 Shapley 值法解决乳制品供应链的利润分配问题,要求乳制品供应链各利益主体在不同组合下产生的利润是已知的,而本章第三节中各联盟之间不同的组合形式为 Shapley 值的求解做好了铺垫。

Shapley 值法给出了 n 人合作博弈的一个最优的、唯一的解。设 (n, v) 为乳制品供应链各利益主体合作联盟的博弈, v 是给定的任意特征函数,它可以确定出特定的分配 $\varphi(v) = [\varphi_1(v), \varphi_2(v), \cdots, \varphi_n(v)]$,其中,

$$\varphi_i(v) = \sum w(|e|) [v(e) - v(e/i)] \tag{5-41}$$

$$w(|e|) = \frac{(n - |e|)! (|e| - 1)!}{n!} \tag{5-42}$$

则 $\varphi(v)$ 为联盟博弈 (n, v) 总的 Shapley 值, $|e|$ 为联盟中所

包含的博弈主体的个数，$v(c)$ 为该联盟能够在博弈过程中所获得的最大利益，$v(e)$ 可能是单个博弈主体的最大利益，而当两者不可能存在合作联盟关系时，则等于两者最大利益之和；$v(e/i)$ 为该博弈联盟中除去博弈主体 i 后所能获得的最大利益，$v(e/i)$ 可能是单个博弈主体的利益，也可能是二者联盟后的最大利益。

根据 Shapley 值，求解原料乳供应商、乳制品企业与经销商的利润分配值，计算过程见表 5-1。

表 5-1　原料乳供应商（S）的 Shapley 值求解

E	S	(S,P)	(S,D)	(S,P,D)
$v(e)$	$\dfrac{A}{64}$	$\dfrac{A}{8}$	$\dfrac{A}{64}+\dfrac{A}{32}$	$\dfrac{A}{4}$
$v(e/i)$	0	$\dfrac{A}{16}$	$\dfrac{A}{32}$	$\dfrac{A}{8}$
$v(e)-v(e/i)$	$\dfrac{A}{64}$	$\dfrac{A}{16}$	$\dfrac{A}{64}$	$\dfrac{A}{8}$
$|e|$	1	2	2	3
$w(|e|)$	$\dfrac{1}{3}$	$\dfrac{1}{6}$	$\dfrac{1}{6}$	$\dfrac{1}{3}$
$w(|e|)[v(e)-v(e/i)]$	$\dfrac{A}{192}$	$\dfrac{A}{96}$	$\dfrac{A}{384}$	$\dfrac{A}{24}$

由表 5-1 可得，原料乳供应商的 Shapley 值为：

$$\varphi_S = \frac{A}{192} + \frac{A}{96} + \frac{A}{384} + \frac{A}{24} = \frac{23A}{384} \tag{5-43}$$

表 5-2 乳制品企业（P）的 Shapley 值求解

E	P	（S,P）	（P,D）	（S,P,D）
$v(e)$	$\dfrac{A}{16}$	$\dfrac{A}{8}$	$\dfrac{A}{8}$	$\dfrac{A}{4}$
$v(e/i)$	0	$\dfrac{A}{64}$	$\dfrac{A}{32}$	$\dfrac{A}{64}+\dfrac{A}{32}$
$v(e)-v(e/i)$	$\dfrac{A}{16}$	$\dfrac{7A}{64}$	$\dfrac{3A}{32}$	$\dfrac{13A}{64}$
$|e|$	1	2	2	3
$w(|e|)$	$\dfrac{1}{3}$	$\dfrac{1}{6}$	$\dfrac{1}{6}$	$\dfrac{1}{3}$
$w(|e|)[v(e)-v(e/i)]$	$\dfrac{A}{48}$	$\dfrac{7A}{384}$	$\dfrac{A}{64}$	$\dfrac{13A}{192}$

由表 5-2 可得，乳制品企业的 Shapley 值为：

$$\varphi_P = \frac{A}{48} + \frac{7A}{384} + \frac{A}{64} + \frac{13A}{192} = \frac{47A}{384} \tag{5-44}$$

表 5-3 乳制品经销商（D）的 Shapley 值求解

E	D	（S,D）	（P,D）	（S,P,D）
$v(e)$	$\dfrac{A}{32}$	$\dfrac{A}{64}+\dfrac{A}{32}$	$\dfrac{A}{8}$	$\dfrac{A}{4}$
$v(e/i)$	0	$\dfrac{A}{64}$	$\dfrac{A}{16}$	$\dfrac{A}{8}$
$v(e)-v(e/i)$	$\dfrac{A}{32}$	$\dfrac{A}{32}$	$\dfrac{A}{16}$	$\dfrac{A}{8}$
$|e|$	1	2	2	3
$w(|e|)$	$\dfrac{1}{3}$	$\dfrac{1}{6}$	$\dfrac{1}{6}$	$\dfrac{1}{3}$
$w(|e|)[v(e)-v(e/i)]$	$\dfrac{A}{96}$	$\dfrac{A}{192}$	$\dfrac{A}{96}$	$\dfrac{A}{24}$

由表 5-3 可得,乳制品经销商的 Shapley 值为:

$$\varphi_D = \frac{A}{96} + \frac{A}{192} + \frac{A}{96} + \frac{A}{24} = \frac{13A}{192} \tag{5-45}$$

经过上述计算可知,当原料乳供应商、乳制品企业和经销商的利益分配额分别为 $\frac{23A}{384}$、$\frac{47A}{384}$ 和 $\frac{13A}{192}$,即 $(\alpha_1, \alpha_2, \alpha_3) = \left(\frac{23}{96}, \frac{47}{96}, \frac{13}{48}\right)$ 时,这个利益分配系数符合利润分配系数的取值范围,同时也实现了乳制品供应链整体联盟的最优分配,实现了各个主体的最大利润。

第六章　国外对乳制品供应链
质量安全的管理

第一节　荷兰对乳制品供应链质量安全的管理

荷兰是欧洲第五大牛奶生产国,奶业是荷兰经济与国际贸易的重要组成部分之一。2015年荷兰是我国婴幼儿配方奶粉的主要进口来源国,为57694吨,占全部进口数量的32.8%;荷兰也是我国酪蛋白的主要来源国之一,为4876吨,占全部进口数量的23%;2005—2015年,中国从荷兰进口的乳品平均每年增长25%,2015年荷兰对中国乳制品出口额为8亿欧元,比2014年增长307.7%。荷兰乳业之所以较为发达,一方面和荷兰所拥有的地理环境和适宜的气候环境有很大联系,另一方面更来源于荷兰人不断地创新发展,探索出一条适合本国国情的独特发展之路。

一、高素质的奶农

荷兰的奶牛场大部分是家庭牧场,每个家庭牧场有悠久的奶牛养殖历史,家庭成员大都具有丰富的奶牛养殖经验,因此,在荷兰形成了独特的奶牛养殖文化。奶牛养殖成员大都从小就受到耳濡目染的奶牛养殖熏陶,这使他们有能力去处理复杂的牛奶品质检测、人工授精、牧场甄别、奶牛病情判断等。而现代奶业的发展离不开专业技术,一个合格的自动挤奶设备操作员,需要3年左右的时间才能培训合格。因此,职业奶农的专业水平越高,对奶牛场的高产高效越具有重要作用。

二、饲养方式较为合理且饲养结构较为科学

奶牛的管理方式和饲料结构决定了奶牛的产奶数量。目前我国奶牛的单产水平平均在5.5吨左右,而荷兰等发达国家的奶牛单产已经突破10吨左右。在众多影响奶牛单产水平的影响因素中,学者们普遍认为饲料是关键的影响因素之一。

荷兰高度重视发展人工牧草,人工牧草占总耕地面积的63%。因此,牧草的营养水平直接影响到奶牛的日粮营养水平,荷兰人工草地多种植黑麦草。[1] 每个家庭牧场90%以上的饲草来自自有牧场,每天6小时以上,每年户外放牧120天以上的牧场占81%。[2] 牧场加强奶牛饲养管理,主要采取让奶牛自由采食的方式,根据专家意见和牧场管理者多年的管理经验,制定奶牛日常的饲料配方,在保证奶牛体内具有基本的营养成分前提下,逐步改善其饲料结构,即使市场上的原料价格发生变换,牧场也不会随便改变奶牛的饲养结构,这对保障奶牛营养健康、稳定奶牛高产具有重要的作用。

---

① 王海霞、汤雅琴:《影响奶牛产奶性能的几项因素》,《养殖技术顾问》2010年第9期。
② 王文信、伍建平、陈秀凤:《荷兰奶业发展模式及其借鉴》,《世界农业》2017年第3期。

三、合作社模式将奶农和企业利益紧密相连

荷兰合作社模式将农民通过合作社组织联合起来,控股跨国食品企业,共同分享工业和商业环节的利润。荷兰最大的乳企菲仕兰有限公司拥有荷兰近 80% 的牧场,2014 年的销售额高达 148 亿欧元,是全球著名的十大乳企之一。菲仕兰有限公司在内部形成了一个严格捆绑的共同利益机制以及会员奶农、公司管理层和合作社董事会三方互相制约的合作机制。

菲仕兰有限公司拥有近 20000 名的会员奶农,包括荷兰、德国、比利时 3 个国家的 14000 多户会员农场。在菲仕兰有限公司,会员奶农是公司的股东,可以在一定程度上参与公司的管理工作,5000 万欧元以上、1 亿欧元以下的投资决策由合作社监事会决定,会员股东大会决定超过 1 亿欧元的投资决策。菲仕兰有限公司规定,会员农场的牛奶应全部卖给公司;会员农场应积极参与公司的融资项目,必须把自己所得的部分利润分给公司,用于项目投资;会员农场应严格遵守菲仕兰有限公司的各项规章制度[1]。

四、唯一且强大的第三方检测机构

荷兰对乳制品供应链的监管只有一个部门,即荷兰牛奶及乳制品监督管理局,它是荷兰农业部下属的半独立机构。而荷兰乳酪局(COKZ)是其下属专门负责乳制品、蛋类和禽肉类的部门。荷兰乳酪局负责监管荷兰乳品行业是否合规,是为荷兰生产的乳制品提供质量安全保证的乳及乳制品的监管机构,负责对荷兰乳制品企业进行检查,提供相关的符合国家标准和欧盟标准的质检

---

① 王霞:《荷兰乳业:奶农与企业利益捆绑》,《农家参谋》2014 年第 10 期。

康维多服务。在乳制品监管环节上,中国和荷兰采取的方式是显著不同的。在中国,原料乳的生产、乳制品的加工和乳制品的流通是由不同部门负责的,例如农业部主要负责监管原料乳的生产环节,质量监督部门主要负责乳制品的生产环节,工商部门主要负责乳制品的流通环节,这样就容易造成一旦出现乳制品质量安全事件,各部门相互推诿责任,出现"踢皮球"的监管问题。

荷兰乳酪局针对奶粉提供以下监督服务:监管用于生产的禽类,使之符合欧盟标准;监管农场奶类的生产,使之符合国内、国际法律;生产过程的全程管控;生产完毕后的检验检测;提供符合规定的生产;提供符合欧盟标准的出口保险认证。在荷兰,牧场在对原料乳进行销售之前,必须经过第三方检测机构进行严格检验,如果检验不合格,不允许牧场进行销售;每年检测机构对原料乳运输环节的检验多达230万次,乳制品企业根据检验结果确定原料乳的价格,而牧场则根据检验结果进一步改进或调整原料乳的生产环境、生产条件和生产技术。由于第三方检测机构和乳制品供应链上的任何节点都不存在利益关系,因而不可能出现利益输送,从体制上保证了检测结果的公平公正。

五、完善的社会化服务机构

现代乳制品供应链越来越长,牧场发展对技术、资金的依赖性越来越强。即使专业化程度很高的大型牧场,也难以完全依赖牧场自身的条件对乳制品供应链上的各个环节进行建设。在荷兰,牧场从开始建设,到基础设施的安排,包括生物发电设备、粪污处理设备、奶牛饲草料,奶牛的运动、体温、进食等各种监控设备,挤奶设备以及奶牛的配种、疫病防治等,都有奶牛协会、合作社及其他社会化服务机构提供专业、快速、高质量的服务。这样即使规模较小、硬件基础设施较弱的牧场也能实现标准化、专业化的生产。通过完善的社会化服务机构,一方面为社会提供了大量的就业岗位,另一方面也确保了整条乳制品供应链的质量安全。

第二节　美国对乳制品供应链
质量安全的管理

美国一直以来都是乳业生产和乳制品加工的大国和强国,号称"乳业世界冠军"。美国土地资源非常丰富,畜牧业和种植业也非常发达,美国大部分奶牛养殖基地直接安排在玉米种植地带,这样大大节约了饲料的运输费用。在美国,会根据不同地区的环境特征,科学合理地设计牛舍,既保障了牛舍的环境卫生,又提高了奶牛产奶的品质及产量。美国政府也把乳业发展水平作为其现代农业特别是畜牧业发展水平的重要标志。[①] 2017 年我国自美国共进口苜蓿 130.7 万吨,占苜蓿进口总量的 93.4%;2017 年我国累计进口乳清 52.9 万吨,其中来自美国的进口占 54.9%。自 1961年以来,美国人均年消费乳制品量不断上升,由 1954 年的 240 千克增加到 2014 年的 280 千克。牛奶产量从 2005 年的 8025.4 万吨上升到 2017 年的 9773.4 万吨,复合年均增长率为 1.7%,近十年

---

① 潘斌、侯淑霞、杨振环:《美国乳业产业组织结构探析》,《内蒙古财经学院学报》2010 年第 3 期。

美国奶牛数量增长缓慢,仅仅由 2005 年的 904. 3 万头增加到 2017 年的 939. 2 万头,复合年均增长率为 0.3%,但奶牛单产水平却不断提高,由 2000 年的 8303 千克增加到 2015 年的 10160 千克。经过近五十多年的发展,尽管到 2007 年全美牧场下降到 71510 个,但现在牧场规模却大大增加了。美国乳业之所以能够稳定发展,主要来源以下几个因素的支撑。

一、奶业支持政策较为健全

美国政府一直为本国乳业的发展保驾护航,自 1924 年开始,颁布了各种和乳制品生产、加工、销售等环节紧密相关的法律法规,例如,《A 级巴氏灭菌奶法令》《美国法典》《乳制品支持项目》《学校营养餐计划》《联邦法规》《原奶保护价收购政策》《农业化合物和兽药法》《乳制品进口分摊项目》《乳制品检验标准方法》《美国乳品加工法规与标准》等。同时,设立关税保护制度,保护本国乳企,扩大乳品贸易顺差,促进生产,不断降低国内市场的竞争程度。[1] 美国政府还注重对奶农利益的保护,设立奶牛养殖收益保险,该奶牛保险是以整个养殖场的收入(牛奶直接销售收入与饲料投入成本之差)作为承保与理赔的基础,即当参保养殖者的"最终实际收益"低于"保险保障收益"时,保险公司将向养殖者赔付两者之间的差额[2],以保障奶农的最低收益,进一步稳定市场。

---

① 徐娜:《美国奶牛业的发展经验及其启示》,《经济研究导刊》2010 年第 11 期。

② 张旭光、赵元凤:《美国奶牛养殖收入保险的操作方式及对中国的启示》,《中国畜牧杂志》2017 年第 1 期。

二、牧场运行与管理高度科学化

美国牧场的运行与管理非常科学,主要体现在以下几个方面:一是牛舍设计的科学合理。牛舍的设计与安排会根据当地的气候条件进行规划和建设,例如在威斯康星州,由于气候较冷,牛舍一般并排设计,并安装卷帘保温装置,同时牛舍内会注重保温和通风的有机结合;而在加利福尼亚,气候温暖,冬天无雪,牛舍内部配有通风和降温的设施。二是牛床和地面设计较为舒适。美国牧场一般会在牛床和饲槽之间铺设橡胶垫,使其形成具有一定坡度的橡胶通道,这样当奶牛在上面行走的时候才会舒服,同时也为牛舍粪污的排放提供了便捷的通道。三是科学合理地布局牛舍。将挤奶厅和牛舍紧密衔接在一起,使奶牛从进食、休息到挤奶都不用离开运动场和牛舍,形成了一个工厂化生产的有效循环。四是牧场为奶牛提供舒适的生活环境。牧场对卧床进行科学的配备,并且时刻保持地面的干燥舒适,无论是泌乳牛还是犊牛,都能生活在一个干净整洁的环境中,确保奶牛福利,保证其休息好、生活好,从而进一步保障原料乳的质量和安全。

三、采用现代奶牛饲养技术和规模化养殖为主导的模式

美国政府主要通过先进的饲养管理手段,提升原料乳的产量和质量,从而获得较好的养殖效益。牧场大都配有玉米青贮机、全混合日粮(TMR)技术、苜蓿青贮机、挤奶机器人、犊牛自动饲喂器等技术和设备,提高管理精细度并且降低饲养成本。美国在 2015 年苜蓿种植面积高达 102.6 万平方千米,是我国的 15 倍。这种"种养结合"的模式和重组的粗饲料资源为美国奶业的发展提供了强有力的保证。美国奶业的所有生产环节已经实现了高度自动

化和机械化,重视生产成本和劳动力的节约,充分发挥奶牛的生产性能,增产提效。美国奶业通过减少奶牛或牧场的数量、提高奶牛单产、增加效益的发展型道路来提高奶牛养殖的生产效率和单产水平。截至 2014 年,美国大规模牧场的数量占到总牛场数的6.7%,但大规模牧场的存栏量占总存栏量的 59%,牛奶产量已占总产量的 63%。在美国,大规模牛场的牛奶产量已经占据主导地位,集约化和规模化养殖已经成为美国奶业发展的主导趋势。

此外,美国奶业社会服务体系较为完善,拥有非常庞大的产、学、研和推广体系,国家较为重视奶业技术的发展,重视相关科研成果的转化和推广,积极发挥社会团体和民间组织的作用,进一步提高劳动生产率,不断促进奶业的高速发展。因此,现代奶牛饲养技术、规模化养殖和奶业社会服务体系的完善,大大降低了美国奶牛的生产成本,提升了生产效率和养殖效益,使美国奶业能够从容应对国际奶业的价格波动,并使奶农即使在市场价格较为低廉时也能获得一定的利润空间。

四、完善的奶牛育种与繁殖体系

2015 年,美国有超过 438 万头奶牛参加牛群改良方案测定,占全美奶牛总数的 47%,美国公牛的后裔测定是世界上规模最大的,每年有超过 1500 头优秀公牛参加后裔测定,占世界参测头数的 25%,并且每年还有超过 550 头青年公牛利用全基因组选择技术进行后裔测定。鼓励使用优质奶牛冻精,2015 年美国国内销售2369 万剂奶牛冻精,同比增长 1.37%。在遗传育种上的投入使得美国奶牛品种获得持续、较大的改良,单产稳步增加,使美国成为全球最大的优质公牛遗传物质提供者。

五、重视环境保护

美国牧场拥有先进的粪污处理技术，对生态环境保护得非常好。为保护生态环境，美国政府先后颁布《联邦水污染控制法案》《动物饲养环境保护法》《可持续的农田和畜牧业饲养场实施法规》《清洁空气法案》等一系列法律法规。在美国，粪污处理模式主要分为生态工程模式、环保模式和能源—环保模式三类，极大地减少了污染，同时提高了经济效益。此外，为了鼓励奶牛养殖场进行环境保护，美国政府拨调财政资金提供技术指导，并进行项目资助。在环境改善的方案中，美国政府提供财政保障，政府和奶牛养殖场承担环境保护费用的比例为 1∶3，费用的分摊支付有利于环境保护计划的顺利进行。①

第三节　新西兰对乳制品供应链质量安全的管理

新西兰是世界上最重要的畜牧业国家之一，人均养牛、养羊居世界首位。2014—2015 年度，新西兰生产了世界上 3% 的牛奶，拥有世界 1/3 以上的乳制品贸易市场。2014—2015 年度，新西兰奶业出口收入 132 亿新西兰元，占新西兰商品出口总值的 29%，占新西兰第一产业出口总值的 37%。新西兰共有奶牛养殖人员 35000 人，其中包括农场主经营者 8059 人、分成牧工 3911 人。从事乳制品加工和批发的人员有 12900 人，奶业从业人员共计

———————

① 连晶晶、王秀芳、赵慧峰、邢琳：《基于美国奶业发展经验分析河北省奶业发展》，《中国奶牛》2017 年第 12 期。

48240 人。新西兰发展奶牛养殖具有得天独厚的优势,基于温带海洋性气候的影响,气候较为湿润,雨量较为充沛,所有这些成就了高生产力的草地基础经济。高度发达的草地作为畜牧业生产用地的载体,占据了新西兰近一半的国土面积,其中,人工可灌溉的土地达 50 万平方千米,占全部人工草地的 5.6%,另外还有近 200 万平方千米的天然草地。因此,奶业成为新西兰畜牧业的关键部分。

近几年来,由于国际市场需求的拉动,尤其是 2008 年《中新自由贸易协定》签署以后,新西兰的乳制品出口大幅增长,拉动了新西兰的原料乳持续增产,产量从 2008 年的 1558.0 万吨上涨到 2015 年的 2153.2 万吨,七年间增加了 595.2 万吨,增长 38.2%,年复合增长率达到 4.7%。

新西兰人口稀少,国内市场空间有限,绝大部分的原料乳都被制成各种乳制品用于出口,新西兰的乳制品出口量约占全球出口量的 1/3。由于地理因素以及乳制品不易长期保存的特点,新西兰的出口以干乳制品为主。

随着国际乳制品市场需求的不断增长,新西兰乳制品的出口数量也不断攀升,虽然 2015 年受到传统出口市场需求大幅减弱的影响,但新西兰努力寻找新的出口市场空间,因此出口量并未受到影响,反而出现小幅增长,但出口金额由于国际市场价格大幅下跌而出现较大幅度的下降。2015 年新西兰乳制品共出口 290.3 万吨,比 2014 年增加了 6.4 万吨,增幅 2.3%;出口金额为 115.8 亿新西兰元,比 2014 年减少了 29.3 亿新西兰元,跌幅 20.2%,占新西兰全部商品出口金额的 23.5%,比 2014 年下跌了 5.3 个百分点,但仍稳居各类商品出口的首位。

一、重视有机奶业的发展

新西兰奶业的有机市场发展时间约为二十年，目前年增长率超过了100%。由于高质量的有机产品种类不断增多；有机产品的销售渠道，特别是面向大众的零售终端不断扩张；消费者对有机产品的认可度不断提高以及多数人认为支持有机生产能够更好地促进新西兰食品以及农产品生产的发展，导致新西兰有机奶业得到了蓬勃发展。

有机奶业作为新西兰最主要出口产品行业的有机生产部分，其所占比例并不是很高，2007年仅为乳品总产量的0.5%，但近几年发展呈明显上升趋势，目前已经达到1.6%，并且以后还会进一步增长。有机乳制品在新西兰的有机产品总量中占近50%，目前全国有130个农场从事有机奶的生产，12.4万平方千米的草场经过有机认证，大约35000头有机奶牛，有机牛奶产量为8万吨，年增长率约为94%。其中，新西兰90%的有机乳制品主要用于出口，而国内有机乳制品的市场份额较小，例如，一块500克的有机奶酪售价为10.8新西兰元，同品牌等重量的常规奶酪售价为9.5新西兰元，价格相差0.14倍，但比较一款大众消费品牌，常规产品1千克重量仅需要4.46新西兰元，价格相差4倍之多，因此，制约国内有机乳制品市场需求的主要原因是价格。出口的有机乳制品几乎全部是加工品的形式，主要有奶酪、奶粉、奶油等，但原料乳受上架期和运输成本的影响几乎不出口。

二、构建以质量为核心的奶业监管制度与体系

新西兰建设以质量为核心的奶业监管制度与体系主要从以下几个方面着手：第一，通过完善法律建立规范的质量管理框架。第

二,将过程管理、标准管理与主题管理紧密结合,对质量的监管从养殖、储存、运输覆盖到加工的整个产业链,对设施建设、生产流程与关键环节等都有明确的要求、规范和质量标准,对生产经营、检验检测等各类主体实施许可登记制度。第三,以风险管理计划连接各项管理。牧场与乳制品企业都要建立满足各方面管理要求的风险管理计划,并遵循计划开展生产经营活动。第四,依托第三方检测与核验来保障风险管理计划与质量标准的落实,通过独立核验计划监督企业抽样与检测过程,通过周期性核验监测风险管理计划。

三、政府采取各种有力措施保障有机奶业的发展

近几年,新西兰政府主要采取以下措施保障有机奶业的发展。第一,推行有机生产标准。2003 年 11 月,新西兰标准组织在新西兰政府的资助下,正式颁布了新西兰有机生产标准。该标准是自愿性标准而不是强制性标准,新西兰认证机构在国内市场开展认证业务以此作为依据。第二,制定有机行业发展战略。2003 年 11 月,新西兰政府发布了政府资助有机行业发展战略,核心是成立一个行业组织,以协调有机行业的整体运作。第三,成立有机农业组织。2005 年 11 月,奥特亚罗瓦新西兰理事会(OANZ)在新西兰政府的资助下正式成立,同期还成立了一个有机咨询服务部门。

四、建立多元化认证合作方式

目前,新西兰的认证机构主要有有机认证(BioGro)、溯源认证(Asurequality)、德米特(Demeter)和新西兰有机农场(Organic

Farm New Zealand)这四家,这些机构在新西兰境内根据新西兰有机生产标准,开展认证业务;对于境外出口产品,各认证中心积极开展合作认证活动,并得到相应认可,针对主要出口国的日本、美国、欧盟都获得了相关的认可,例如,面向欧盟和美国的出口都必须通过新西兰食品安全管理局(NZFSA)、BioGro、Asurequality等认证机构以OOAP第三方机构的角色开展认证活动;出口日本市场的新西兰有机产品,必须获得日本农林水产省(JAS)的国外认证组织认可的新西兰有机认证机构的审核,通过就能获得进入日本市场的许可,这也是典型的有机认证机构间互认协议的体现。

五、采用股份合作制的乳制品生产模式

新西兰乳制品加工市场由大投资商和合作企业两种形式的乳制品企业构成。其中,合作企业拥有96%的牛奶收集量,占新西兰绝大部分的乳制品加工市场,大投资商仅拥有4%的牛奶收集量。在乳制品加工合作企业中,牧场主不仅向企业提供牛奶,也提供资本,拥有企业的股份,而大投资商拥有的乳制品企业中,牧场主仅仅是原料乳的提供方,独立投资人提供资本。恒天然集团源自新西兰的奶农合作社组织,是新西兰最大的乳制品企业,也是世界上最大的乳制品出口商,产品出口到150多个国家或地区,占世界乳制品贸易的1/3。恒天然集团由约10500名新西兰奶农共同拥有,奶农向恒天然集团提供牛奶,两者由相同利益联结,企业的利益直接关系到奶农的利益,因此,奶农十分注重提高所提供牛奶的质量,增加自身收益的同时促进了企业的发展。在这种股份制的乳制品生产模式下,使得奶农和企业的利益息息相关,奶农的收

益得到保障。①

第四节　澳大利亚对乳制品供应链
质量安全的管理

在澳大利亚,乳品是仅次于小麦、肉牛的第三大产业。澳大利亚乳业已有 160 年的悠久历史,凭借其独特的自然资源优势,极大地促进了乳业的发展。2014—2015 年,澳大利亚乳业在农业、制造业和出口业中总产值为 135 亿美元。国家乳业群约有 174 万头奶牛,平均单个乳业群有 284 头奶牛,牛乳总产量 973.1 万升,人均年度消费牛乳 105 升、奶酪 13.6 千克。乳业食品占出口产品的 34%,出口总产值为 28.8 亿美元,占世界乳业食品贸易的 6%,是全球乳业食品四大出口国之一。近几年,中国成为澳大利亚乳业食品主要的进口国之一,年需求量约 136400 吨;其次是日本,年需求量为 103900 吨;其他主要需求国为新加坡、印度尼西亚和马来西亚等。作为一个乳品发达国家,澳大利亚乳业充分发挥自身优势,以金融立法先行,强调乳业之间密切合作再加以严格的乳品监测程序,使得澳大利亚拥有健全的乳制品供应链。②

一、得天独厚的自然条件优势

澳大利亚拥有大片山地或荒原可以作为放牧之用,所以,农场

---

① 王敏、何忠伟、刘芳等:《新西兰奶业发展现状及经验借鉴》,《世界农业》2016 年第 9 期。
② 王存华、龚晓菊:《澳大利亚乳业食品安全管理体系分析》,《乳业科学与技术》2017 年第 1 期。

面积常常覆盖几个山丘。广袤的土地和牧场、充足的降水和日照、温和的气温是奶牛生长的必要条件。另外,澳大利亚地处"黄金纬度",一年四季青草茂盛多汁,非常适宜奶牛的健康生长。最重要的是,欧美的疯牛病、口蹄疫等疾病一直是牧民头疼的问题,而澳大利亚身处独立大陆,能够免于这些疾病带来的影响。

不仅如此,澳大利亚一直以来都力求做到草畜平衡,拒绝过度放牧。农场主会根据牧场面积和牧草质量来确定放养奶牛的数量。通过科学的种草方法使草场全年产草量均衡,一年四季都能满足牛群的食用需求,保证了农牧业的可持续发展。

二、完善的金融立法和金融政策

澳大利亚农村金融立法分为政府立法和州政府立法。20 世纪初期,澳大利亚为促进"三农"的发展制定了相关的金融支持法案。澳大利亚联邦政府为了帮助陷入财务困境但具有发展潜力的农户恢复经营,采取了发放财政补贴、营造宽松的金融环境等一系列措施来优化产业结构。此外,各州政府也根据自身农业的发展实际制定了《农村贷款担保法》《农村金融法》《信贷(农村金融)法》等,通过提供贷款优惠、政府担保,使融资渠道更加畅通,解决了农户融资问题。

直接资金救助和金融管理是澳大利亚联邦及各州政府对乳业的金融支持最主要的两个方面。为了让农户和其合伙人能够改善财务困境,政府提供了家庭农场津贴,为经营不善的家庭农场提供最多三年收入补贴,使农户能够自力更生,避免其对政府过度依赖。除此之外,政府还提供了干旱优惠贷款政策,给予长期经历干旱而导致奶牛减产、遭受重大财务损失的奶农提供优惠贷款。另外,澳大利亚奶业非常重视科技研发,每年都会在奶业科技研发方面提供资金援助。除了直接在资金上给予支持,澳大利亚还会通过成立一些公共服务机构来为农户提供金融服务,可使农户更好地理解和运用政策,增强农户自主经营的能力。

三、合理的饲养方式和生产水平

由于先天独特的自然资源条件,澳大利亚乳业最显著的特点就是依靠牧场采用放牧方式饲养奶牛,这不仅使其在成本上占有优势,并在产品市场上更具优势。绿色、清洁和无污染的牧草环境,严格的生产监管,极大地保障了乳业食品的安全性。澳大利亚牧场很少有牛舍,牧场也只有挤奶厅,奶牛每天在特定的时间回来挤奶和补饲精饲料,其余的时间都在草场。正是这样的饲养方式使得牛奶生产成本低、产量高、质量好。

澳大利亚乳制品的生产加工是多样化的,包括奶农所有合作社、公众平台、私营企业和跨国公司。澳大利亚有着丰厚的乳制品制造历史,其生产的乳制品质量高,而且种类也十分丰富。澳大利亚奶牛平均单产水平较高,年均单产在 5000 升以上,2006 年单产5182 升,2012 年上升到 5926 升,基本上每年都保持稳步上升态势。牛奶质量很好,平均乳脂率达到 4.0%以上,平均乳蛋白率达到 3.30%以上。

四、乳业之间的密切合作

随着乳业的发展,澳大利亚乳业之间合作关系越来越密切。乳业之间的密切合作也提高了乳业食品质量安全。乳业合作企业主要有奶农、乳业食品扩展中心、澳大利亚乳品创新公司、乳品管理公司、国家联邦和政府机构、大学研究人员和国家乳业食品联盟等。乳业食品的生产由众多的合作企业和利益相关者共同合作，不仅提高了乳业生产效率而且使其更具有商业价值。众多的合作企业参与乳业生产等相关方面的活动，能使乳业随着市场和环境条件变化而完善，通过调整特定的乳业食品业务，达到提高乳业食品安全效果。

五、严格的食品监测程序和食品安全管理体系

澳大利亚非常重视食品安全问题，其乳业食品安全标准严格按照 1996 年世界卫生组织发表的《加强国家级食品安全性计划指南》中解释的食品质量安全标准执行，制定了相对严格的乳业食品安全标准。澳大利亚建立了完整且严格的乳业食品质量安全体系，旨在降低乳业安全风险，提高乳业食品质量安全。21 世纪后，随着世界经济贸易全球化，食品进出口安全问题日益突出。因此，在有机奶研发过程中，他们控制和改造牛场环境，对产生的粪便进行无害化处理，开发有机饲料生产配方，形成有机奶生产配套技术体系。该体系包括有机奶生产的循环经济发展模式、有机饲料种植技术、有机奶牛健康养殖技术、有机奶加工工艺、有机奶营销服务模式、有机奶质量全程控制、有机奶质量安全检测监控技术等。

在食品安全管理方面，澳大利亚建立了严格的乳业食品安全监管和法律体系。澳大利亚的乳业食品安全监管体系通过食品安全的监管机构和对食品安全的市场监管来实现，澳大利亚食品监管机构主要包括食品标准局、检验检疫局和其他各环节相关部门，根据各自职责履行对食品供应链中的环节进行监管，确保食品的生产符合相关标准。由于澳大利亚乳业食品安全条例与法规涉及

乳业食品生产加工的各个环节,政府部门不断完善法规条例,形成了较为完善的乳业食品质量安全法律保障体系,提高了乳业食品的安全性。

<h2 style="text-align:center">第五节　德国对乳制品供应链
质量安全的管理</h2>

德国因拥有发达的工业经济被誉为欧洲最大的经济体,同时也是欧洲最大的农业品生产国,超过 50% 的农业总产值来源于动物产品,而动物产品的 60% 来源于与牛有关的工业。在欧盟国家当中,德国是最大的牛奶生产国,其人均消费量和自给率是相当高的。2009 年奶牛总养殖量为 420 万头,是欧洲奶牛存栏量最多的国家。奶牛基本都建档注册,全国 85% 的奶牛参加了奶牛生产性能测定。德国奶牛生产大的特点是品种多元化,而且特别注重弗莱维赫这一乳肉兼用牛的选育和推广。作为德国奶业较发达的巴伐利亚州,弗莱维赫牛占奶牛总存栏量的 80% 以上,有些地区在 90% 以上,产奶量在 8—9 吨/年。据当地畜牧技术部门介绍,该品种的生产性能中 60% 为产奶性能、40% 为产肉性能,其主要特征是遗传稳定,母牛产奶性好、质量高,公牛育肥能力强、耐粗饲,抗病力强,具有理想的综合效益。[①]

一、多元化的奶牛品种

德国土地资源较丰富,牛场都有几百公顷的耕地作为饲料

---

① 大庆市奶业考察团:《赴德国、荷兰奶业考察报告》,《大庆日报》2010 年 11 月 10 日。

用地,作为欧洲最大的乳业大国,在奶牛品种上实行多元化战略。为了避免黑白花荷斯坦奶牛一枝独秀,德国根据本国国情,推出了红荷斯坦奶牛和弗莱维赫牛的养殖。在弗莱维赫牛集中区,德国南部的巴伐利亚州,平均个体产奶量已达到7—8吨/年,生产性能已经达到了较高的生产水平。无论是从产奶、产肉还是收益上看,弗莱维赫牛已成为德国人的优先选择。全州弗莱维赫牛存栏总数占到全国奶牛存栏总数的30%以上。德国西部、北部则是黑白花荷斯坦和红荷斯坦主要饲养区。良种奶牛是奶业发展的基础和前提,优良的奶牛品种是现代奶业的重要标志,而多元化的奶牛品种更是保证牛奶品质的良好条件。

二、优越的家庭牧场饲养模式

在德国奶牛生产上,多以家庭牧场为主的饲养模式。德国的家庭牧场规模很大,巴伐利亚州的罗森海姆地区有2000多个家庭牧场,每个牧场规模在50—300头。这种饲养方式的优点在于:一方面可以家庭自给自足,主要劳动力为夫妻和子女,因为不用雇工,所以开支减少,家庭分配利益更加方便;另一方面可以使土地资源和奶牛养殖合理配比,奶牛场土地数量多利于农牧配套、种养结合。奶牛场都有自己的人工草场和青饲料地,有的还种植大麦、玉米、豆类等饲料品种,平均每头牛就占有1平方千米左右的饲料用地。德国牧场基本看不到荒废的土地,凡是能用的都种上了饲草或饲料作物,青粗饲料基本自给,真正解决了奶牛养殖与饲料用地的问题。

三、先进的机械设备与管理技术

德国奶牛场除了奶牛饲养外还配有沼气发电站,是欧洲农场沼气工程技术最发达、推广数量最多、技术最成熟的国家之一。此外,其牛场、发电站除了有健全的社会化服务体系作为保障外,生产的各个环节也都采用先进的机械和设备。饲养方式采用全混合日粮技术,奶牛全天自由采食,并采用散栏式、卧床饲养。牛舍内利用计算机控制清粪系统、清洗牛体系统和奶牛驱赶系统;场内还配备了各种良好的专用设备,使牛场效率更高。先进的机械设备、计算机控制设备的使用,极大地提高了劳动生产率和牧场的赢利水平。

第六节　印度对乳制品供应链质量安全的管理

印度地处热带、亚热带地区,气候潮湿而炎热,限制了不适应高热气候条件的高产奶牛品种荷斯坦牛的发展。所以,在印度开发利用的主要是水奶牛资源,水奶牛存栏数居世界第一。奶业是印度农业最重要的支柱。在印度,有大约 7000 万农户饲养着 9800 万头奶牛,平均每户奶农有 1.2 头奶牛。印度农户平均收入的 22.5% 来自出售牛奶所得。2002 年,印度的牛奶产量超过美国,成为世界第一牛奶大国。奶业的发展不仅为印度的很多农户提供了必需的营养,更在解决就业和农民增收等方面起着重要的作用。在许多地区,即便是没有土地的农民或是贫困的农民也都饲养奶牛。现代科技的应用以及在牛奶加工和销售过程中运用先进的管理系统,使印度的奶业发生了翻天覆地的变化。①

一、因地制宜发展乳业且帮助农民脱贫

不同于其他乳业发达国家,把扩大商业放牧规模、发展规模经济作为乳业发展的主要目标,印度因地制宜地把重点放在实现牛奶生产的自给自足、改善广大民众的营养状况和帮助广大农户摆脱贫困上面。现代科技的应用以及在牛奶加工和销售过程中运用先进的管理系统,使印度的奶业发生了翻天覆地的变化。目前,印度已把乳脂和奶粉进口的基本关税分别控制在 40%和 60%。对于其他奶制品,进口关税则为 30%。如今,印度的牛奶和奶制品不仅自给有余,而且还有一定量的出口。②

二、高度发达的乳业合作社

乳业合作社作为印度全国性的制度安排,对印度乳业市场具有很大影响。政府为了鼓励合作社发展,让合作社更好地完善服务,积极鼓励合作社兴办加工企业,承认其市场地位。目前,印度乳业在组织结构上采用的是独一无二的奶收集与处理层级组织系统——亚兰德合作组织模式。今天的亚兰德合作组织模式包括村级乳业生产合作社、地区级乳业合作联合会和邦级乳业合作联合会三个层级的组织。这三个层级之间的关系是:农户自愿入股参加村级乳业生产合作社,村级乳业生产合作社入股地区级乳业合作联合会,地区级乳业合作联合会入股邦级乳业合作联合会。通

---

① 侯淑霞、潘斌:《印度乳业的产业组织结构与纵向组织关系分析》,《内蒙古财经学院学报》2009 年第 5 期。

② 闵贞、刘玉满:《印度的奶业合作社与乳品市场》,《中国牧业通讯》2011 年第 8 期。

过"村级乳业生产合作社—地区级乳业合作联合会—邦级乳业合作联合会"这一纵向组织链条,农村分散的牛奶被收集到城镇加工成乳制品,然后再运到各大中城市销售。地区级乳业合作联合会一般设有乳品加工厂,从乳品加工的利润中,提留40%用于扩大再生产;其余60%一部分返还农户作为股份和交售原奶的红利,另一部分用于补贴各种免费和优惠的社会化服务。印度作为一个发展中国家,农业合作组织非常发达,如今印度的奶业合作社运作非常成功,发展迅速,在印度农业经济活动中发挥着重要作用。①

---

① 肖梅:《印度奶业合作社发展对我国的启示》,《中国农民合作社》2011年第7期。

第七章 质量安全与合作关系稳定性协调发展的提升策略

第一节 基于评价指标的提升策略

一、制定完整与全面的合作契约

（一）原料乳供应商和乳制品企业之间的合作契约

原料乳供应商和乳制品企业在建立合作关系时，由于乳制品加工企业在乳制品供应链中掌握着主要的商业流、信息流、物流和资金流，但是若要建立合作伙伴关系就要保证合作双方具有相同的话语权，即原料乳供应商也应具备议价定价的权利，防止出现乳制品企业利用自身优势对原料乳供应商的利润进行压榨；与此同时，原料乳供应商也应提高自身的能力，对原料乳市场价格及标准不断更新，使自身在制定合作契约的过程中具有话语权；合作契约应包含对双方质量安全合作资源的定量化标准，使对双方的要求尽量地具体、全面和严格；契约中还应明确双方的违约成本，提高各主体履行契约的能力,约束双方的行为,确保合作关系能够稳定持续地进行。

(二)乳制品企业和经销商之间的合作契约

乳制品企业和经销商在建立合作关系时,首先经销商应对乳制品企业的市场占有率、品牌效应、消费者认可度进行综合全面的调查;乳制品企业应对经销商的销售模式和营销策略进行综合的考察,明确合作双方具有的质量安全资源,在合作契约中明确各自获利空间及应履行的责任,明确合作期限及违约成本,加强合作的抗风险能力,以防在合作过程中出现质量安全事件或乳制品召回事件时,合作关系破裂,加强合作稳定性。

二、制定严格的质量监管机制

乳制品供应链合作关系稳定性的主要影响因素之一是乳制品质量安全,而决定乳制品质量安全的关键因素在于各个环节对乳制品质量的检测。第一,在合作关系内部,应具有严格的质量监管体系:乳制品企业应引进国内外先进的检测设备,对原料乳进行严格的检测,以约束原料乳生产者不利于乳制品质量安全行为的发生,维护合作关系的稳定;经销商应对乳制品企业的加工过程、加工工艺、乳制品的品质进行严格的要求,防止不合格乳制品进入市场。第二,在合作关系外部,应委托第三方对乳制品供应链的整个生产过程进行监管,对乳制品的品质进行严格把关。

三、制定合理的利益分配机制

各利益主体建立合作关系的动机都是提高自身收益,因此合作关系是否建立、维系和发展的最主要的影响因素是合作双方利益分配是否合理,合作双方应具有合作意识,在合作过程中不能过于追求自身利益的最大化,应在自身利益可以满足的情况下考虑对方收益,进而增加各主体之间的利益分配满意度,比如原料乳加工成乳制品后的增值空间最大,虽然原料乳生产者处于供应链的最低端,但是对产品的增值具有十分重要的贡献,因此乳制品企业应考虑以提成、补贴等形式使原料乳生产者增加收益,从而提高生产高品质的原料乳的积极性和维持合作伙伴关系的动力;对于经销商来说,乳制品企业应考虑降低经销商进货成本,以激励经销商运用营销手段销售更多的乳制品,最终达到合作双方互利互惠。

四、完善激励和惩罚机制

在原料乳供应商、乳制品企业和经销商合作过程中应完善合作双方的激励和惩罚机制,当合作双方完全遵循合作要求提供合格原料乳和乳制品时,合作方应通过提高收购价格或增加进货数量等方式对其行为进行激励;一旦遇到合作方有违背契约的行为时,应通过缴纳违约金等方式进行惩罚,提高合作方的违约成本,避免违约行为的发生,增加合作关系的抗风险能力,提高利益主体之间的稳定性。

五、建立"智能乳业"的信息共享平台

基于物联网、大数据技术,建立乳制品供应链信息共享平台,从原料乳生产、乳制品加工、运输、贮存到销售,要求每一环节的生产信息数据上传到网络,使每一环节的信息公开化和透明化,使消费者及供应链的主体及时准确地追溯乳制品的相关信息,增加各

主体之间的信任,防止发生信息不对称情况而使合作关系破裂。

六、不断加深各主体之间的合作关系

基于行为主义理论,合作关系的维系在于合作双方的经营,在一定程度上加深合作关系,增强彼此的依赖性对于合作关系的稳定具有十分重要的作用。在原料乳供应商与乳制品企业之间,乳制品企业可以通过对原料乳生产者在奶牛选种、饲养、挤奶等过程中进行培训和指导来帮助原料乳生产者提高原料乳产量和品质,使其产生依赖性和更深程度的信任,巩固双方的合作关系;经销商可以利用自己在市场竞争中各产品销售情况的掌握帮助乳制品企业制定生产策略来占据更多的市场份额;与此同时,乳制品企业可以根据产品的特点为经销商制定有效的产品营销策略。各利益主体之间通过相互之间更加深入的互动和了解使得合作关系更加稳定。

第二节　基于形成过程的提升策略

一、基于宏观和微观形成过程的提升策略

(一)加强乳制品供应链合作关系稳定性的生命周期管理

1.起步期——确立合作意愿并培养合作伙伴之间的信任

在合作关系建立的起步期,是稳定性发展水平的成长速度和加速度最快的时期,这一时期所建立的合作关系将对未来合作关系良性发展奠定基础作用。在起步期,要确立双方的合作意愿,而

黑龙江省乳制品供应链之间的合作很大程度上取决于双方的共同利益,这种共同利益会直接体现在合作的意愿中去。各乳制品供应链的企业之所以要建立合作联盟就是要通过合作关系获得更大的利益。供应链中的各利益主体在建立合作关系前的洽谈阶段要综合探讨合作过程中所能带来的共同利益,即能够通过合作给自身企业带来的利得,这些共同利益主要包括合作可以带来成本削减、增加收益、增强获益能力和市场适应能力等,它们是各利益主体得以合作的前提基础。同时,各利益主体还处于了解阶段,合作意识刚刚形成,合作关系还处在松散程度,彼此之间相互信任程度较低,故要加强彼此之间的相互交流、沟通,在合作关系建立初期,各利益主体要不定期地进行洽谈活动,主要通过洽谈活动逐步签订和完善各项协议,深化对对方企业的认知,增强彼此之间的信任程度;同时,各利益主体在开始开展业务往来时,都要对自身的行为加以规范,业务人员的言谈举止都要文明,业务操作都要熟练,以留下良好的印象,形成各主体之间业务行为的相互信任。

2. 成长期——建立乳业联盟确保产品质量安全

经过起步期相互信任的确立,乳制品供应链各利益主体建立了较为稳定的合作关系,在此基础上,各利益主体应该对乳制品的关键事项——质量安全进行密切合作,加强关于乳制品质量安全市场信息、政策信息之间的沟通交流,保证乳制品的质量安全。在关注乳制品质量安全的同时,还应该对乳制品质量安全建立乳业联盟,通过乳业联盟的建立推动风险共担机制的形成。乳业联盟的建立,一是要防止乳制品供应链中某一主体为追求自身利润的最大化而作出损害整个合作伙伴关系的行为,各个主体应该在乳业联盟建立的前提下,事先签订一系列的合同条约,如果存在某一合作关系主体由于自己的不道德或违法行为引致整个乳制品质量安全事件的发生,那么乳业联盟就应该根据合同规定的条文对该主体的行为予以相应的经济性惩罚或直接要求其退出乳业联盟。二是让整个乳制品伙伴关系整体应对乳制品质量安全事件,如果质量安全事件并非是由自身所在的乳业联盟造成的,仅仅是由于质量安全事件造成消费者对乳制品的需求量减少而影响到自身所在的乳业联盟的乳制品销售,处在供应链中的原料乳供应商、乳制品企业和经销商收益不好时,乳业联盟就要让各方都联合起来,共同做好自身乳制品品牌的公关,为消费者树立良好的乳制品品牌形象,从而能够确保各主体通过风险共担,使彼此所承担的风险降到最小。除此之外,还应该建立乳制品的激励机制。对乳制品合作关系有促进作用的主体,如原料乳供应商采用新型的挤奶技术使奶牛的产奶量显著上升,乳制品企业推出了新口味的乳制品在乳制品市场上畅销,经销商通过自身的营销手段使乳制品销量显著提升等有利于合作关系稳定和合作利润提升的行为都要采取激励措施,确保合作关系迈上一个新的台阶。

3. 成熟期——建立合理的利润分配机制

处在成熟期的乳制品供应链合作关系,无论是彼此之间的信任程度,还是风险共担、激励机制都已经趋于成熟,此时的利润也将趋于最大化,合作关系能否获得长久性的稳定也将逐渐向利润分配方面倾斜。乳制品供应链上的各主体要通过在销售、成本等方面的沟通协商探讨出一个合理、灵活的利润分配机制,确保各主体能够通过合作关系获得比任何一方单独经营更多的利润,以将各主体紧紧围绕在乳制品合作关系周围。

4.衰退期——创新和激活合作关系

在衰退期,双方合作遇到"瓶颈",可能是技术更新跟不上市场的脚步,可能是对方没有达到自己的期待值,可能是市场供过于求,产奶量过多,造成资源浪费,可能是利益分配出现冲突,也可能是乳制品市场发生重大革新,从而使双方合作到了倦怠期,此时,原料乳供应商要严格进行质量把关,争取最大限度地产出优质奶;乳制品企业更要采取不同的措施创新和激活合作关系,积极开发新产品,学习新技术,创新乳制品的新口味,努力紧随市场上乳制品变化的步伐,乃至领导乳制品消费市场上乳制品的发展趋势;经销商也应该努力创新乳制品的营销手段和策略,创新营销传播的工具,通过移动客户端及时发布有关乳制品的营销信息。一旦合作关系出现问题,各主体之间有了利益冲突,一定要及时解决,相互沟通找出问题所在,为双方下一次合作奠定良好的合作基础。

(二)加强对乳制品供应链的质量安全监管工作

1.加强政府对乳制品供应链的质量安全监管工作

对乳制品供应链的质量安全监管工作,政府处于整个监管工作的核心和领导地位,消费者很大程度上都是依据政府的质量安全检测结果去购买放心的乳制品,而且一切质量安全事件的爆发和调解都需要政府充分发挥其公信力去开展乳制品的质量安全监管工作,查处市场上存在质量安全问题的乳制品。政府应该要求食品药品监督管理局依据 ISO 9000 质量管理体系对原料乳和乳制品进行相应的监管,每月不定期地对原料乳和乳制品取样检测,同时对原料乳供应商的奶牛养殖基地和乳制品企业的原料乳加工基地进行环境卫生检测,对于不同的检测结果,评定不同的质量等级,进行分级监管。对于其中劣质、存在质量安全问题的乳制品要在检测完成后要求其生产者进行销毁,并对生产者予以致命性的惩罚。而且,政府除了对乳制品的质量安全开展相应的监管工作外,还应该及时发布有关乳制品质量安全方面的信息,如乳制品的质量安全监管标准,各被监管企业的质量安全等级,近期在奶牛中可能产生的流感情况等,通报严重侵害消费者权益的乳制品质量安全事件和违规企业。

2. 加强第三方对乳制品供应链的质量安全监管工作

乳制品供应链除了有政府进行正常的乳制品质量安全监管工作外,还需要供应链中的合作伙伴委托第三方对原料乳供应商提供的原料乳和乳制品企业提供的乳制品进行供应链内部的事先监督控制。乳制品供应链中的各利益主体除了要在合作关系的成熟期建立激励机制外,还应该对各主体所生产的原料乳和乳制品的质量安全进行监管。该监管工作不能由各主体的上游厂商进行监管,如原料乳供应商要提供给乳制品企业的原料乳不能完全由乳制品企业进行监管、乳制品企业要提供给经销商的乳制品不能完全由经销商进行监管,这一切的监管工作都需要合作伙伴委托第三方对原料乳供应商所生产的原料乳和乳制品企业所生产的乳制品进行客观、公正的监管。第三方应该约束自己的行为,认识到其监管行为独立于合作伙伴中的任何一方,根据合作伙伴所商定的有关原料乳和乳制品的质量安全标准进行监管,当乳制品企业收购原料乳或经销商购买乳制品企业的乳制品时,都需要第三方不定期地对所收购或采购的产品进行抽样检测,对于不合格的原料乳和乳制品需要对原料乳供应商和乳制品企业予以警告,并通告其合作伙伴。第三方监管机构不能串通任何一方恶意谎报质量安全问题,以方便一方压低收购价格,促使另一方牟利。

3. 完善消费者诉求体系并强化消费者对乳制品的监督

在经销商售出乳制品之后,一定要及时建立售后的消费者诉求体系,为消费者提供乳制品的监督渠道,强化消费者对乳制品的监督行为。一是在乳制品经销商处建立消费者反馈区,让消费者在经销商处就能够反馈自己的意见;二是建立相应的电话、微信等电子通信反馈渠道,让消费者在自己的利益受到侵害时能够及时维护自己的权益;三是创新监督投诉的渠道,经销商可以在乳制品销售专柜张贴乳制品质量问题反馈的二维码,让消费者扫码反馈乳制品的质量问题。这样,一是能够让消费者向乳制品企业合理表达自己的利益诉求,能够尽可能让乳制品质量安全事件的波及范围降到最低,及时召回存在质量安全问题的乳制品;二是乳制品经销商可以从有诉求的消费者中及时收集市场信息,掌握市场供给需求,及时将市场信息传达给原料乳供应商和乳制品企业,达到信息共享,为双方合作实现共赢。

二、基于演化博弈视角的提升策略

(一)原料乳供应商与乳制品企业合作关系稳定性的提升策略

1. 降低奶农生产合格原料乳多付出的质量投入成本

降低奶农生产合格原料乳多付出的质量投入成本,有利于从源头上保障乳制品安全。目前,可以从以下三个方面实施:一是加快奶牛规模化养殖的建设步伐。散户应积极加入各类奶业协会、奶业合作社、奶联社等组织,这些组织会提供统一的饲料采购、统一的防病灭病、统一配种、统一喂养、统一挤奶、统一奶牛保险、统一销售、统一机械维修等全方位的服务,向规模化发展,有效降低奶农个体的质量投入成本。二是注重饲料的科学搭配。现阶段,应大力种植牧草,实现牧草产业化,此外,还应充分利用青贮秸秆等饲料资源。科学合理的饲料配方既能提高奶牛的单产,也能提高奶牛的抵抗力。三是提高奶农的饲养管理水平。改变传统的饲喂技术,积极引进先进的饲喂技术,改变奶牛的喂食规律,建立合理的牛群结构。

2. 增加乳制品企业采取"质量控制"策略所付出的成本

增加乳制品企业采取"质量控制"策略所付出的成本,对于乳制品企业长远发展具有重要的战略意义。现阶段,可以从以下三个方面着手:一是积极组织各类技术培训。为奶农提供先进的奶牛养殖培训和相关信息传播服务,让奶农掌握必要的养殖知识,使有关饲养技术和防疫技术得到切实的应用和推广,提高奶农的整体养殖素质。二是大力进行奶业科研、开发和技术推广工作。乳制品企业应充分利用国家乳品研究中心、高校的人才、技术等优势积极开展技术攻关,着重解决优质原料乳生产过程中的各种技术难题,此外,乳制品企业应给每个村指派技术人员,让他们向奶农推广、组装、集成各种实用技术,使乳制品企业的科研成果尽快转化为生产力。三是规范奶站经营,积极为奶站配备先进的检测设备。奶站应建立购销台账制度,要求其对收奶、消毒、质量检测、售奶等环节都有详细记录;乳制品企业可从政府对其补贴中拿出一部分资金为奶站购置检测设备,从收购源头上提高原料乳的质量安全。

3. 增加乳制品企业对奶农生产合格原料乳给予的各种鼓励政策和补贴

增加乳制品企业对奶农生产合格原料乳给予的各种鼓励政策和补贴,有利于提高奶农生产合格原料乳的积极性和主动性。具体来说,可以从以下三个方面着手:一是给奶农提供饲料补贴。乳制品企业应根据本年度豆饼、玉米等精饲料价格的增长情况,结合奶农提供原料乳的数量确定补贴价格。二是为奶农提供更为有利的政策支持。例如,部分地区机械补贴不到位,乳制品企业可以扩大农机补贴的覆盖面;帮助奶农完成农田水利基础设施建设等。三是建立奶业风险基金。政府、乳制品企业、奶站以及奶农应该各出一部分资金,联合建立奶业风险基金,用以降低原料乳价格波动以及奶牛意外死亡的风险,从而有效转嫁奶农在养殖过程中的风险,增强奶农以及乳制品企业抵御市场风险的能力。

4. 加强乳制品企业对奶农生产不合格原料乳的处罚力度

加强乳制品企业对奶农生产不合格原料乳的处罚力度,是遏制奶农投机行为的有效措施。现阶段,可以从以下两个方面开展工作:一是建立第三方的原料乳质量检测体系。当出现原料乳质量安全问题时,建立第三方的质量检测体系,有利于问责制度的实施和应用。其成员应包括乳制品企业、奶站、奶农、政府相关主管部门以及有关专家。二是加大对奶农违规行为的处罚力度。乳制品企业在收购原料乳的过程中,如果发现奶农有违规行为,应及时要求奶农收回其原料乳,并要求其按照合同要求缴纳违约金,如果其违规行为已造成严重后果,并危害消费者的身心健康,应追究其刑事责任。

（二）乳制品企业与经销商合作关系稳定性的提升策略

1. 降低经销商的质量投入成本

降低经销商的质量投入成本,有利于提高经销商从事乳制品销售工作的积极性。目前,可以从以下几个方面着手:一是乳制品企业和经销商联合起来,共同构建销售环节的冷链物流系统。乳制品企业可为各级经销商提供冷藏柜、保鲜箱等贮存设备,除了在设备上提供支持,还应该在管理上提供保障,例如,乳制品企业为各级经销商提供关于乳制品运输和贮存安全的销售培训,提供冷藏设备操作方面的培训,提供乳制品如何陈列方面的培训等。二是政府应为各级经销商提供一定数额的设备补贴。政府可根据各级经销商引进先进的冷链物流技术和设备完备程度提供相应的补贴金额,尤其对中小型经销商,补贴的力度应更大。三是由政府搭建信息平台,为广大消费者提供关于所购买乳制品的质量安全信息。通过信息平台,政府可定期向消费者推送关于乳制品营养安全的相关知识,消费者可随时查询乳制品从采购、加工、运输流通到销售等各环节的质量安全情况,进而弥补由于信息不对称导致不信任而带来的不良影响。四是乳制品企业为各级经销商提供销售管理软件。通过该销售管理软件,各级经销商可及时上传销售数据,节省人力、物力和时间成本。

2. 降低乳制品企业采取"建立沟通机制"所支付的成本

降低乳制品企业采取"建立沟通机制"所支付的成本,有利于提高乳制品企业工作的积极性。目前,可以从以下几个方面着手:一是政府应为建立射频识别(RFID)系统的乳制品企业提供一定的资金扶持。利用基于射频识别技术的乳制品供应链可追溯系统,可以帮助乳制品企业实现整条乳制品供应链安全风险的有效控制。由于受到投资成本较多的原因,大多数乳制品企业还没有建立一条完整的可追溯系统,政府应加大此方面的扶持力度。二是政府及主管部门应为搭建物联网信息平台的乳制品企业提供资金和政策扶持。利用物联网技术可以实现乳制品供应链的信息化管理,实现乳制品供应链冷链物流的在途监控,实现乳制品供应链质量安全管理与追溯。政府及主管部门应协助乳制品企业按计划、按步骤搭建物联网信息平台,为其提供资金和相应的政策,从而推动物联网信息平台的建设。

3. 提高经销商的销售额外收益

提高经销商的销售额外收益,有利于保障运输和销售环节的乳制品质量安全。具体来说,可以从以下几个方面着手:一是定期和经销商见面并交流。乳制品企业的营销人员应制定详细的、操作性强的访问计划表,并付诸实施,及时了解经销商在经销过程中遇到的问题并积极予以解决,此外,可利用微信等自媒体,随时了解经销商的意见和要求。二是诚心诚意帮助经销商开展日常运营活动。乳制品企业的营销部门有责任和义务帮助各级经销商制订营销计划、进行营销推广、拓展业务范围、提供市场支持,不断帮助各级经销商逐渐地成长、壮大。三是定期帮助经销商对各级销售人员进行培训,提高乳制品销售人员的素质和销售能力。乳制品企业在组织销售人员的培训过程中,应定期向销售人员讲解各类乳制品的营养知识,指导销售人员熟练掌握和运用销售技巧,引导消费者认同各类乳制品的功能和价值、达成共识并促成交易。四是建立多元的激励措施。由于各级经销商对奖励的需求不同,乳制品企业在制定统一的奖励标准后，针对有特殊需求的经销商，可给予不同的激励方式，提高激励的效果。

4. 增加在"质量安全不投入"策略下乳制品企业采取"不建立沟通机制"多付出的损失成本

增加在"质量安全不投入"策略下乳制品企业采取"不建立沟通机制"多付出的损失成本，有利于推动乳制品企业"建立沟通机制"，改变以往"搭便车"行为。具体来说，可以从以下几个方面着手：一是建立政府监管部门主导的乳制品安全风险预警制度。政府监管部门应收集、整理、跟踪乳制品质量安全的风险信息，预测不同环境下乳制品安全风险发生的概率，制定乳制品质量安全风险的防控制度。二是建立畅通无阻的乳制品召回信息收集渠道。召回实施时，首先要确认缺陷乳制品的市场分布情况、消费者数量、消费者群体、消费者的地域分布等，从而确定缺陷乳制品召回的信息发布方式，确保所有消费者能够在最短时间内获取召回信息。三是大力开展乳制品企业、各级经销商的信用档案信息化工作。各级政府监管部门应为乳制品企业建立信用档案，包括乳制品企业召回缺陷乳制品的基本情况、乳制品企业停止经营不符合乳制品安全标准的食品情况等，并呈现在政府门户网站上，供利益相关者进行查询；同时乳制品企业要为各级经销商建立销售档案，不仅包括基本资料，还包括销售额比率、回款比率、费用比率等。

5. 增加在"建立沟通机制"策略下经销商采取"质量安全不投入"所需缴纳的罚金

增加在"建立沟通机制"策略下经销商采取"质量安全不投入"所需缴纳的罚金，有利于加大经销商对"质量安全投入"工作的投入力度。现阶段,可以从以下几个方面着手:一是通过合同或协议执行处罚标准。乳制品企业应和经销商签订经销合同或协议,在合同或协议中明确规定对不履行"质量安全投入"的经销商或由于"质量安全不投入"而造成营销渠道内其他经销商受损的,应给予相应的资金或政策惩罚,对缺乏进一步改进"质量安全投入"意愿的,应采取剔除或更换其他销售商的方式。二是建立"质量安全投入"保证金制度。经销商应定期向乳制品企业缴纳一定额度的"质量安全投入"资金,用于建立"质量安全投入"保证金,如果乳制品企业检查合格,保证金将定期如数返还给经销商;如果检查不合格,保证金将用于经销商整顿或消费者理赔。

6. 增加在"不建立沟通机制"策略下经销商给乳制品企业带来的损失

增加在"不建立沟通机制"策略下经销商给乳制品企业带来的损失,有利于扭转乳制品企业不重视"建立沟通机制"的局面。现阶段,可以从以下几个方面着手:一是乳制品企业应和质量监督部门联动,共同监督经销商的"质量安全投入"工作。质量监督部门应和乳制品企业定期抽查经销商的"质量安全投入"行为,建立"不安全"乳制品的流向登记制度,防止出现串货、价格混乱等现象。二是加强乳制品安全舆论宣传工作。质量监督部门应充分利用电视、广播、互联网络、微博、微信等媒介向广大消费者宣传乳制品购买常识,纠正消费者的错误认知,使广大消费者提高购买安全乳制品的消费意识。

第三节　基于影响因素的提升策略

一、基于物理因素的提升策略

(一)继续提高乳制品供应链各利益主体质量安全资源的互补性

1. 实现各利益主体在乳制品质量安全资源的互补性

乳制品供应链各利益主体之所以要建立合作关系,一个至关重要的原因就是保证整个合作关系中乳制品的质量安全,只有充分保证乳制品的质量安全,才能在此基础上实现供应链整体的利润最大化。因此,各主体之间一定要努力实现乳制品质量安全资源的互补。原料乳供应商要及时向乳制品企业和经销商提供有关奶牛健康状况的信息,之所以要让乳制品企业和经销商了解奶牛的健康状况主要是为了让两者尤其是让乳制品企业实现对原料乳的有目的性的、有针对性的杀菌和消毒。乳制品企业一定要向经销商提供有关乳制品制造过程中的质量安全状况,从而能够让经销商在销售乳制品时将其储存在合理的温度和湿度环境中。而经销商也要及时提供乳制品市场上有关乳制品质量安全事件的信息,一是让原料乳供应商和制造商能够时常保持警惕;二是如果乳制品企业的乳制品一旦出现相似的质量安全问题,能够在尚未出现大影响的同时及时召回问题乳制品。

2. 实现各利益主体在自己独特资源优势上的互补性

乳制品供应链上的各利益主体在供应链上的各个环节上都有

自己独特优势所在,在合作关系稳定性的形成中一定要充分发挥各个主体在各环节上的资源互补。原料乳供应商一定要如实地向乳制品企业和经销商提供所生产的原料乳的质量信息,从而让乳制品企业和经销商能够准确把握原料乳的质量信息;乳制品企业也要及时提供关于自己所生产的乳制品的品质、口味信息以及自己的优势资源,对于将要创新的新品种的乳制品及时与原料乳供应商、经销商商讨,从而能够让原料乳供应商提供更优质的奶源、让经销商及时制定出适合新产品的销售策略。乳制品经销商是距离乳制品市场最近的、接触市场信息最多的经营主体,市场信息是乳制品经销商独特的优势资源,经销商如果能够汇总到乳制品市场上有效、有用的市场信息资源,能够获取更多的利润。乳制品经销商要在市场上及时收集有关竞争者的乳制品资源,包括竞争对手的乳制品、竞争对手的市场规模等资源,反馈给乳制品企业和原料乳供应商,以实现根据市场和竞争者确定乳制品制造和销售方向。

3.建立资源整合体系

乳制品供应链上的各利益主体在资源互补性高的情况下,可以采用建立资源整合体系的方式,实现协同工作,克服企业自身所存在的资源限制。通过建立资源整合体系,让各个主体能够充分利用资源。首先,要实现所有资源的汇总,让各个主体能够充分共享自己所拥有或收集到的资源;其次,能够对市场上的资源进行有效的鉴别和提取,剔除不合理、无效的信息资源,从而实现对市场资源的充分整合;最后,要实现对有效资源的汇总与分配。

（二）继续增强乳制品供应链各利益主体质量安全目标的兼容性

只有对乳制品的质量安全目标实现兼容、一致，才能使整个合作伙伴关系有一个前进的方向，利润目标的实现实际上是在该目标实现的基础上的一个结果。质量安全目标一旦实现，利润目标就会水到渠成。

1.增强原料乳供应商和乳制品企业之间质量安全目标的兼容性

原料乳供应商和乳制品企业要在原料乳质量安全标准上达成一致，针对不同的原料乳要提供不同的质量安全标准，如原料乳中蛋白质的含量不得少于多少。同时，二者也要对奶牛的养殖环境和原料乳的提取、贮存环境进行相应的规范。奶牛的养殖环境会影响到奶牛的健康状况，进而对原料乳本身起到影响；贮存环境至少能够保证原料乳处于密封的环境中。在奶牛的养殖环境中，一定要对奶牛的生活环境以及饲料状况进行严格规范；在原料乳的提取过程中，要对挤奶的行为进行规范，要尽最大可能在无菌的环境条件下进行提取；对贮存环境，合理规定好贮存的温度、湿度以及光线照射等。只有在此基础上，奶农养殖奶牛才会有目的性，乳制品企业在后期加工原料乳时才会根据不同乳制品的质量安全标准有针对性地加工。

2.增强乳制品企业和经销商之间质量安全目标的兼容性

乳制品企业和经销商同时也要对乳制品的质量安全标准达成一致，针对不同的乳制品达成不同的安全标准，这一标准的达成要建立在国家标准乃至国际标准的基础之上，如果国家没有规定一个统一的标准,就需要经销商提供一般的市场标准,按照一般的市场标准确定制造商的乳制品质量安全标准,如乳制品中的蛋白质含量不得少于多少、乳制品中的食品添加剂不得高于多少等。同样,乳制品企业和经销商也应该对原料乳的加工环境、工艺及技术条件进行相应的规范,加工环境需要保持在何种情况下、工艺及技术条件是否会引起乳制品的质量安全问题、原料乳加工的仪器设备需要什么标准,这些都是值得考虑和规范的。

这些质量安全目标的建立,应该注意以下几点:

(1)确定详细的质量安全检测标准

所有的这些原料乳、乳制品的质量安全标准一定要具体化,能够具体到数字就要具体到数字,不能含糊其词,这样不仅让生产者无从下手,也让验收者没有具体的标准去验收。

(2)引进先进的检测设备和方法

对于质量安全标准的检测,原料乳供应商、乳制品企业和经销商一定要确定其检验的仪器和检测的方法,以防出现不同主体采用不同检测方法和仪器,出现不同质量安全数据信息的问题。

(3)严格执行协议中的违规处罚

合作关系的建立和质量安全目标的达成,是为了更好地实现国家对乳制品的质量安全标准,而不是为了让自身乳制品供应链中的合作伙伴相互存在隐蔽违规行为,即便是自己的合作伙伴违背了质量安全目标或标准也要根据达成合作伙伴时的协议予以惩处和监督。

(三)继续提升乳制品供应链各利益主体质量安全运营的协调性

各利益主体达成的质量安全目标还远远不够,如果各利益主体不能实现实施活动过程的协调,实现运营体系的协调,最终目标达成的或许仅仅是书面意义上的一致,很难实现现实运营过程中的一致。

1. 实现供产销活动上的运营协调性

供产销活动上的连贯一致是乳制品供应链获得利润最大化的关键所在。市场上乳制品企业的乳制品占据多少市场份额,乳制品企业需要生产多少乳制品,原料乳供应商需要供应多少原料乳给乳制品企业生产,这些事项只有保证协调一致,才能实现运营活动的协调性。原料乳供应商应该同乳制品企业及时沟通原料乳的供给情况,即原料乳供应商应该在什么时候向乳制品企业供给原料乳,供给多少原料乳,原料乳供应商扩大再生产的能力达到多少才能满足乳制品企业的需求,这些事项都需要同乳制品企业进行运营活动上的协调,因为乳制品企业生产和销售乳制品的数量很大程度上仍然要取决于原料乳供应商供应原料乳的量。经销商要与乳制品企业实现在乳制品供应上的协调,乳制品企业应该根据经销商提供的乳制品历史销售数据,安排自己的生产活动,针对不同口味的乳制品制订出不同的生产计划。最终实现原料乳供应商、乳制品企业和经销商在乳制品供产销上的运营协调。

2. 实现运输、贮存活动上的运营协调性

原料乳供应商应该与乳制品企业、乳制品企业应该与经销商在运输活动上实现协调，确定统一的冷藏物流运输。运输工具由谁来提供，是由自身承担还是外包，运输费用由谁来承担，运输量是多少，这些问题都需要经过各方相互协商决定。乳制品供应链上的各利益主体应该根据上述的协商内容确定一个健全的原料乳和乳制品供应物流体系，根据物资运输规划，从乳制品企业合理分配乳制品给各经销商节点，以实现运输成本的最小化和销售利润的最大化。可以看出，乳制品的运输规划不仅涉及成本方面的损耗，还涉及整个供应链所获得的利润。因此，乳制品运输规划和运输体系的建立需要各方的运营协调。在贮存活动上也应该实现原料乳和乳制品贮存的协调。贮存活动的协调效果在很大程度上取决于生产环节和运输环节的协调，如果生产环节和运输实现运营上的协调，那么贮存很大程度上可能实现"零库存"，只在最后的经销商处实现乳制品销售的贮存。各利益主体在乳制品供应链的贮存环节应该实现统一的贮存，明确完善的贮存前消菌环节，确定统一的冷藏贮存体系，以实现贮存活动运营的协调性。

3. 实现乳制品质量安全监管活动上的协调性

各利益主体在共同建立质量安全目标的前提下，需要对这一质量安全目标确定一个共同的乳制品质量安全监管体系，在这一体系中明确规定乳制品的质量安全标准，明确制定乳制品质量安全标准的检验办法，明确违反质量安全标准的惩处办法，从而让乳制品供应链上的各利益主体能够在乳制品的质量安全上达成一致，避免因乳制品质量安全检验标准的不统一而使质量安全标准的界定产生歧义。要在乳制品质量安全监管体系中，通过内部监管减少乃至杜绝乳制品质量安全事件的发生。

二、基于事理因素的提升策略

（一）积极搭建信息共享平台

1. 积极搭建原料乳供应商和乳制品企业之间的信息共享平台

信息共享涉及市场需求预测、订单交货、生产计划、库存水平等内容，并决定了双方的有效沟通，原料乳供应商作为合作群体得到的相关信息，比如技术改革、设备更新、奶价上升下降等等，都没有乳制品企业得到的迅速和全面，乳制品企业最好能提供一个途径、方案或者与原料乳供应商搭建信息共享平台，让原料乳供应商及时跟上市场脚步。通过信息共享平台的搭建，乳制品企业能够及时与原料乳供应商沟通有关奶牛事项、市场需求预测信息、原料乳订单信息和原料乳生产计划，以促使双方在资源互补和运营活动上达成一致，推进合作关系的稳定。并且，通过信息共享平台的搭建，能够充分交流双方的库存信息，使彼此对对方的原料乳生产和加工情况实现较为详尽的了解，从而对原料乳运输实现及时、合理的规划，对原料乳、乳制品贮存实现合理控制，进而对乳制品企业的生产活动起到推动作用。

2. 积极搭建乳制品企业和经销商之间的信息共享平台

除了乳制品企业要和作为乳制品供应链的原料乳供应商搭建信息共享平台外，经销商是乳制品供应链重要的利润来源，同样需要乳制品企业与经销商搭建乳制品信息共享平台。经销商掌握着整个乳制品供应链中重要的市场销售信息，建立信息共享平台的一个最为重要的目的就是让这些市场信息能够充分发挥作用，指导乳制品生产活动，乃至源头原料乳的生产；更重要的是，经销商能够通过信息共享平台为乳制品企业提供有关市场上乳制品质量安全事件的相关信息,促使乳制品企业规范自己的乳制品生产活动,以防乳制品质量安全事件的发生。搭建信息共享平台,另一个主要方面就是为了同经销商共同探讨乳制品企业竞争对手的市场营销策略,以采取适当的营销策略保持住固有的乳制品市场份额,乃至与竞争对手争夺现有的市场份额。除此之外,乳制品企业和经销商搭建信息共享平台还能够加强彼此之间的相互沟通,能够增强彼此之间相互信任的程度。

(二)不断提升乳制品供应链各利益主体之间的信任度

1. 不断提升乳制品供应链各利益主体之间的能力信任程度

能力信任是各利益主体信任维度中的一个重要方面。提升能力信任的关键就在于提升各利益主体的经营实力。没有一定实力的企业要想在竞争如此激烈的环境中生存下来几乎不可能,合作能力不仅是能力信任的基础,也是评估双方合作的基础、建立合作关系的桥梁。对于原料乳供应商来说,要建立合理的牛群结构,合理扩大奶牛场的规模,加强对原料乳质量的管理,努力提升原料乳的质量,实现精粗饲料合理搭配,以吸引乳制品企业来订购原料乳。对于乳制品企业来说,处理乳制品质量安全事件的能力是一项必须具备的技能,乳制品的市场风险不可预知,没有一定的防御能力,也承担不起相应的责任。自身实力是一个硬性条件,不仅包括企业内在的文化理念、物质基础、经营方向,其中如对管理团队的集体才能、企业文化等属于乳制品企业核心能力的诸多因素都需要乳制品企业长时期的累积和优化管理,当然还包括乳制品企业外在的品牌和市场反响等,这都是乳制品企业核心能力的一种显性表现,而且与乳制品经销商的市场营销能力息息相关。对于乳制品经销商来说,在配合乳制品企业建立良好的市场形象和乳制品品牌的同时,及时收集相应的乳制品市场信息,在市场范围内合理地安排自己的乳制品经销网点。

2. 不断提升乳制品供应链各利益主体的善意信任程度

乳制品供应链的各利益主体在建立善意信任时,首先需要在利益分配时考虑彼此的利益。合理的利益分配是供应链上各利益主体合作的前提和基础,也是合作关系趋于成熟和稳定的必要条件,而合理的利益分配的基础则在于双方能够站在对方的立场上考虑对方利益,以适当放弃自己的部分利益,谋求整个合作关系所获利益的最大化。在充分考虑对方利益的过程中,要增进对对方的了解,加强同对方的交流沟通,毕竟进行自身利益的让步还要适当,在未对合作方有一个全面了解和掌握的基础上,不可盲目地放弃自己的部分利益。乳制品企业可以适当提高或奖励原料乳供应商所提供的高品质的原料乳或者对经销商予以适当的销售折扣。善意信任建立的另一个途径就是加强双方之间的支持与帮助,尤其是在某一主体遇到困难时,合作方更应该伸出援助之手。在合作的过程中所进行的资源互补行为与运营协调行为都是双方之间的支持与帮助,都能对善意信任的形成起到促进作用。反之,如果对合作方的困境和难处置之不理,任由合作方的经济绩效恶化下去,就会导致整个乳制品供应链合作关系经济效益骤降,间接造成乳制品企业自身经济利益的损失,不仅不会导致善意信任的建立,还会导致整个合作关系稳定性的崩溃。

三、基于人理因素的提升策略

（一）构建科学完整的契约关系以提高各利益主体之间的质量安全行为承诺

要实现乳制品质量安全合作关系的稳定性，很重要的一点就是契约条件合理完善，以确保双方合作中各方主体规范、有序履约，进而确保乳品质量安全。

1. 构建原料乳供应商与乳制品企业之间科学完整的契约关系

我国乳制品企业首先要结合自身企业文化和发展实际，与建立合作关系的原料乳供应商构建合理、完善、科学的契约关系，目的在于提高原料乳供应商履行合约的概率，避免违约情况的发生。在乳制品企业与原料乳供应商设计合同时，应将关系性条约置于首位，建立原料乳供应商的自觉履约机制，尽量减少事后补救，努力改为加强事前对原料乳供应商履行契约行为、及时提供原料乳的监督。与此同时，乳制品企业作为乳制品供应链中的核心更要遵循保质保价的原则，采取激励机制，对高质高产并规范履约的原料乳供应商给予适当的奖励，增强原料乳供应商的积极性，鼓励原料乳供应商根据合同或协议的规定生产高品质原料乳，以同乳制品企业达成良好的行为承诺关系。

2. 构建乳制品企业与经销商之间科学完整的契约关系

与原料乳供应商和乳制品企业行为承诺关系不同的是，乳制品企业与经销商均属于企业性质，要比原料乳供应商有更强的履行契约的能力，因为一旦某一主体违约，就会导致整个乳制品市场上其他主体对违约主体采取抵制、拒绝与其合作的态度，面对这种违约的成本,任何主体都不会冒此风险违约。相比原料乳供应商来说,乳制品企业和经销商作为经营实体来讲,市场竞争机制既会促进双方合作关系的提升以增强整个合作伙伴的竞争实力,也会加强双方履行契约约定、形成行为承诺的意识。乳制品企业要根据约定合同,提供给经销商不同品类的乳制品,以供经销商销售,并且要根据经销商所销售的乳制品数量给予经销商以适当的销售折扣;同样经销商也应该就乳制品的销售情况以及乳制品市场上的质量安全事件及时与乳制品企业进行反馈,确保乳制品企业能够切实保证自己乳制品的质量安全,不提供乃至不生产劣质的乳制品,故而使乳制品企业和经销商共同履行自己的行为承诺。

(二)提高乳制品供应链各利益主体之间的质量安全情感承诺

1.培养合作意识并形成合作关系

乳制品供应链各利益主体之间情感承诺的形成最初在于培养合作意识,形成合作关系。合作意识的萌发、合作关系的形成是情感承诺初步达成的基础。原料乳供应商和乳制品企业双方要努力培养这种合作意识:作为原料乳供应商,如果需要乳制品企业的资金和技术帮助,就得主动去了解乳制品企业的运营模式和方法技术,看符不符合自己的需求;作为乳制品企业,要及时关注市场信息,如果需要原料乳供应商的优质原料乳并打算与其合作,就要主动地与原料乳供应商进行沟通了解,甚至进行有关知识普及。原料乳供应商与乳制品企业之间也要通过协商,形成良好的契约关系,履行行为承诺,并在此基础上积极达成合理的利益分配,这是建立合作关系的物质基础,只有在物质基础的前提下,才会形成情感上的相互承诺。乳制品企业也要同经销商培养合作意识。乳制品企业要想让自己的乳制品得以畅销,让自己的乳制品能够占据更大的市场份额,获得更高的利润,或者若想要借助经销商良好的市场营销策略树立良好的乳制品品牌,就需要与一个有着广泛消费者市场的经销商合作;而经销商要想获得更高的利润,同样可以借助乳制品企业所树立的良好品牌。乳制品企业和经销商所培养的合作意识,是基于彼此经营实力建立的,一定要使自己所寻找的合作伙伴符合自己的能力,避免供需链"瓶颈"的影响。

2. 达成高度共识并建立命运共同体

在乳制品供应链上的各利益主体明确了合作意识,形成了合作关系之后,只有在此基础上彼此达成高度共识,建立命运共同体,能够将契约合同转化为自身的一种责任去履行,才会形成高层次的情感承诺。作为原料乳供应商和乳制品企业之间要想达成高度共识,既需要提高原料乳供应商的合作经营意识和能力,将乳制品企业看作是长久的合作伙伴,还需要乳制品企业能够与原料乳供应商利益共享、风险共担。对于乳制品企业与经销商来讲,达成高度的共识,就是保证彼此之间能够进行定期洽谈,乳制品企业能够及时从经销商处获得乳制品企业所需的市场竞争者的信息,乳制品企业也应该信任经销商所提供的信息,及时调整自己的战略,还可以让经销商参与到乳制品企业战略的修正中来,如果经销商在乳制品营销方面比乳制品企业要强,乳制品企业更可以将自己乳制品的包装设计、品牌管理交由经销商根据市场行情进行运营。同样,经销商要将乳制品的销售情况如实同乳制品企业进行沟通,经销商的资金状况大部分取决于乳制品企业乳制品的销售状况,故将乳制品企业看作是命运共同体对于情感上的相互依赖有着重要的作用。

（三）提高乳制品供应链各利益主体之间的质量安全持续承诺

之所以要履行行为承诺,培养善意承诺以及促进信息共享提升良好的信任度,都不过是为了乳制品供应链上的各利益主体能够获得最大利益,以及能够在长期中保持这种利益的持续流入。

1.订立长期合同并加大违约惩罚力度

对于原料乳供应商和乳制品企业来讲,乳制品企业要在建立契约合同的基础上,可以在契约合同中规定一个长期履行合同的期限,对这种合作行为加以约束,并且双方可以在履行合同期限的基础上添加违反约定期限的惩罚措施,以保证这种合作能够长期继续下去。但这种通过合同约定期限的方式,仅仅在合同约定的期限内有效,一旦约定的期限较短或者期限届满,这种仅仅依靠合同建立的长期合作关系就很容易被破坏,而且该合同上的期限如果双方没有情感上的依托,也很难让双方延续下去。

对于乳制品企业和经销商之间的合作关系,则更需要加强引导。因为乳制品企业与经销商掌握着乳制品整个供应链的绝大部分利润,只有在乳制品供应链下游保持一种长期合作的关系,才会为整个乳制品供应链的长期合作提供物质基础。乳制品企业和经销商均属于企业性质,注重追求最大利益,当乳制品企业(经销商)与现有的经销商(企业)合作的过程中,发现另外一个经销商(企业)要比现有的经销商(企业)有实力或市场份额占有率更好的话,很可能出现合作关系的破裂。因此,乳制品企业和经销商应该在合作之前,协商确定好合作关系中一方单方面违约后的惩罚措施,进行经济型补偿或其他性质的补偿措施,以严格约束乳制品企业或经销商想要不定期更换经销商或乳制品企业的行为,促进长期合作关系的建立。

2. 培养长期合作意识并实现长期合作

除了在合同条件上进行合作期限约束外,乳制品企业一定要定期与原料乳供应商进行洽谈,保持这种商业洽谈活动的持久性、常态性,从而深化原料乳供应商长期合作的意识;同时,乳制品企业也应该在原料乳收购价格上给予原料乳供应商议价地位,不能单方面定价,从而引导原料乳供应商长期向乳制品企业供应原料乳的倾向,让原料乳供应商认识到长期合作的重要性,对乳制品企业产生情感上的依托。

同样,对于乳制品企业和经销商来讲,也应该在长期合同的基础上,加强双方长期合作的意识,通过乳制品企业给予经销商所购乳制品适当的销售折扣和在乳制品收购价格上合理的利益让步,让经销商能够获得长期合作的额外好处;与此同时,经销商也要经常与乳制品企业交流乳制品市场上的乳制品销售信息和竞争者的信息。当然,双方在合作的过程中,不能安于现状,要相互帮助,在对方陷入困境时,能够给予资金或其他方面的支持,谋求双方的共同进步,而只有乳制品企业和经销商双方都处于进步当中,才会促使彼此放弃与其他经销商和乳制品企业建立合作关系的想法,安心与现有的合作伙伴共同经营好自身所在的乳制品供应链,促成双方合作自然而然的延续。

第四节　基于利润分配的提升策略

一、基于原料乳供应商与乳制品企业的利润分配策略

(一)以市场价为基础协商定价

在整个乳制品供应链条中,乳制品企业是领导者,根据一般的经济学理论,乳制品企业对原料乳收购价格的制定有着决定性的作用,原料乳供应商对于原料乳的收购价格处于从属地位,而事实亦是如此。现实生活中,原料乳供应商对奶价没有议价能力。在合作关系稳定性形成的过程中,原料乳的收购价格是原料乳供应商的最大收益来源,一定要确保原料乳供应商与乳制品企业所订立的收购价格的合理性,原料乳的收购价格要以市场价为基础,双方协商定价。乳制品企业在收购原料乳供应商的原料乳时,原料乳供应商一定要对乳制品的市场价格、原料乳的市场价格进行调查了解,既可以到市场上去咨询,也可以到其他原料乳供应商或第三方奶农协会去咨询原料乳的市场价,以做到在乳制品企业报价时对市场价了如指掌,进而对乳制品企业不合理的报价进行反驳,促进协商定价的开展。乳制品企业也应该秉承着诚信、友好的原则与原料乳供应商开展原料乳的收购,根据收集来的原料乳市场价,在市场价的基础上给予一定的折扣或提成作为报价,给出该报价与原料乳供应商协商。在协商的过程中,双方一定要处于平等的地位,乳制品企业不能以不再收购该原料乳供应商的原料乳为威胁,过分压低收购价格。双方既然已经是合作伙伴,就应该根据

签订的合同,合理约束自己的行为,以长期合作为前提,合理地协商价格,对对方提出的价格有什么不满意的应该尽快提出来加以解决,使最终达成的收购价格顺应双方的心意。

(二)协商费用以分担原料乳供应商和乳制品企业之间的成本

销售额是乳制品企业能够存在利润的前提基础,而成本和费用是构成利润的另一个重要方面,实现对成本和费用的合理分配,就是在形成利润前,实现对后期利润的一种合理分配。

这里的费用与成本并非是双方所有的生产成本和各种费用,而是介于两者之间,双方应该共同承担的成本和费用,如原料乳的运输费用和在运输期间的冷藏贮存费用。这些费用需要在原料乳供应商和乳制品企业间进行合理分摊。双方建立合作伙伴关系之后,成本费用的分摊对利润分配有着重要的影响。双方通过洽谈,对运输和冷藏费用的承担进行商定,是单独由某一方负责,还是由双方共同负责或者委托第三方物流运输公司承担。如果是双方共同负责,建立乳制品的物流运输系统,或委托第三方负责,那么这其中的费用分摊比例一定要提前确定,同时还需要对运输工具的应用进行确定。除了运输费用的协定外,冷藏贮存费用也需要经由双方协定而成。如果供应链中的各方倾向于由各利益主体共同负责运输和冷藏贮存,冷链物流运输建立和维护的成本就需要各利益主体共同承担和负责。当然,承担费用时必定有多有少,协商过程中,承担费用较少的一方就应该在其他方面予以适当的让步,以促进利润的合理分配。

乳制品供应链合作关系之间建立乳制品冷链物流运输系统,

不仅会涉及原料乳供应商与乳制品企业之间的成本费用分摊,也会涉及乳制品企业与经销商之间的成本费用分摊。

二、基于乳制品企业与经销商的利润分配策略

(一)协商乳制品的采购价格以及售价

原料乳经过乳制品企业的加工最后形成乳制品,乳制品经由经销商销售,出售到消费者手中。乳制品企业和经销商在这个过程中获利。原料乳经加工成为乳制品再由经销商收购,这其中乳制品收购价格需要经过乳制品企业和经销商协商制定,因为原料乳经由加工后成为乳制品的附加值最大,所以最终确定的乳制品收购价格要比原料乳的收购价格有一个很大的提升,这一提升程度如何,需要经过企业和经销商协商而定。在合作关系中,乳制品企业仍然处于主导地位,故提升价格不会太少,但乳制品的提升价格不可太高,如此在市场价格既定的情况下留给经销商价格提升的空间就会减少。因此,双方在协商乳制品收购价格时,需要综合考虑乳制品企业和经销商的获利空间。而且,乳制品企业需要根据经销商收购乳制品的多少,给予经销商适当的销售折扣,销售折扣的确定既会增加乳制品企业的销售量,也会在一定程度上扩大经销商的获利空间。

乳制品售价的确定,既要基于乳制品企业和经销商的获利空间,同时还需要综合考察乳制品市场上乳制品的销售情况以及竞争对手的乳制品售价。基本上乳制品的售价一旦确定,不会轻易变动,但经销商可以同乳制品企业确定一个合理的时间,如节假日等,进行乳制品的促销活动,以对价格作出适当的调整。一系列乳

制品的经销行为,都需要乳制品企业和经销商进行商讨确定,没有任何人会比乳制品企业更了解自己的乳制品,也没有任何人会比经销商更了解企业乳制品的销售情况,双方要综合各自的优势,做好乳制品的销售工作。

(二)协商费用以分担乳制品企业和经销商之间的成本

在原料乳供应商与乳制品企业进行有关原料乳的费用成本分摊,建立冷链物流运输系统时,乳制品企业也应该同经销商确定这一费用成本的分摊。整个冷链物流运输是服务于供应链中的合作伙伴的,由于在不同主体之间运输的物品不同,使得所耗费的成本费用由乳制品供应链上游的原料供应商和处于中间环节的乳制品企业,以及乳制品企业与乳制品供应链下游的经销商分别协商而定。经销商除了要与乳制品企业进行运输费用和运输工具的商讨外,更为重要的是运输路径的选择,这对于运输费用有着重要的作用。由于乳制品企业在一个省份内乃至一个地区上基本只存在乳制品企业的一个分公司,要想把分公司中的乳制品运输到不同地区的经销商处,就需要运用运筹学等科学管理工程的理论合理地规划出整个地区内的运输路径,选择最优的运输成本和合理的运输工具进行运输,以促进后续乳制品企业与经销商对运输费用分摊的协商。

三、基于乳制品第三方的利润分配策略

(一)完善政府对原料乳供应商的财政补助举措

现如今,多数政府往往对养殖奶牛的原料乳供应商采取按养

殖奶牛头数进行财政上的资金补助,比如一头奶牛补助 500 元,而并不采取切实可行的财政补助方式对原料乳供应商实施有效的财政帮扶。按照传统的资金补助形式,原料乳供应商单方面扩大奶牛的养殖规模就可以获得一个较为可观的财政资金补助,但这种形式的财政补助并不能从根本上对原料乳供应商的养殖状况起到促进作用,反而会使原料乳供应商养殖奶牛的品种、品质参差不齐。因此,政府需要完善对原料乳供应商的财政补助手段。政府首先需要同高校专家一同调查和了解不同原料乳供应商的生产经营情况,根据原料乳供应商不同的实际情况,通过财政划拨专项资金用于不同原料乳供应商不同短板方面的改善。有的原料乳供应商处在起步阶段,奶牛规模尚未成型,奶牛品质较差,青贮资源匮乏,政府就需要提供专项资金用于扩大奶牛养殖规模,提升奶牛品质,提供充足青贮料;有的原料乳供应商面临奶牛产奶量的"瓶颈",政府就可以划拨专项资金用于提高这部分原料乳供应商的奶牛养殖技术等等。当然,政府应该对这些专项资金的使用情况进行及时的调查和了解,对于合理使用并取得效果的,予以奖励;对于合理使用后尚未达到效果的,让原料乳供应商请教专家予以指导;对于没有合理使用的,取消对该原料乳供应商的专项资金扶持资格,并给予适当的处罚。总之,通过政府的财政手段,原料乳供应商提升自身实力,提高自身在乳制品供应链中所处的不利位置,在协商中拥有议价能力,以获得合理的利润分配。

(二)发挥奶协在合作伙伴外的第三方协调作用

原料乳供应商、乳制品企业和经销商在建立合作关系、达成共识的同时,不能忽视奶协的作用。奶协是一个类似于政府服务性质的非营利性组织，是向原料乳供应商、乳制品企业提供服务的社会团体。原料乳供应商在与乳制品企业协商原料乳的收购价格时，可以向奶协进行相应的咨询，以确保原料乳供应商对市场上生产原料乳的供应商需求情况有一个大致的了解，便于提高原料乳供应商的议价能力，更好地进行价格的协商。除了原料乳供应商直接向奶协寻求帮助外，奶协还可以协调原料乳供应商和乳制品企业之间的关系，对原料乳供应商和乳制品企业所建立的合作关系起到稳定作用。同时，奶协还需要关注市场上乳制品的市场价格，避免乳制品价格背离乳制品本身的市场价值，防止乳制品企业和经销商的合作关系变为相互勾结，恶意抬高市场价格，以对整个乳制品供应链的利益分配进行相应的监管。同时，奶协还应该努力推动我国奶业的健康发展，对乳制品企业的社会责任承担行为和乳制品质量安全事件进行相应的公示和通告，乳制品企业的社会责任承担行为能够在消费者心中树立一个良好的企业形象，促进整条乳制品供应链利润总额的增长；反之，则会使乳制品供应链的利润骤减。

参 考 文 献

［1］白宝光、解敏、孙振：《基于科技创新的乳制品质量安全问题监控逻辑》，《科学管理研究》2013 年第 4 期。

［2］卜卫兵、李纪生：《我国原料奶生产的组织模式及效率分析——以江苏省为例的实证研究》，《农业经济问题》2007 年第 6 期。

［3］陈小霖、冯俊文：《基于演化博弈论的农产品质量安全研究》，《技术经济》2007 年第 11 期。

［4］陈新平：《供应链的稳定性研究》，《商场现代化》2008 年第 33 期。

［5］陈耀、生步兵：《供应链联盟关系稳定性实证研究》，《管理世界》2009 年第 11 期。

［6］蔡继荣：《联盟伙伴特征、可置信承诺与战略联盟的稳定性》，《科学学与科学技术管理》2012 年第 7 期。

［7］曹雪梅：《乳制品供应链物流管理探析》，《中国商贸》2011 年第 8 期。

［8］大庆市奶业考察团：《赴德国、荷兰奶业考察报告》，《大庆日报》2010 年 11 月 10 日。

［9］道日娜、乔光华：《内蒙古奶业生产组织模式创新与乳品质量安全控制》，《农业现代化研究》2009 年第 3 期。

[10]邓磊、张希玲、赵婧洁、王瑞梅:《鲜食葡萄产业链利润分配研究——基于河北昌黎的案例分析》,《农业现代化研究》2016年第6期。

[11]邓明荣主编:《供应链管理战略与实务》,机械工业出版社2012年版。

[12]刁丽琳、朱桂龙、许治:《基于多权重Shapley值的联盟利益分配机制》,《工业工程与管理》2011年第4期。

[13]杜玉申、马方园、张金玉:《公平感知和效率感知对供应链合作关系稳定性的影响——以环境不确定性为调节变量》,《企业经济》2012年第10期。

[14]樊斌、田春兰、杨辉:《乳制品供应链中质量安全影响因素分析》,《商业经济》2012年第18期。

[15]樊斌、周鹏:《乳业产业系统发展状态测度研究——基于协同论的实证分析》,《农业现代化研究》2018年第2期。

[16]樊雪梅、李筱静:《浅析乳制品供应链的改进》,《中国市场》2011年第15期。

[17]方杰、张敏强、顾红磊、梁东梅:《基于不对称区间估计的有调节的中介模型检验》,《心理科学进展》2014年第10期。

[18]符少玲、王升:《涉农供应链伙伴关系、合作绩效和合作稳定性的关系研究》,《情报杂志》2008年第6期。

[19]甘卫华、成成:《基于Stackelberg博弈的光伏产业链的利润分配研究》,《生态经济(学术版)》2014年第1期。

[20]高维和、刘勇、陈信康、江晓东:《协同沟通与企业绩效:承诺的中介作用与治理机制的调节作用》,《管理世界》2010年第11期。

[21]公彦德、李帮义、刘涛:《基于Shapley值和相同利润增长率的供应链协调策略》,《系统管理学报》2009年第1期。

[22]顾基发、高飞:《从管理科学角度谈物理—事理—人理系统方法论》,《系统工程理论与实践》1998年第8期。

［23］何丽红、廖茜、刘蒙蒙、苑春:《两层供应链系统最优广告努力水平与直接价格折扣的博弈分析》,《中国管理科学》2017年第2期。

［24］何亮、李小军:《奶业产业链中企业与奶农合作的博弈分析》,《农业技术经济》2009年第2期。

［25］何玉成、李崇光:《中国原奶生产与乳品加工之间纵向组织关系研究》,《农村经济》2003年第6期。

［26］侯杰泰、温忠麟、成子娟:《结构方程模型及其应用》,教育科学出版社2004年版。

［27］侯淑霞:《先发模式下乳品供应链合作关系柔性研究》,《中国流通经济》2007年第6期。

［28］侯淑霞、潘斌:《印度乳业的产业组织结构与纵向组织关系分析》,《内蒙古财经学院学报》2009年第5期。

［29］胡保玲、王晓飞:《组织支持感对经理人知识转移的影响研究——情感承诺的中介作用》,《企业活力》2010年第9期。

［30］胡旺存:《我国乳制品的质量安全探析》,《阜阳师范学院学报(社会科学版)》2010年第2期。

［31］胡志鹏、牛茹:《包装技术支撑液态奶大市场》,《印刷世界》2004年第6期。

［32］黄鲁成:《区域技术创新生态系统的稳定机制》,《研究与发展管理》2003年第4期。

［33］简兆权:《战略联盟的合作博弈分析》,《数量经济技术经济研究》1999年第8期。

［34］姜骞:《供应链企业间信任对供应链合作稳定性的作用机制》,《中国流通经济》2016年第9期。

［35］蒋晓荣、杨慧:《企业间关系承诺研究述评》,《科技进步与对策》2016年第12期。

［36］蒋新梅:《新疆乳制品企业实施供应链战略联盟研究》,《中国市场》2008年第28期。

［37］孔鹏志、杨忠直：《基于 Stackelberg 博弈的循环经济闭环产业链研究》，《中国人口·资源与环境》2011 年第 9 期。

［38］雷妮：《企业内组织信任关系对组织学习过程影响实证研究》，《湖南社会科学》2016 年第 4 期。

［39］李柏勋、周永务、王圣东：《供应链间 Stackelberg 博弈下纵向结构决策模型》，《科研管理》2012 年第 12 期。

［40］李东昂、张翕、龚梦、田野、陆倩妮：《原料乳挤乳贮存与运输过程中的质量控制》，《农业与技术》2015 年第 9 期。

［41］李洪涛、孙元欣：《基于信任维度的企业合作关系研究》，《现代管理科学》2014 年第 6 期。

［42］李焕荣、马存先：《组织间关系的进化过程及其策略研究》，《科技进步与对策》2007 年第 1 期。

［43］李平：《论绿色技术创新主体系统》，《科学学研究》2005 年第 3 期。

［44］李瑞涵、赵强、吴育华：《合作理论及其稳定性分析》，《天津大学学报》2002 年第 6 期。

［45］李阳珍：《供应链战略合作关系的建立过程分析》，《西南民族大学学报（人文社科版）》2005 年第 2 期。

［46］李艺、郑国华、陈建华：《基于多级模糊评价法的供应链稳定性评价》，《物流技术》2009 年第 12 期。

［47］李中东：《基于农产品质量安全的技术扩散博弈分析》，《技术经济》2009 年第 8 期。

［48］连晶晶、王秀芳、赵慧峰、邢琳：《基于美国奶业发展经验分析河北省奶业发展》，《中国奶牛》2017 年第 12 期。

［49］梁龙、陈源泉、高旺盛：《基于生命周期的循环农业系统评价》，《环境科学》2010 年第 11 期。

［50］刘朝刚、马士华：《供应链合作的稳定性分析》，《科技管理研究》2007 年第 2 期。

[51]刘海林、贺建华:《加强奶源质量控制　确保乳制品质量安全》,《中国乳业》2010 年第 10 期。

[52]刘俊华、芦颖、李燕霞、长青、白宝光:《基于模糊测度的乳品供应链质量安全绩效评价与控制》,《内蒙古大学学报(自然科学版)》2013 年第 2 期。

[53]刘平、王玉涛、刘明国等:《基于系统科学理论的〈森林培育学〉教学模式优化》,《中国科技信息》2012 年第 19 期。

[54]刘潇忆、张彧、陈历俊、姜铁民:《原料乳生产过程中微生物污染的来源追溯研究》,《中国乳品工业》2013 年第 6 期。

[55]柳岩:《内蒙古地区乳业国际竞争力的分析》,《北方经济》2006 年第 12 期。

[56]刘益、陶蕾:《零售商对供应商的信任、控制机制使用和价值创造之间的关系研究》,《管理工程学报》2007 年第 1 期。

[57]卢凤君、孙世民、叶剑:《高档猪肉供应链中加工企业与养猪场的行为研究》,《中国农业大学学报》2003 年第 2 期。

[58]鲁嘉明:《从三聚氰胺来试论我国乳业的供应链》,《中国经济与管理科学》2008 年第 8 期。

[59]罗昌、贾素玲、王惠文:《基于系统动力学的供应链稳定性研究》,《系统仿真学报》2008 年第 14 期。

[60]吕永卫、孙西生:《基于演化博弈理论的供应链系统长期稳定性分析》,《系统科学学报》2013 年第 2 期。

[61]马士华、林勇:《供应链管理》(第 2 版),机械工业出版社2005 年版。

[62]闵贞、刘玉满:《印度的奶业合作社与乳品市场》,《中国牧业通讯》2011 年第 8 期。

[63]潘会平、陈荣秋:《供应链合作的利润分配机制研究》,《系统工程理论与实践》2005 年第 6 期。

[64]潘斌、侯淑霞、杨振环:《美国乳业产业组织结构探析》,《内

蒙古财经学院学报》2010 年第 3 期。

[65]仇荣国、孔玉生:《基于企业生命周期的科技型小微企业信贷融资机制》,《系统工程》2017 年第 1 期。

[66]钱贵霞、张一品、吴迪:《液态奶产业链利润分配研究——以内蒙古呼和浩特为例》,《农业经济问题》2013 年第 7 期。

[67]乔光华、郝娟娟:《我国乳业的食品安全:背景、问题和对策》,《农业技术经济》2004 年第 4 期。

[68]权小锋、尹洪英:《基于互惠合作的供应链合作关系稳定机制研究》,《物流技术》2007 年第 8 期。

[69]邵兴东、孟宪忠:《战略性社会责任行为与企业持续竞争优势来源的关系——企业资源基础论视角下的研究》,《经济管理》2015 年第 6 期。

[70]沈永聪、李守军、杨林:《牛奶中抗生素残留检测技术进展》,《畜牧兽医科技信息》2006 年第 5 期。

[71]盛望京、吴祈宗:《敏捷供应链协作伙伴关系建立过程研究》,《北京理工大学学报(社会科学版)》2005 年第 5 期。

[72]石海星、孙世民、孙安增等:《黑龙江省机械化挤奶站设备的比较选择研究》,《农机化研究》2006 年第 1 期。

[73]苏禹娴:《我国乳制品供应链现状及对策分析》,《企业导报》2010 年第 3 期。

[74]孙琦、季建华:《基于快速恢复的供应链突发事件演化过程分析》,《软科学》2012 年第 11 期。

[75]孙秀霞、朱方伟、宋昊阳:《感知信任与项目绩效:组织承诺的中介作用》,《管理评论》2016 年第 12 期。

[76]孙永军、綦方中、潘晓弘等:《敏捷供应链企业间合作关系建立过程研究》,《中国机械工程》2004 年第 5 期。

[77]万希:《构建良好的领导信任关系》,《领导科学》2009 年第 5 期。

［78］王存华、龚晓菊:《澳大利亚乳业食品安全管理体系分析》,《乳业科学与技术》2017 年第 1 期。

［79］王海霞、汤雅琴:《影响奶牛产奶性能的几项因素》,《养殖技术顾问》2010 年第 9 期。

［80］王侃:《供应链上企业间的利润分配模型研究》,《武汉理工大学学报》2004 年第 7 期。

［81］王敏、何忠伟、刘芳等:《新西兰奶业发展现状及经验借鉴》,《世界农业》2016 年第 9 期。

［82］王爽:《我国乳品业供应链绩效评价与模型优化》,《中国经贸导刊》2012 年第 8 期。

［83］工尤甲、全古、刘伟兵:《有限理性下的演化博弈与合作机制研究》,《系统工程理论与实践》2011 年第 S1 期。

［84］王新利、赵艳波:《黑龙江省乳制品供应链发展模式分析》,《物流科技》2006 年第 12 期。

［85］王文信、伍建平、陈秀凤:《荷兰奶业发展模式及其借鉴》,《世界农业》2017 年第 3 期。

［86］王霞:《荷兰乳业:奶农与企业利益捆绑》,《农家参谋》2014 年第 10 期。

［87］王莺、李军:《竞争制造商供应链合作收益分配研究》,《统计与决策》2010 年第 18 期。

［88］晚春东、秦志兵、丁志刚:《消费替代、政府监管与食品质量安全风险分析》,《中国软科学》2017 年第 1 期。

［89］肖海林:《企业生命周期理论辨析》,《学术论坛》2003 年第 1 期。

［90］肖梅:《印度奶业合作社发展对我国的启示》,《中国农民合作社》2011 年第 7 期。

［91］谢凤玲、刘召爽、黄梯云:《供应商关系管理中关系质量的关系承诺模型》,《系统管理学报》2011 年第 4 期。

[92]吴继贵、叶阿忠:《FMCG供应链风险综合评价研究——以中国乳制品供应链为例》,《科技管理研究》2014年第22期。

[93]许民利、王俏、欧阳林寒:《食品供应链中质量投入的演化博弈分析》,《中国管理科学》2012年第5期。

[94]徐娜:《美国奶牛业的发展经验及其启示》,《经济研究导刊》2010年第11期。

[95]徐瑞泽、路剑、周月芳:《河北省生猪产业链利润分配研究》,《黑龙江畜牧兽医》2016年第20期。

[96]徐岩、胡斌、钱任:《基于随机演化博弈的战略联盟稳定性分析和仿真》,《系统工程理论与实践》2011年第5期。

[97]徐燊、沈文华:《北京乳品销售渠道的现状与发展对策研究》,《中国乳业》2006年第8期。

[98]杨宝宏:《谈乳制品企业的供应商管理问题》,《商业时代》2009年第36期。

[99]杨贞耐:《我国乳与乳制品的质量安全控制》,《中国畜牧杂志》2008年第8期。

[100]尹巍巍、张可明、宋伯慧、李冬:《乳品供应链质量安全控制的博弈分析》,《软科学》2009年第11期。

[101]俞红、樊庆港、费星锋:《项目成员信任关系对知识共享行为的影响研究》,《浙商研究》(年刊)2015年。

[102]于红莉:《动态市场环境下企业供应链战略合作关系的建立及稳定性研究》,《吉林工程技术师范学院学报》2012年第11期。

[103]喻珊、李兆花:《制造商占主导的二级供应链利润分配博弈分析》,《中国市场》2012年第28期。

[104]原毅军、田宇、孙佳:《产学研技术联盟稳定性的系统动力学建模与仿真》,《科学学与科学技术管理》2013年第4期。

[105]叶飞、李怡娜、徐学军:《供应链伙伴特性、伙伴关系与信息共享绩效之间的关系研究——以制造业为例》,第九届全国青年管理

科学与系统科学学术会议,2007 年。

[106]叶飞、吴佳、吕晖、徐学军:《高管私人关系对供应商信息共享的作用机理研究——以组织间的信任为中介》,《科学学与科学技术管理》2011 年第 6 期。

[107]叶飞、徐学军:《供应链伙伴特性、伙伴关系与信息共享的关系研究》,《管理科学学报》2009 年第 4 期。

[108]叶枫、郭淼媛:《质量控制下的乳制品供应链协调》,《经营与管理》2013 年第 10 期。

[109]曾荣浩、杜跃平:《基于现值法的供应链合作伙伴关系稳定性研究》,《情报杂志》2006 年第 2 期。

[110]张宝龙、曾佑新、吴书芳:《供应链评价研究评述》,《江苏商论》2011 年第 11 期。

[111]张广琦、陈忠卫、李宏贵:《什么样的创业团队才有助于降低离职倾向?——基于人际信任的视角》,《管理评论》2016 年第 12 期。

[112]张贵磊、刘志学:《主导型供应链的 Stackelberg 利润分配博弈》,《系统工程》2006 年第 11 期。

[113]张奇、陈劲、李小红:《绩效评估公平感与组织承诺的关系研究》,《科研管理》2009 年第 2 期。

[114]张莉、侯云先:《基于质量安全的乳制品供应链生产模式选择的演化博弈分析》,《管理现代化》2016 年第 4 期。

[115]张维银:《影响原料奶质量安全的关键因素及控制》,《中国奶牛》2012 年第 6 期。

[116]张旭光、赵元凤:《美国奶牛养殖收入保险的操作方式及对中国的启示》,《中国畜牧杂志》2017 年第 1 期。

[117]张旭梅、陈伟:《供应链企业间信任、关系承诺与合作绩效——基于知识交易视角的实证研究》,《科学学研究》2011 年第 12 期。

[118]张学龙、王云峰:《基于 LMI 的灰色非线性精敏供应链稳定

性判定方法》,《工业工程》2014 年第 2 期。

[119]张煜、汪寿阳:《食品供应链质量安全管理模式研究——三鹿奶粉事件案例分析》,《管理评论》2010 年第 10 期。

[120]张瑜明、李颖斌、陈晓琼等:《如何提高个体奶农的原料乳卫生质量》,《中国乳品工业》2002 年第 6 期。

[121]张云、吕萍、宋吟秋:《总承包工程建设供应链利润分配模型研究》,《中国管理科学》2011 年第 4 期。

[122]张云华、孔祥智、杨晓艳、罗丹:《食品供给链中质量安全问题的博弈分析》,《中国软科学》2004 年第 11 期。

[123]赵阳:《乳制品供应链合作风险研究》,《农业经济》2009 年第 3 期。

[124]赵晗萍、冯允成、姚李刚:《供应链博弈问题综述》,《北京航空航天大学学报(社会科学版)》2005 年第 4 期。

[125]钟真、孔祥智:《当前我国奶站发展现状的分析——基于对北方四省 35 家奶站的调研》,《中国奶牛》2009 年第 3 期。

[126]祝捷:《基于供应链的乳制品安全监管方法研究》,《宏观质量研究》2013 年第 2 期。

[127] Babu S., Mohan U., "An Integrated Approach to Evaluating Sustainability in Supply Chains Using Evolutionary Game Theory", *Computers & Operations Resarch*, Vol.89, 2018.

[128] Barari S., Agarwal G., Zhang W.J., Mahanty B., Tiwari M.K., "A Desion Framework for the Analysis of Green Supply Chain Contracts: An Evolutionary Game Approach", *Expert Systems with Applications*, Vol. 39, No.3, 2012.

[129] Bansal, Harvir S., Irving, Gregory P., Taylor S.F., "A Three-component Model of Customer Commitment to Service Providers", *Journal of the Academy of Marketing Science*, Vol.32, No.3, 2004.

[130] Brouthers K.D., Brouthers L.E., Wilkinson T.J., "Strategic

Alliances:Choose Your Partners", *Long Range Planning*, Vol.28, No.3, 1995.

[131] Cardozo R. N., "An Experimental Study of Customer Effort, Expectation and Satisfaction", *Journal of Marketing Research*, Vol.2, No.3, 1975.

[132] Cederberg C., Mattsson B., "Life Cycle Assessment of Milk Production-A Comparison of Conventional and Organic Farming", *Journal of Cleaner Production*, Vol.8, No.1, 2000.

[133] Cho Y. J., Park H., "Exploring the Relationships among Trust, Employee Satisfaction, and Organizational Commitment", *Public Management Review*, Vol.13, No.4, 2011.

[134] Collins M. N., Amabile T. M., *Motivation and Creativity*, in Sternberg, Robert J. (Ed.), *Handbook of Creativity*, New York: Cambridge University Press, 1999.

[135]Das T. K., Teng B., "The Dynamics of Alliance Conditions in the Alliance Development Process", *Journal of Management Studies*, Vol.39, No.5, 2002.

[136]Du M., Fleming G.R., "Femtosecond Time-resolved Fluorescence Spectroscopy of Bacteriorhodopsin: Direct Observation of Excited State Dynamics in the Primary Step of the Proton Pump Cycle", *Biophysical Chemistry*, Vol.48, No.2, 1993.

[137] Erceg-Hurn, D. M., Mirosevich, V. M., "Modern Robust Statistical Methods:An Easy Way to Maximize the Accuracy and Power of Your Research", *American Psychologist*, Vol.73, No.7, 2008.

[138] Friedman D., "Evolutionary Games in Economics", *Econometrica*, No.59, No.3, 1991.

[139]Fullerton G., Taylor S., "Mediating, Interactive and Non-linear Effects in Service Quality and Satisfaction with Services Research",

Canadian Journal of Administrative Sciences, Vol.19, No.2, 2002.

[140] Gadde L., Hakansson H., "The Changing Role of Purchasing: Reconsidering Three Strategic Issues", *European Journal of Purchasing and Supply Management*, Vol.1, 1994.

[141] Ganesan S., Hess R., "Dimensions and Levels of Trust: Implications for Commitment to a Relationship", *Marketing Letters*, Vol.8, No.4, 1997.

[142] Guren T. W., Acito S. F., "Relationship Marketing Activities, Commitment, and Membership Behaviors in Professional Associations", *Journal of Marketing*, Vol.64, No.3, 2000.

[143] Hayes A. F., "An Index and Test of Linear Moderated Mediation", *Multivariate Behavioral Research*, Vol.50, No.1, 2015.

[144] Hayes A. F., *Introduction to Mediation, Moderation, and Conditional Process Analysis: A Regression-based Approach*, New York: Guilford Press, 2013.

[145] Hendrickson M. K., Hefferman W. D., "Opening Spaces through Relocalization: Locating Potential Resistance in the Weaknesses of the Global Good System", *Sociologia Ruralis*, Vol.42, No.4, 2002.

[146] Hotchkiss J. H., Werner B. G., Lee E. Y. C., "Addition of Carbon Dioxide to Dairy Products to Improve Quality: A Comprehensive Review", *Comprehensive Reviews in Food Science and Food Safety*, Vol.5, No.4, 2006.

[147] Johnson J. L., Cullen J. B., Sakano T., et al., "Setting the Stage for Trust and Strategic Integration in Japanese-U.S. Cooperative Alliances", *Journal of International Business Studies*, Vol.27, No.5, 1996.

[148] Joshi, Ashwin W., "Continuous Supplier Performance Improvement: Effects of Collaborative Communication and Control", *Journal of Marketing*, Vol.73, No.1, 2009.

[149] Kamber U., "The Manufacture and Some Quality Characteristics of Kurut, A Dried Dairy Product", *International Journal of Dairy Technology*, Vol.71, No.2, 2008.

[150] Kim K., Frazier G. L., "On Distributor Commitment in Industrial Channels of Distribution: A Multicomponent Approach", *Psychology & Marketing*, Vol.14, No.8, 1997.

[151] Kim K., Frazier G. L., "Measurement of Distributor Commitment in Industrial Channels of Distribution", *Journal of Business Research*, Vol.40, No.2, 1997.

[152] Kumar N., Scheer L. K., Steenkamp J. E. M., "The Effects of Supplier Fairness on Vulnerable Resellers", *Journal of Marketing Research*, Vol.32, No.1, 1995.

[153] Laumanns M., Lefeber E., "Robust Optimal Control of Material Flows in Demand-driven Supply Networks", *Physica A: Statistical Mechanics and its Application*, Vol.363, No.1, 2006.

[154] Li L. Y., "Encouraging Extra-role Behavior in a Channel Context: The Role of Economic, Social and Justice-based Sharedness Mechanisms", *Industrial Marketing Management*, Vol. 39, No. 2, Winter 2010.

[155] Li S., Lin B., "Accessing Information Sharing and Information Quality in Supply Chain Management", *Decision Support Systems*, Vol.42, No.3, 2007.

[156] Liu Y., Luo Y., Liu T., "Governing Buyer-supplier Relationships through Transactional and Relational Mechanisms: Evidence from China", *Journal of Operations Management*, Vol.27, No.4, 2009.

[157] Liu Y. S., Wang S. S., "Research on Collaborative Management in Supply Chain Crisis", *Procedia Environmental Sciences*, Vol. 10, Part A, 2011.

[158] Lui S. S., Ngo H. Y., "The Role of Trust and Contractual Safeguards on Cooperation in Non-equity Alliances", *Journal of Management*, Vol.30, No.4, 2004.

[159] Macbeth D. K., "The Role of Purchasing in a Partnering Relationship", *European Journal of Purchasing and Supply Management*, Vol.1, No.1, 1994.

[160] Maheshwari B., Kumar V., Kumar U., "Optimizing Success in Supply Chain Partnerships", *Journal of Enterprise Information Management*, Vol.19, No.3, 2007.

[161] Maloni M. J., Benton W. C., "Supply Chain Partnership: Opportunities for Operations Research", *European Journal of Operational Research*, Vol.101, No.3, 1997.

[162] Mayer R. C., Davis J. H., "The Effect of the Performance Appraisal System on Trust for Management: A Field Quasi-experiment", *Journal of Applied Psychology*, Vol.84, No.1, 1999.

[163] Mayer R. C., Davis J. H., Schoorman F. D., "An Integrative Model of Organizational Trust", *Academy of Management Review*, Vol.20, No.3, 1995.

[164] Maynard S. J., Price G. R., "The Logical Animal Conflict", *Nature*, Vol.247, 1973.

[165] Mcallister D. J., "Affect and Cognition-Based Trust as Foundations for Interpersonal Cooperation in Organizations", *The Academy of Management Journal*, Vol.38, No.1, 1995.

[166] Morgan R. M., Hunt S. D., "The Commitment-Trust Theory of Relationship Marketing", *Journal of Marketing*, Vol.58, No.3, 1994.

[167] Muduli K., Govindan K., Barve A., Kannan D., Geng Y., "Role of Behavioral Factors in Green Supply Chain Management Implementation in Indian Mining Industries", *Resources, Conservation and Recycling*,

No.77,2013.

[168] Nagatani T., Helbing D., "Stability Analysis and Stabilization Strategies for Linear Supply Chain", *Physica A: Statistical Mechanics and its Application*, Vol.335, No.3-4, 2004.

[169] Nakamura T., "One-leader and Multiple-follower Stackelberg Games with Private Information", *Osaka University*, 2014.

[170] Ndambi O. A., Garcia O., Balikowa D., et al., "Milk Production Systems in Central Uganda: A Farm Economic Analysis", *Tropical Animal Health and Production*, Vol.40, No.4, 2008.

[171] Noni I. D., "Reference Material Needs for Quality Assessment of Milk and Dairy Products", *Accreditation & Quality Assurance*, Vol.9, No.4-5, 2004.

[172] Noordhuizen J. P. T. M., Metz J. H. M., "Quality Control on Dairy Farms with Emphasis on Public Health, Food Safety, Animal Health and Welfare", *Livestock Production Science*, Vol.94, No.2, 2005.

[173] Robinson B. H., Taylor J., Cutz E., et al., "Reye's Syndrome: Preservation of Mitochondrial Enzymes in Brain and Muscle Compared with Liver", *Pediatric Research*, Vol.12, No.11, 1978.

[174] Shah T., "Producer Behaviour, Market Structure and Technology in Indian Dairy Industry: Some Managerial Implications", *Agricultural Systems*, Vol.11, No.1, 1983.

[175] Sambasivan M., Siew-Phaik L., Mohamed Z. A., Leong Y. C., "Factors Influencing Strategic Alliance Outcomes in a Manufacturing Supply Chain: Role of Alliance Motives, Interdependence, Asset Specificity and Relational Capital", *International Journal of Production Economics*, Vol.141, No.1, 2013.

[176] Sankaran J. K., Mouly V. S., "Value-chain Innovation in Aquaculture: Insights from a New Zealand Case Study", *R&D*

Management, Vol.36, No.4, 2006.

[177] Sarkar M. B., Echambadi R., Cavusgil S. T., et al., "The Influence of Complementarity, Compatibility, and Relationship Capital on Alliance Performance", *Journal of the Academy of Marketing Science*, Vol. 29, No.4, 2001.

[178] Simon H. A., "Theories of Decision-Making in Economics and Behavioral Science", *The American Economic Review*, Vol.49, No.3, 1959.

[179] Smit H.J., Tas B. M., Taweel H. Z., et al., "Effects of Perennial Ryegrass(Lolium Perenne L.) Cultivars on Herbage Production, Nutritional Quality and Herbage Intake of Grazing Dairy Cows", *Grass and Forage Science*, Vol.70, No.3, 2005.

[180] Smith J. M., "The Theory of Games and the Evolution of Animal Conflicts", *Journal of Theoretical Biology*, Vol.47, No.1, 1974.

[181] Sodhi M. S., Son B., "Supply-chain Partnership Performance", *Transportation Research Part E: Logistics and Transportation Review*, Vol.45, No.6, 2009.

[182] Vetter, H., "Moral Hazard, Vertical Integration, and Public Monitoring in Credence Goods", *European Review of Agriculture Economics*, Vol.29, No.2, 2002.

[183] Wang L., "Co-opetition Mechanism in Supply Chain Network: An Evolutionary Game Theory Approach", *Forecasting*, Vol.26, No.5, 2007.

[184] Wang W. M., He Y. M., Yao Z. X., "Complexity of the Coseismic Rupture for 1999 Chi-Chi Earthquake(Taiwan)from Inversion of GPS Observations", *Tectonophysics*, Vol.382, No.3-4, 2004.

[185] Wilding R., "The Supply Chain Complexity Triangle-uncertainty Generation in the Supply Chain", *International Journal of Physical Distributiaon & Logistics Management*, Vol.28, No.8, 1998.

[186] Wu J. C., Wu C. X., Liu Y. P., "The Economics and

Feasibility of Traceability in Agri-Food Supply Chain: Analysis with Game Theory between Double Oligarchs", *Applied Mechanics and Materials*, Vol. 397-400, Autumn 2013.

[187] Wuyts S., "Extra-role Behavior in Buyer-supplier Relationships", *International Journal of Research in Marketing*, Vol.24, No.4, 2007.

[188] Yan A., Zeng M., "International Joint Venture Instability: A Critique of Previous Research, a Reconceptualization, and Directions for Future Research", *Journal of international Business Studies*, Vol.30, No.2, 2009.

[189] Zeng H., Sun S., "Syntheses, Properties, and Potential Applications of Multicomponent Magnetic Nanoparticles", *Advanced Functional Materials*, Vol.18, No.3, 2008.

[190] Zeng M., Chen X., "Achieving Cooperation in Multiparty Alliances: A Social Dilemma Approach to Partnership Management", *Academy of Management Review*, Vol.28, No.4, 2003.

后　记

　　本书是在我的博士后出站报告基础上修改而成的。首先，衷心感谢我的导师李翠霞教授，在四年的博士后学习当中，她不断地为我提供可以接触乳品产业发展实践的机会，为我提供去君乐宝乳业有限公司及附属牧场、黑龙江飞鹤乳业有限公司及附属牧场、现代牧业等的调研考察活动；资助我参加雀巢乳业培训（DFI）、2017中国农垦乳业联盟成员大会、中国国际乳业合作大会暨国际奶业展览会等，使我逐渐了解并熟悉我国乳业发展的实际。在此基础上，李老师又在论文选题、框架结构、研究方法、研究内容等方面对我进行细致入微的指导，提出了很多具有建设性的、前瞻性的和有效的修改意见，书稿最后完成离不开老师对我的殷切期许。此外，李老师先进的学术理念、活跃的学术思维、严谨的治学态度和坦诚的做事态度对我在为人处世、科研工作等方面产生了积极的引领作用，为我今后的工作、学习和生活奠定了良好的基础。

　　其次，在博士后开题和答辩期间，东北农业大学经济管理学院的张启文教授、张晓梅教授以及东北林业大学经济管理学院的田国双教授、哈尔滨工程大学的李柏洲教授都给我提出了许多宝贵而中肯的意见。哈尔滨师范大学的崔洪第副教授指导了我第四章

264

的实证研究部分,教会了我多元统计回归方面的知识。衷心感谢以上各位专家在我博士后开题、写作以及答辩过程中的悉心指导,为该书稿的顺利完成奠定了良好的基础。

衷心感谢东北农业大学黑龙江省绿色食品科学研究院李翠霞院长、东北农业大学经济管理学院王洪惠书记、吴立全副书记、张永强副院长、庞金波副院长、刘畅副院长等人对本书的大力支持。

衷心感谢东北农业大学畜牧经济管理学科团队、东北农业大学现代农业发展研究中心对本书的资助!感谢人民出版社在本书出版过程中给予的大力帮助和支持!

由于学识水平和认知能力有限,书中错漏之处在所难免,敬请学界专家和同人批评指正。

王　磊

2019 年 11 月

策划编辑：郑海燕
封面设计：胡欣欣
责任校对：苏小昭

图书在版编目（CIP）数据

基于质量安全的乳制品供应链合作关系稳定性研究/王磊 著. —北京：
　人民出版社,2020.5
ISBN 978 - 7 - 01 - 021909 - 7

Ⅰ.①基…　Ⅱ.①王…　Ⅲ.①乳制品-食品安全-供应链管理-研究-中国
　Ⅳ.①F426.82

中国版本图书馆 CIP 数据核字（2020）第 037174 号

基于质量安全的乳制品供应链合作关系稳定性研究

JIYU ZHILIANG ANQUAN DE RUZHIPIN GONGYINGLIAN HEZUO GUANXI WENDINGXING YANJIU

王 磊 著

人民出版社 出版发行
（100706　北京市东城区隆福寺街 99 号）

北京虎彩文化传播有限公司印刷　新华书店经销

2020 年 5 月第 1 版　2020 年 5 月北京第 1 次印刷
开本:710 毫米×1000 毫米 1/16　印张:17.25
字数:200 千字

ISBN 978 - 7 - 01 - 021909 - 7　定价:72.00 元

邮购地址 100706　北京市东城区隆福寺街 99 号
人民东方图书销售中心　电话（010）65250042　65289539